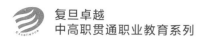
复旦卓越
中高职贯通职业教育系列

受上海高校内涵建设项目"经管专业人才培养创新"
（项目编号2016-SHNGE-08NH）项目资助

Management

管理学

田丙强　胡守忠　主编

复旦大學 出版社

前　言

为适应我国中高等职业教育贯通培养模式的发展需要,针对中高职学生的心理特性和学习特点,本着以培养全面素质为基础、以能力为本位、以就业为导向的指导思想,强调理论与实践相结合,重视学生的可持续发展,结合中高等职业教育贯通培养的教学和培养目标的要求,我们编写了《管理学》一书。本书主要特色在于知识体系上突出专业知识内容和职业定向性的有机联系,以职业能力培养为基础,以基本技能培养为主线,以专业理论知识为指导,精简专业理论知识,以实用、够用为目的,强化应用,把理论知识和实践技能有机结合起来进行阐述。

本教材从我国高等职业教育的教学实际出发,坚持理论联系实际,由浅入深,系统论述了管理的基本概念及性质、基本原理,强调了管理基础工作的重要性,按照管理基础、管理过程能力、管理方法与绩效三大部分展开论述。其中管理基础部分主要从增强管理意识角度出发,介绍管理学的部分基础知识以及管理者的职业意识要求,让学生对管理这项工作有初步的认识,消除管理的神秘感。管理过程能力部分则是按照管理者在管理实践中管理能力的要求,将管理者所需的管理能力划分为决策能力、组织设计能力、领导能力、沟通能力、激励能力和控制能力六个章节。最后以管理方法与绩效部分作为本教材的结束,具体对管理实践中适用的管理方法以及具体的管理效果进行阐述。在编写体例上,每章除正文外,还设有知识目标要求和能力目标要求、导入案例、教学一体化训练、思考题、案例分析实训等内容,以达到学有成效、学以致用的效果。

本书在编写过程中,得到了许多专家、老师的指导,得到了上海工程技术大学、上海震旦职业学院的大力支持,在此表示衷心感谢。此外,教材编写过程中,除参考、选取了列举于书后的"参考文献"外,还参考或引用了其他的著述、书报刊物和来自网上的文章、案例等,由于篇幅所限,未能一一注明,在此向已注明和未注明的作者一并表示诚挚的感谢。

由于我们编写水平有限,书中缺点、疏漏甚至错误在所难免,恳请同行专家及读者批评指正,以便我们在今后的教学过程中不断改进。

编　者

目 录

第一部分 管理基础

学习情境 1 管理 ··· 3
    知识目标 ··· 3
    能力目标 ··· 3
    引导案例 ··· 3
    1.1 管理的概念及必要性 ·· 4
    1.2 管理要素与职能 ··· 6
    1.3 管理现代化 ··· 9
    教学一体化训练 ·· 11
    【思考题】 ·· 11
    【案例分析】 ··· 12

学习情境 2 管理者 ·· 14
    知识目标 ·· 14
    能力目标 ·· 14
    引导案例 ·· 14
    2.1 管理者的含义与分类 ··· 15
    2.2 管理者的角色 ·· 16
    2.3 管理者的技能 ·· 17
    2.4 管理者的职业能力 ·· 19
    教学一体化训练 ·· 23
    【思考题】 ·· 23
    【案例分析】 ··· 23

学习情境 3 管理理论的形成与发展 ··· 24
    知识目标 ·· 24
    能力目标 ·· 24
    引导案例 ·· 24

3.1 传统的管理思想 ·· 25
3.2 科学管理理论 ·· 27
3.3 行为科学与激励理论 ···································· 30
3.4 现代管理学派 ·· 34
3.5 管理理论的新发展 ······································· 36
教学一体化训练 ··· 41
【思考题】·· 41
【案例分析】·· 42

第二部分 管理过程能力

学习情境 4 管理者的决策能力 ······························· 45
知识目标 ··· 45
能力目标 ··· 45
引导案例 ··· 45
4.1 决策概述 ·· 46
4.2 影响决策的因素 ··· 48
4.3 决策的过程与方法 ······································· 49
教学一体化训练 ··· 58
【思考题】·· 58
【案例分析】·· 58

学习情境 5 管理者的组织设计能力 ·························· 62
知识目标 ··· 62
能力目标 ··· 62
引导案例 ··· 62
5.1 组织设计概述 ·· 63
5.2 组织设计 ·· 65
5.3 人员配备 ·· 72
5.4 组织力量整合 ·· 77
5.5 组织文化 ·· 84
教学一体化训练 ··· 89
【思考题】·· 89
【案例分析】·· 89

学习情境 6　管理者的领导能力 ……………………………………………………… 91
知识目标 ………………………………………………………………………… 91
能力目标 ………………………………………………………………………… 91
引导案例 ………………………………………………………………………… 91
6.1　领导与领导者 ……………………………………………………………… 92
6.2　领导权力 …………………………………………………………………… 98
6.3　领导方式 …………………………………………………………………… 103
6.4　领导艺术 …………………………………………………………………… 111
教学一体化训练 ………………………………………………………………… 115
【思考题】 ………………………………………………………………………… 115
【案例分析】 ……………………………………………………………………… 116

学习情境 7　管理者的沟通能力 ……………………………………………………… 118
知识目标 ………………………………………………………………………… 118
能力目标 ………………………………………………………………………… 118
引导案例 ………………………………………………………………………… 118
7.1　沟通概述 …………………………………………………………………… 119
7.2　沟通障碍及克服 …………………………………………………………… 122
7.3　沟通能力技巧与培养 ……………………………………………………… 124
教学一体化训练 ………………………………………………………………… 136
【思考题】 ………………………………………………………………………… 136
【案例分析】 ……………………………………………………………………… 137

学习情境 8　管理者的激励能力 ……………………………………………………… 140
知识目标 ………………………………………………………………………… 140
能力目标 ………………………………………………………………………… 140
引导案例 ………………………………………………………………………… 140
8.1　激励概述 …………………………………………………………………… 141
8.2　激励理论 …………………………………………………………………… 142
8.3　激励能力的培养 …………………………………………………………… 153
教学一体化训练 ………………………………………………………………… 161
【思考题】 ………………………………………………………………………… 161
【案例分析】 ……………………………………………………………………… 161

学习情境 9　管理者的控制能力 ……………………………………………………… 166
知识目标 ………………………………………………………………………… 166

能力目标 ··· 166
　　引导案例 ··· 166
　　9.1　控制概述 ·· 167
　　9.2　控制的类型与方法 ··· 171
　　9.3　控制的步骤 ·· 177
　　教学一体化训练 ··· 180
　　【思考题】 ··· 180
　　【案例分析】 ··· 181

第三部分　管理方法与绩效

学习情境 10　管理方法 ·· 185
　　知识目标 ··· 185
　　能力目标 ··· 185
　　引导案例 ··· 185
　　10.1　团队管理法 ··· 186
　　10.2　目标管理法 ··· 193
　　10.3　作业管理法 ··· 198
　　10.4　问题管理法 ··· 202
　　教学一体化训练 ··· 206
　　【思考题】 ··· 206
　　【案例分析】 ··· 207

学习情境 11　管理绩效 ·· 210
　　知识目标 ··· 210
　　能力目标 ··· 210
　　引导案例 ··· 210
　　11.1　管理效率概述 ··· 210
　　11.2　管理绩效的评价 ··· 212
　　11.3　提升管理绩效的途径 ··· 220
　　教学一体化训练 ··· 223
　　【思考题】 ··· 223
　　【案例分析】 ··· 223

参考文献 ·· 225

第一部分

管理基础

学习情境 1
管 理

1. 理解管理的含义。
2. 认识管理的特征与意义。
3. 掌握管理的要素与职能。
4. 了解管理现代化的含义及基本内容。

1. 认识管理的必要性与重要性。
2. 掌握企业管理的要素与主要职能。
3. 掌握进行管理现代化的基本要求。

1841年10月5日,在美国马萨诸塞州的铁路上发生了一起两列客车相撞的事故。这起事故引起了巨大的社会反应,人们认为那些拥有铁路的企业没有能力管理这些铁路。州议会决定对这些企业进行制度改革,要求铁路企业的业主寻找专业的管理者承担管理工作,明确规定了企业的所有权与管理权分离,于是世界上第一个经理人——相对较高级的职业管理者出现了,这是管理史上的标志性事件之一。

从19世纪中叶开始,美国的铁路货运蓬勃发展,但铁路运行管理也非常混乱——轨道、机车、车辆等分属各个区段的业主所有,运输过程中需要频繁更换车体与人员,进行区段计价核算,时常造成大比例的货物缺损、日期顺延,易损品、易腐品的中途损耗亦不鲜见。为了改变这一现状,第一批职业管理人——专业货运计划人员应运而生。专业货运计划人员接受政府统一付薪,不得接受各区业主所支付的工资、奖金乃至贿赂,并严格按照铁路货运行业规则行事,借以对运程货物进行综合调配、取价,然后按各区段运营吨/千米数向各区业主进行利润分配。

就在这一时期,美国经济快速发展,企业规模越来越大,管理分工越来越细,企业所有者没有足够的时间和精力,也缺少必要的知识和能力经营、管理企业。企业的业主开始大量聘请职业管理人。美国的企业开始了从业主经营企业到聘用职业管理人管理企业的转变,美国的企业制度也形成了近代公司制占主导地位的格局。伴随着企业的这些变化和职业管理人的大量出现,管理作为一门职业也由此登上历史舞台。

思考:什么是管理?管理是做什么工作的?为什么企业需要职业管理人?什么是企业?

1.1 管理的概念及必要性

一、管理的含义及特点

(一) 管理的含义

什么是管理呢?许多管理学家得出了不同的结论,其中有代表性的如下。

"科学管理之父"泰罗说:"管理就是要确切地知道要别人干什么,并组织他们用最好的办法去干。"法约尔说:"管理就是实行计划、组织、指挥、协调和控制。"西蒙说:"管理就是决策。"霍德盖茨说:"管理就是经由他人去完成一定的工作。"

我们认为,管理是管理主体为了实现一定的管理目的,运用管理职能作用于管理客体的社会活动过程。

理解这一概念需要把握下列四个基本要素。

1. 管理主体——管理者

管理主体是具有管理职权和管理能力的个人或组织。如企业的厂长、经理,部门或单位的"首脑",军队中的军官,学校的校长等。

2. 管理客体——管理对象

它是管理主体施加影响的人和事。从宏观上讲,可以把管理对象按组织划分为政府部门、企业组织、文化组织、学校、医院等。但任何组织都是由人、财、物、信息、时间、机构等基本单位组成的,所以管理对象归根结底是对组织内部的人、财、物、时间、信息、机构等的管理。其中,人是最重要的管理对象。

3. 管理职能——管理活动

主要指决策、组织、领导、控制和创新等,这是管理的基本职能。

4. 管理目的——管理目标

管理必须有目标。管理活动就是人们为了实现一定目标的行为。不同组织有不同的管理目标,任何管理活动都必须围绕既定的目标进行。

(二) 管理的特点

了解管理的基本特点有利于全面理解管理的基本概念。其主要特点表现在以下四个方面。

1. 管理的目的性

管理是人类有意识、有目的的活动。管理的目的性表现为一种共同目的,即组织目标,而不是个别人的个别目的。为实现组织目标,管理者必须善于把众多人的个人目标,集中到组织的目标上来,并通过组织目标的实现来帮助、促进个人目标的实现。管理目标的实现程度是评价管理效果的重要依据。

2. 管理的组织性

人类是分为不同群体的,这一系列的群体就形成了大大小小的各类社会组织。组织是社会生活中的普遍现象。所以,管理活动是分组织进行的,不同组织存在不同的管理目的、管理方式。

3. 管理的科学性

管理是人类的重要社会活动,存在着客观规律。管理学是反映管理过程客观规律的理论总结,使管理活动成为在理论指导下的一种理性行为。如果管理者没有管理科学知识,就只能凭经验管理,靠运气生存;管理者掌握了系统化的科学的管理知识,就有可能准确地把握管理活动的规律,对管理实践中存在的问题找出可行的正确的解决办法。

4. 管理的艺术性

管理的艺术性是在管理实践中表现出来的,它要求管理者在实践中富有创造性地发挥管理职能。管理理论只提供了管理活动的一般规律、原则,它并不能为管理者提供解决一切问题的标准答案,管理所面临的问题与环境随时都在变化,因此,没有可以重复被验证的、一成不变的规律可循。管理理论作为普遍适用的原理、原则,必须结合实际才能奏效。成功的管理者必须理论联系实际,因势利导,不断总结经验,提高管理的艺术水平。

二、管理的必要性

(一) 管理是人类共同劳动的必然要求

共同劳动是人类生存的必然选择,共同劳动必然产生不同的劳动性组织。所以,人们为了生存、为了实现其社会需要而选择、参加了不同的社会组织。无论组织的大小、结构如何,它都具有个人的力量所不能比拟的优势,它能帮助个人实现目标。社会组织为了满足成员的需求,帮助其实现目标,就需要对组织成员进行管理,通过管理用组织目标统一大家的思想、行动等。

(二) 管理具有十分重要的作用

1. 管理是生产力,同时又是促进生产力发展的关键因素

管理是生产力。在生产力诸要素中,管理具有组织、控制、整合其他要素——劳动力、劳动工具和劳动对象的功能,并将这些要素结合成一个整体。如果没有管理,生产力的其他要素就是分散的、孤立的,就不能发挥强大作用。有效的管理可以促使科技与劳动力、劳动工具、劳动对象更好地结合起来,尽快地投入生产,使生产力总体能力得以放大和发展。

2. 管理是合理利用社会资源的重要手段

社会资源包括人、财、物、时间、信息等,它们都是组织活动不可缺少的资源,有效的管理,在于寻求各组织要素、各环节、各项管理措施、各项政策以及各种手段的组合,充分发挥这些要素的最大潜能,使这些资源得到最佳的配置,产生最佳的效益。管理能使人尽其才、物尽其用、财尽其利,管理能提高时间和信息的利用率。

1.2 管理要素与职能

一、管理的要素

从系统论的观点出发,管理就是一个完整的系统。系统中任何一项管理活动都必须由五个基本要素构成,即管理目标、管理主体、管理客体、管理机制与方法、管理环境。

(一)管理目标

管理是人类有意识、有目的活动,因此它有明显的目的性。凡是盲目的、没有明确目的的活动,就不能称其为管理活动。管理目标是管理目的的具体表现,它是管理的出发点和归宿,也是指导和评价管理活动的基本依据。为此,任何管理活动都必须把制定管理目标作为首要任务,管理系统要围绕管理目标建立与运行,所有的管理行为都是为了有效地实现目标。

(二)管理主体

管理主体即管理者,是管理活动中最核心、最关键的要素。它可以表现为单个管理者,也可以表现为管理者群体及其所构成的管理组织结构。管理主体决定着管理的性质,决定着管理活动的方向,决定着管理的效率和效果。一切管理职能与管理行为,包括配置资源、组织活动、决策指挥、协调运行、促进目标实现,都需要管理者发挥主导作用。要创一流的工作,就要有一流的管理者。管理者的素质、能力、结构、水平的高低,往往决定着一个组织管理的成效,决定着事业的成败。

(三)管理客体

管理客体也称管理对象,是指能够被一定管理主体影响和控制的客观事物。管理对象包括不同类型的组织,也包括构成组织的资源要素与职能活动。

组织的资源要素是管理的直接对象。一般来说,资源要素由以下六个方面构成。

1. 人员

人是管理活动中的核心要素,所有管理者要素都是以人为中心存在和发挥作用的。人员作为管理对象,包含两层含义:一方面,从生产力角度看,人是作为劳动要素出现的。管理者通过合理运筹与组织,实现劳动者在数量上和质量上的最佳配置,提高劳动效率和效益。另一方面,从生产关系的角度看,人既是管理者又是被管理者。管理者要在人与人之间的互动关系中,通过科学的领导和有效的激励,最大限度地调动人的积极性,以保证目标的实现。管理人,是管理者最重要的职能。

2. 资金

资金是任何社会组织,尤其是从事经济活动组织的极为重要的资源,是管理对象的关键性因素。要保证职能活动正常进行,经济、高效地实现组织目标,就必须对资金进行科学管理。掌握资金运动的客观规律,合理用财,广泛聚财,增收节支,提高效益,是管理者重要的经常性管理职能。

3. 物力

物力指包括生产资料及其所有物质资料的总称。物力管理,一般指生产资料的管理,即对材料、能源、土地、矿物等劳动对象和设备、工具、仪器等劳动工具的管理。加强物力资源的管理,充分发挥物资设备的作用,是社会组织开展职能活动、实现管理目标的基础条件与可靠保证。

4. 科学技术

科学技术,特别是技术,在组织资源中是一种非常重要的资源。特别是在科技迅猛发展的今天,其重要性日益突出。科技资源既可能独立存在,也可能附着于人和物上,这给科技资源的管理带来一定的难度。

5. 信息

在知识经济、信息社会的今天,信息已成为极为重要的管理对象。在管理活动中,信息是搞好计划和决策的依据,是进行控制和监督的工具,是管理层次和环节互相联络、进行交往、组织活动的手段,同时又是一种能带来效益的资源。管理者必须高度重视,并科学地管理好信息。

6. 时间

时间体现了事物本身的顺序性和持续性,是一种特殊形态的资源。管理者必须重视对时间的管理,树立清晰的时间成本效益观念。

(四) 管理机制与方法

管理机制与方法是管理主体作用于管理对象过程中的一些运作原理与实施方法、手段,管理机制是决定管理功效的核心问题,管理者在管理中存在何种管理关系、采取何种管理行为、达到何种管理效果,归根结底是由管理机制决定的。有什么样的管理机制,就有什么样的管理行为和什么样的管理效果。因此,建立科学有效的管理机制,是推行科学管理的核心内容和本质要求。管理方法是管理机制的实现形式,是实施管理的途径与手段,是管理者管理行为的主要方式。在管理实践中,要不断促进管理方法的建设和完善,加强管理方法的科学依据,更好地体现管理机制的功能作用。

(五) 管理环境

管理环境是指实施管理过程中的各种内外部条件和因素的总和。管理与所处的环境存在相互依存、相互影响的关系。管理行为依一定的环境而存在。环境对组织的生存发展起着重要的制约与影响作用。管理者必须要抓好环境管理,深刻地认识环境、准确地分析环境、能动地适应环境,谋求内部管理与外部环境的动态平衡。

二、管理的职能

管理的职能就是管理者实施管理的功能或程序,即管理者在实施管理中所体现出的具体作用及实施程序或过程。管理者的管理职能具体包括:管理者的基本职责和执行这些职责的程序或过程。

管理学界普遍的观点是,管理的职能包括计划、组织、领导、控制四个方面。

(一) 计划

计划职能是指管理者为实现组织目标而为今后工作所做的谋划与安排。计划职能在管理的各项职能中处于首要地位,制定科学合理的计划,有利于管理者实现有效的领导和指挥,有利于增强工作的有序性、时效性,有利于在明确的目标下统一员工的思想、行动,有利于合理配置资源、有效规避风险,取得最佳经济效益和社会效益。

计划的实施程序一般包括:分析环境,调查预测;认真规划,制定目标;精心设计,确定方案;编制计划,逐层下达;付诸实施,跟踪反馈等。此外,计划执行过程中的修正与调整及计划完成后的总结与评价也是很重要的。

(二) 组织

组织职能是管理者为实现组织目标而建立与协调组织结构的工作过程。为了保证计划活动的有效实施,管理的组织职能要完成下述工作。

1. 设计并建立组织机构和结构

机构设计是在分解目标活动的基础上,分析为了实现组织目标需要设计哪些岗位和职务,然后根据一定的标准将这些岗位和职务加以组合形成部门。结构设计是根据组织业务活动及其环境特点,规定不同部门在活动过程中的相互关系。它们共同的目的是明晰职务、职责、职权,形成管理工作中的分工协作关系。

2. 合理配备人员

根据各岗位所从事的活动要求以及组织员工的素质和技能特征,将适当的人员安置在组织机构的适当岗位上从事工作。人员配备应掌握优化原则、激励原则、开发原则。实行人员配备上的竞争制、选拔制、聘任制,是适应用人制度改革、科学配备和使用人才、提高管理成效的有效形式。

3. 加强组织协调

组织的不平衡现象及其矛盾的产生是必然的。要解决这些矛盾,使组织稳定地发展,就必须加强组织协调。要通过改变和完善组织运行的规划和形式、调整组织结构设计、加强人际关系管理等形式,使组织始终处于平稳运行的状态。

(三) 领导

领导职能是指管理者指挥、激励下级,以便有效实现组织目标的行为。领导职能一般包括:选择正确的领导方式;运用权威,实施指挥;激励下级,调动积极性;进行有效沟通等。凡是有下级的管理者都要履行领导职能。不同层次、不同类型的管理者领导职能的内容及侧重点各不相同,领导职能是管理过程中最经常、最关键的职能。

(四) 控制

控制是指组织在动态的环境中为保证组织目标的实现而采取的各种检查和纠偏等一系列活动或过程。控制职能是贯穿于管理全过程的一项重要职能,是计划、组织、领导工作有效开展的必要保证。管理者履行控制职能,在于保证组织活动的开展能够与预定的组织目标和计划协调一致,保证组织目标的最终实现。控制职能一般包括:确定控制标准,衡量工作成效,纠正出现的偏差等。

必须注意,管理职能的划分不是管理岗位的划分。也就是说,并不是指有些人专门做计划,有些人专门做组织,有些人专门做人事等。在一个组织中,任何一个管理人员均有上述管理的五项职能,只是侧重点有所不同罢了。

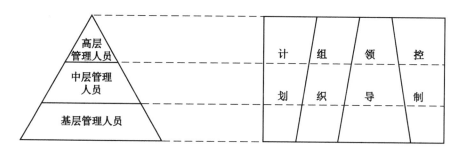

图 1-1　不同管理层次的管理职能

图 1-1 中,左边是典型的金字塔结构,并把管理人员分成高层管理人员、中层管理人员和基层管理人员三类。右边是一个长方形,水平方向的宽度表示管理人员所花的时间或精力。管理职能被合并成计划、组织、领导和控制。图 1-1 中显示,越是高层的管理人员化在计划、控制职能上的时间或精力就越多,而越是基层的管理人员化在领导职能上的时间或精力就越多。

1.3 管理现代化

一、管理现代化的含义

管理现代化和现代化管理是两个不同的概念。现代化管理主要是指管理方法和手段的现代化,而管理现代化的含义则要广泛、深刻得多。但是,两者最终目的是要把现代自然科学和社会科学,综合地运用到管理活动中,不断提高管理系统的运行效果。

什么是管理现代化?目前对这个问题的认识并不一致,有众多的看法,但是,有一个共同点,就是管理现代化要具有体系化,而不是某个环节、方法、手段的现代化。因此,管理现代化要根据客观的基本规律和实际情况,适应现代生产力的发展要求,运用科学的思想、方法和手段,实施有效的管理,使之达到先进的水平。

管理现代化的内容,包括生产关系和生产力两个方面。就生产关系方面讲,管理现代化,就是要不断调整和完善生产过程中人与人之间的相互关系,充分调动人的积极性,促进生产力的发展。这就要求正确处理国家、集体、个人三者之间的关系,兼顾三者的利益;改革不合理的管理体制、组织结构等运行机制,增强管理的科学性和有效性;遵循一定的分配原则,合理调整利益分配关系;增强人本管理意识,努力调动各方面的积极性。就生产力方面说,管理现代化,就是要按照社会化大生产的要求,运用现代科学技术的成果,合理地、有效地组织管理活动,大力提高效率,推动生产力的发展。这就要求用现代的管理理论、方法和手段,进行科学管理,不断提高科学管理的水平。总之,要全面认识管理现代化,积极推进管理现代化。

二、管理现代化的基本内容

如上所述,管理现代化是一个整体的概念,从内容上看主要有以下四个方面的基本要求。

(一) 管理机构高效化

管理现代化,要求管理机构设置和人员的配备,贯彻"精简、统一、效能"的原则,撤销因人设事的机构,裁减人浮于事的人员。实行科学务工,做到权力、责任、服务的统一,以利于提高领导管理工作。

(二) 管理方法科学化

管理科学化是管理现代化的基础。管理方法科学化则按照科学管理的原理,做到管理工作程序化、标准化、制度化、最优化。

管理的程序化,是指管理工作层次清楚,职责明确,做到有条不紊;管理的标准化,要求生产、经营、技术、服务等各类人员的各项管理要有标准的定额、操作规程、业务规范、评价指标等;管理的制度化,应本着实事求是的精神,制定一套科学的适应工作高效率要求的规章制度;管理的最优化,是指进行一项决策,应对多种方案作比较分析,从中选出最优方案,以最小的消耗取得最大的效果。此外,实行文明管理,礼貌服务,也是管理科学化的要求。

(三) 管理手段现代化

根据需要和可能,逐步采用电子计算机、互联网等现代化管理工具,使指挥、控制、协调等领导管理工作达到经济、准确、及时、高效。

(四) 管理人员专业化

管理人员专业化是实现管理现代化的重要保证,因而也是管理现代化中的重要条件。要求管理人员精通管理理论、熟悉管理业务、熟练掌握管理技能,成为管理的专家。

管理现代化内容的四个方面,是相互联系的统一整体,体现了生产力和生产关系两个方面的要求。因此,要全面理解,统筹兼顾,不可偏废,缺少某一个方面的要求都不利于实现管理现代化。

三、管理观念现代化

管理观念是人们思维活动的结果,是对客观事物的看法,是管理行为的指导,是管理现代化体系的灵魂。管理观念更新的程度直接影响到管理活动的开展和管理方式的变革。如果观念陈旧或错误,不仅优良的管理传统得不到继承和发展,新的管理方法也得不到重视和采纳,即使采纳,也会在实际运用中遭到非议或歪曲。所以,建立有中国特色的社会主义管理现代化体系,树立正确的管理观念至关重要,实现管理现代化的先决条件是要管理观念现代化,使管理观念符合和适应现代化管理的客观规律和事物发展的要求。

管理现代化应树立以下观念。

(一) 人才观念

人是管理系统中的决定因素,而在管理系统中具有某种专长和创造才能的人,又是事业兴旺发达的根本。因此,要从观念上转变对人才的再认识,从战略高度上认识"尊重知识,尊重人才"的必要性和重要性,真正做到爱惜人才,充分发挥人才的创造作用。

(二) 经营观念

所谓经营,意为经营和创办事业。经营比管理范围大、层次高。它是商品经济发展而引起市场竞争的产物。管理现代化,经营占有极其重要的地位。管理系统从上层领导决策到基层职工生产,都要确立经营观念。此外,我们不能把经营只看作单纯的商业的需要,所有企事业单位,包括文化、教育、科研等部门都有个战略经营决策的问题。管理系统的领导,在管理活动中要树立战略性经营决策观念,即看问题、做计划、办事业,都要从战略上考虑经营决策问题。只有经营观念加强,战略决策正确,才能搞好现代化管理,使经营的事业不断得到发展。

(三) 竞争观念

市场经济是一种竞争经济,竞争是市场经济最明显的特点之一,它源于追逐利益的主观意识和利益稀缺的客观存在。竞争的结果是有益于社会的,竞争能促使生产者竞相改进技术、降低成本,从而促进技术进步和生产效率的提高;竞争能促使企业及其产品接受市场的考验,优胜劣汰,从而推动整个社会经济的前进;竞争能促使竞争中的每一个个体,奋发有为、开拓进取,从而形成种良好的社会风气,推动社会的进步。

(四) 效率观念

市场经济本质上是一种效率经济。效率的高低、产品的优劣,决定着每一个经济主体的利益、前途和命运。主体的情况千差万别,市场的标准却只有一个。谁技术先进、管理有方、效率领先,谁就能得到市场的青睐,大获其利;谁技术陈旧、管理不善、效率低下,就只能受到市场的冷落,甚至失败破产。所以,在市场经济环境中,效率先行,效率决定一切的观念应该深入人心。实现效率最大化,是市场主体的又一条行为准则。

(五) 创新观念

管理现代化的实质在于不断改革和创新。因为管理现代化是个动态的概念,随着时间、地点和条件的变化,管理现代化的内容也要相应地变化,要在管理实践中不断推进理论创新、机制创新以及技术、工艺、产品、营销等方面的创新。通过创新,不断更新观念,改善管理,创造新的产品,创造新的经营模式,创造新的管理方法,使管理系统在竞争的环境中永远立于不败之地。

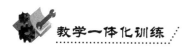

【思考题】

1. 为什么要学习管理学?

2. 怎样理解管理的概念？
3. 管理的要素与职能包括哪些方面？
4. 管理现代化的含义有哪些？
5. 你认为管理学是一门什么性质的学科？应从哪些方面入手学好管理学？
6. 有人说"不学管理，也会管理"，也有人说"学了管理，就会管理"，这两种说法对不对？为什么？

【案例分析】

百年老医院的现代管理启蒙

北京同仁医院是一所以眼科闻名中外的百年老"店"，走进医院的行政大楼，其大堂的指示牌上却令人诧异地标明：五楼MBA办公室。目前该医院从北大、清华聘请了11位MBA，另外还有一名会计学专业的研究生，而医院的常务副院长毛羽就是一位留美的医院管理硕士。

内忧外患迫使同仁医院下定决心引进职业经理人并实施规模扩张，希望建立一套行政与技术相分离的现代医院管理制度。

根据我国加入世贸组织达成的协议，2003年，我国正式开放医疗服务业。2002年年初，圣新安医院管理公司对国内数十个城市的近30家医院及其数千名医院职工进行了调查访谈，得出结论：目前国内大部分医院还处于低层次的管理启蒙状态，绝大多数医院并没有营销意识，普遍缺乏现代化经营管理常识。更为严峻的竞争现实是：医院提供的服务不属于那种单纯通过营销可以扩大市场规模的市场——医院不能指望通过市场手段刺激每年病人数量的增长。

同仁医院显然是同行中的先知先觉者。2002年，医院领导层在职代会上对同仁医院的管理做过"诊断"：行政编制过大，员工队伍超编导致流动受限；医务人员的技术价值不能得到体现；管理人员缺乏专业培训，管理方式、手段滞后，经营管理机构力量薄弱。同时他们开出"药方"，引进MBA，对医院大手笔改造，涉及岗位评价及岗位工资方案、医院成本核算、医院工作流程设计、经营开发等。

目前，国内医院几乎所有的医院都没有利润的概念，只计算年收入。但在国外，一家管理有方的医院，其利润率可高达20%。这也是外资对国内医疗市场虎视眈眈的重要原因。

同仁医院要在医院中引入现代市场营销观念，启动品牌战略和人事制度改革。树立"以病人为中心"的服务观念，以病人的需求为标准，简化就医流程，降低医疗成本，改善就医环境；建立长期利润观念，走质量效益型发展的道路；适应环境，发挥优势，实行整合营销；通过扩大对外宣传，开展义诊咨询活动，开设健康课堂等形式，有效扩大潜在的医疗市场。

同仁医院所引进的MBA背景各异，绝大多数都缺乏医科背景。他们能否胜任医院的管理工作？医院职业化管理至少包括市场营销管理、人力资源、财务管理、科研教学管理、全医疗质量管理、信息策略应用及管理、流程管理七个方面的内容。这些职能管理体制与医学知识相关但并非医学专业。

同仁医院将 MBA 们"下放"到手术室 3 个月之后,都悉数调回科室,单独辟出 MBA 办公室,以课题组的形式,研究医院的经营模式和管理制度。对于医院引入的企业化管理,主要包含医院经营战略、医疗市场服务营销、医院服务管理、医院成本控制、医院人力资源、医疗质量管理、医院信息系统和医院企业文化等多部分内容。其中,医院成本控制研究与医院人力资源研究是当务之急。

几乎所有的中国医院都面临着成本控制的难题,如何堵住医院漏洞,进行成本标准化设计,最后达到成本、质量、效益的平衡是未来中国医院成本控制研究的发展方向。另外,现有医院的薪酬制度多为"固定工资+奖金"的模式,而由于现有体制的限制,并不能达到有效的激励效果,医生的价值并没有得到真实的体现,导致严重的回扣与红包问题,如何真正体现员工价值,并使激励制度透明化、标准化成为当前首先要解决的问题。

这一切都刚刚开始,指望几名 MBA 就能改变中国医院管理的现状是不可能的。不过,医院管理启蒙毕竟已经开始,这就是未来中国医院管理发展的大趋势。

【案例讨论】

1. 结合案例说明你对管理及管理职能的理解。
2. 同仁医院为什么要引进如此多的 MBA?你认为 MBA 们能否胜任医院的管理工作?

学习情境 2
管 理 者

 知识目标

1. 理解什么是管理者。
2. 识别管理者所扮演的角色。
3. 掌握明茨伯格管理者角色理论。
4. 描述管理者所需要的素质和技能。

 能力目标

1. 掌握管理者在管理活动中扮演的角色。
2. 掌握管理者所需要的素质和技能。

 引导案例

刘全是深圳一家消费电子产品公司的策划部经理,农村出身的大学生,由于工作颇有成就,深得公司领导赏识,从基层摸爬滚打到现在这个位子。他对工作要求特别严格,经常废寝忘食地全身心投入工作中,甚至从来没有时间去谈恋爱。他希望他的员工也像他一样,全心全意投入公司事务上,一心为公,敬业奉献。他的口头禅就是"公司事再小也是大事,个人事再大也是小事"。

他要求下属员工上班时间不得闲聊、不得接打私人电话、不得做与岗位工作无关的事情,所有时间都得用在工作上。要求下属员工养成"早到晚归"的习惯,让下属员工每天陪自己加班到十一二点,即使下属员工真的无事可做,也不能随便回去。假如下属员工没有养成这种习惯,那么加薪晋职的机会就很渺茫,而且很可能被他"冷藏",再无出头之日,要么就是莫名其妙地接到调职或解雇的通知。另外,无论什么节假日,他都会为下属员工重新规划,以满足他工作的需要,根本没有什么周末、国家法定节假日的概念。

在他的领导下,下属员工总有做不完的工作,即便有些工作没有任何意义。他的举措果然引起下属员工的怨言,他们抱怨自己完全没有私人的空间,随时都被经理管理和监督,好像把自己被卖给了公司,身心受到严重的限制,他们快要疯掉了。有一次,一个下属在内部网站的BBS牵头讨论加班要给加班费、工作应该劳逸结合的问题,被他得知后,没几天这位员工就在绩效考评中被合理规范地"处理"掉了。随后一个深夜召开的部门会议上,下属员工终于爆发了自己的情绪。因为下属员工被尊重的需求没有得到满足,刘全的工作也因此陷入了被动,士气低落、效率下降、人员流失、管理混乱等。不久他被撤职调离。

思考:公司管理者存在哪些问题?管理者应具备哪些职能?

2.1 管理者的含义与分类

一、管理者的定义

管理者是在组织中工作的,但并非所有在组织中工作的成员都是管理者。通常,为简化起见,我们习惯于把组织成员分为两类:管理者和操作者。后者是指直接从事一项工作和任务,不具有监督其他人工作的职责。管理者是告诉别人该做什么以及怎样去做。但是,当今组织以及工作正在变化的性质模糊了管理者和操作者之间的界限,许多看似操作性的传统职位现在都包括了管理性的活动。特别是在团队中,团队成员往往需要制订计划、决策以及监督他们自己的绩效,这样,他们就会自觉或不自觉地既扮演管理者又扮演操作者的角色。

那么,该如何定义管理者呢?美国学者罗宾斯认为,管理者是指挥别人活动的人。这里,所谓管理者,就是通过协调其他人的活动达到与别人共同或通过别人实现组织目标的人。

二、管理者的分类

(一) 按照管理者在组织中的层级划分

在一些组织中,特别是那些具有传统结构的组织里,大量的人员处于组织基层而不是上层(这样的组织往往被描绘为金字塔形状),我们通常按照管理者在组织中所处的层级分为高层管理者、中层管理者和基层管理者三个类型。

1. 高层管理者

高层管理者是指对整个组织的管理负有全面责任的人。他们的主要职责是制定组织的总目标、总战略,掌握组织的大致方针,并评价整个组织的绩效。

2. 中层管理者

中层管理者是指处于高层管理人员和基层管理人员之间的一个或若干个中间层次的管理人员。他们的主要职责是贯彻执行高层管理人员所制定的重大决策,监督和协调基层管理人员的工作。

3. 基层管理者

基层管理者亦称第一线管理人员,也就是组织中处于最低层次的管理者,他们所管辖的仅仅是作业人员而不涉及其他管理者。他们的主要职责是给下属作业人员分派具体工作任务,直接指挥和监督现场作业活动,保证各项任务的有效完成。

(二) 按照管理者在组织中的工作任务划分

管理总是伴随组织的其他活动进行的,管理者管理的范围和工作任务会因管理要求的不同而不同。通常,我们也会把管理者分为两类,即综合管理者和专业管理者。

1. 综合管理者

综合管理者指负责管理整个组织或组织中某个事业的全部活动的管理者。例如,总经理和每个产品或地区分部的经理。

2. 专业管理者

专业管理者指仅仅负责管理组织中某一类活动(或职能)的管理者。

(三) 按照对组织影响的作用划分

基于管理者对组织现在或未来的影响程度的不同,我们也可以把管理者分为战略管理者和战术管理者。

1. 战略管理者

战略管理者是组织中对组织现在或未来的重大事件、发展方向起决定作用的管理者。一般来说,战略管理者包括:组织的董事会、高层管理者、各事业部或职能部门经理以及专职计划人员。

2. 战术管理者

战术管理者是组织中接受管理任务并进行具体的事务管理的管理者。一般来讲,战术管理者包括:各事业部或职能部门主管、班组长以及专门从事检验工作的监督人员。

2.2 管理者的角色

管理者角色是指管理者在组织体系内从事各种活动时的立场、行为表现等的一种特性归纳。管理者在组织中扮演着三类十种不同但却高度相关的角色,即人际关系角色、信息传递角色和决策制定角色。

一、人际关系角色

在人际关系方面,管理者主要扮演三种角色,即挂名首脑、领导者和联络员。当学院院长在毕业典礼上颁发毕业文凭时,当工厂领班带领学生参观时,他们都扮演着挂名首脑的角色;此外,所有的管理者都具有领导者的角色,这个角色包括雇用、培训、激励、惩戒雇员等;管理者扮演的第三个人际关系方面的角色是在人群中充当联络员,一方面可以获得各方面对组织有利的信息,另一方面又可以发展组织的关系资源。

管理者在人际关系方面所扮演的三种角色,是管理者必须要扮演的、工作范畴之内的工作,它们均源于管理者的正式权威和地位。在实际工作中,这三种角色并不冲突,相反,在一定时候还可以合为一体。

二、信息传递角色

在信息传递方面,管理者主要扮演信息监听者、传播者和发言人的角色。所有的管理者在某种程度上都从外部组织或机构接受和收集信息。典型的情况是,通过阅读报纸杂志以及与他人谈话来了解公众趣味的变化、竞争对手的计划等,此为监听者角色;管理者还起着向组织成员传递信息的通道作用,即扮演传播者的角色;当他们代表组织向外界表态时,管理者是在扮演发言人的角色。

三、决策制定角色

在决策制定方面,明茨伯格围绕制定决策又确定了四种角色,即企业家、混乱驾驭者、资源分配者和谈判者。作为企业家,管理者发起和监督那些将改进组织绩效的新项目;作为混乱驾驭者,管理者采取纠正行动应付那些未预料到的问题;作为资源分配者,管理者负责分配人力、物资和金融资源的责任;当管理者为了自己组织的利益与其他团体议价和商定成交条件时,他们又在扮演谈判者的角色。

明茨伯格认为,所有管理者的活动和工作都可以由上述三类十种角色来描述,它们之间相互联系,构成一个综合的整体。

2.3 管理者的技能

管理者的技能是指管理者把各种管理知识和业务知识用于实践中所表现出来的能力。管理者要使自己的管理工作卓有成效,就必须具备一些基本的管理技能。这些技能包括技术技能、人际技能和概念技能,即 THC 技能。

一、技术技能

技术技能,即 T 技能,它是指正确地掌握从事一项工作所需的技术和方法,包括三个方面的内容。

(一)掌握专业技术

如制造车间主任必须懂得各种机器设备的操作技术,人事测评中心主任必须懂得人员的测评技术。

(二)掌握工作方法和程序

如办公室主任必须懂得收文和发文程序,市场部经理应该掌握各种营销方法。

(三)熟悉工作

制度和政策。如财务处长必须懂得会计制度和财务规定,人事处长应熟悉人事制度和人事政策。

二、人际技能

人际技能,即 H 技能,是指在工作中与人打交道的技能,包括三个方面的内容。

(一)处理人际关系的技能(主要是协调技能和沟通技能)

管理者处于组织结构网络的网结上,与上(上级)、下(下级)、左右(平级)的人发生着联系,有时还要与组织外部的人发生联系(尤其是高层管理者)。娴熟地运用人际技能处理与这些人的关系,建立起相互的信任和真诚的合作关系,管理工作就会事半功倍。

(二)识人用人的技能

管理就是通过他人的努力达成组织的目标,因此管理者必须深入地了解他人,用人所长、避人所短,而这要求管理者必须有一套高超的识人用人技能。

(三)评价激励技能

组织成员的工作积极性需要管理者去激发,因此管理者应掌握评价和激励方法,以便客观公正地评价他人并及时给予激励。

三、概念技能

概念技能,即 C 技能,是指对事物的洞察、判断和概括技能,它最难以表达,但却是最重要的,包括三个方面的内容。

(一)预测技能

管理者应密切注意组织与外部环境的互动关系以及组织内部各部分的相互作用关系,预测各种因素的变化对组织未来发展的影响。

(二)判断技能

管理者必须敏捷地从混乱而复杂的局面中辨别各种因素的相互作用,迅速地判定问题的实质,及时采取对策。

(三)概括技能

管理者应善于思考、善于学习、善于总结经验,能从纷繁复杂的信息中抽象出对组织全局和组织战略有重要影响的关键信息,并据此作出正确的决策。

以上三种技能对任何管理者来说都是应当具备的,但是不同层次的管理者,由于所处的位置、作用和职责不同,对管理技能的需要也有差异性。对高层管理者而言,由于其面对的问题是全局性的,更具有复杂性,牵扯的因素多、范围广,所以更需要概念技能。概念技能的高低应成为衡量高层管理者素质高低的最重要尺度;对基层管理者来说,由于他们的主要职责是现场指挥和监督,若不掌握熟练的技术技能,就难以胜任管理工作,因此,基层管理者更注重的是技术技能,而对概念技能的要求不是太高。另外,由于管理者的工作对象都是人,因此,人际技能对各个层次的管理者来说都是重要的。在以人为本的今天,没有人际技能的管理者是不可能做好管理工作的。

不同组织层次的管理人员的管理技能要求也是不同的。通常,对管理人员的管理技能要求有专业技能、人际交往技能、理性技能和设计技能四种。专业技能是指在涉及方法、工艺和过程等活动中所需的知识和水平;人际交往技能是指与他人一起共事的能力,即团队协作精神和能力;理性技能是指能够总揽全局、判断出重要因素并了解这些因素间关系的能力;设计技能是指以有利于组织利益的种种方式解决问题的能力。图2-1给出了对不同管理层次的管理技能的要求(图2-1中将理性技能和设计技能合并为概念技能)。图2-1中显示,无论是高层管理人员、中层管理人员或基层管理人员,都有着同等重要的管理技能;而管理层次越高的管理人员,概念技能的要求也越高;管理层次越低的管理人员,专业技能的要求越高。

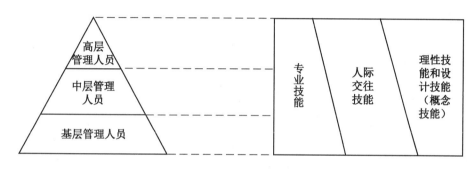

图2-1 不同管理层次的管理技能

基层管理人员,带领员工在第一线工作,他们要以身作则。因此,要求普通员工做到的,作为基层管理人员也必须要做到。作为高层管理人员,他们更多以战略的眼光注视着组织内外环境和条件的变化,以作出更有利于组织的战略选择。

2.4 管理者的职业能力

在心理学中,能力通常被认为是直接影响活动效率,使活动顺利完成的个性心理特征,即人在顺利完成某项活动中经常、稳定、熟练地表现出来的心理特点。在能力培训体系中,能力被认为是被行业所确认的学习者所具备的知识、技能和态度,在特定的职业活动或情境中进行类化迁移与整合,所形成的能完成一定职业任务的技术本领。由此,所谓管理能力是指为实现管理目标。在计划、组织、领导等资源整合过程中,管理者所必须具备的态度、知识和技能。

管理能力可分为三个部分:①一般能力,也就是人在从事不同种类的活动中所表现出来的共同能力,如观察能力、注意能力、操作能力、思维能力、判断能力、想象能力、语言能力等。②通用管理能力,也就是不同行业、不同层次的管理者都需具备的管理能力,如时间管理能力、沟通能力、激励能力、决策能力等。③特殊管理能力,也就是不同行业的管理者所应该具备的特殊能力。

本书中所讲的管理者的职业能力是指中基层管理者应具有的通用管理能力。主要包括六种能力:时间管理能力、沟通能力、激励能力、团队建设能力、决策能力和目标管理能力。这六种能力按照自我管理、团队管理和组织管理的逻辑顺序加以排列。当管理者刚开始工作时,工作任务比较简单,其主要任务是加强自我管理能力。时间管理能力、沟通能力是其必不可少的能力。随着职业生涯的发展,当其担任了较多的管理工作之后,如何建设团队、如何与团队成员沟通、如何激励团队成员都是摆在他面前的现实任务,因此沟通能力、激励能力和团队建设能力就成为不可或缺的重要能力。其中,沟通能力起着连接自我管理和团队管理的作用。之后,当其再次获得提升之后,决策以及目标管理活动逐渐占据其工作的主要部分,此时,决策能力及目标管理能力成为应具备的主要能力。相对而言,这种顺序比较符合管理者的成长路线,也更符合实际。

一、时间管理能力

时间是珍贵的资源,管理是用最少的投入获得最大的产出。一生中工作时间是一个常量,时间管理就是帮助管理者取得最大的成就。管理者每天都要面对纷繁复杂的事务,这些事务千头万绪,涉及工作的方方面面。如何在繁多的事务中抓住重点,以点带面,从而促进相关工作的开展和完成,时间管理有着重要的作用。科学、规范、有序的时间管理不仅对管理者本人而言极为重要,而且对提高企业全体成员的工作效率、增加企业利润也极为重要。因此,时间管理能力是一种重要的管理能力。

时间管理能力主要指管理者有效利用自己和下属时间的能力。

二、沟通能力

沟通,是管理活动和管理行为中最重要的组成部分,也是企业和其他一切组织的管理者最为重要的职责之一。在组织中,每一个管理者都必然地与自己的上级、同事或下属发生工作上的联系,为了获得事业的成功,一个有效的管理者必须与上级、同事和下级,乃至自己的客户、用户建立良好的工作关系。因此,他必须具有善于与人交往、有效进行沟通、主持商务谈判,以及组织专业会议等诸方面的能力。

这里所说的沟通能力指沟通者所具备的能胜任沟通工作的优良主观条件。简言之,沟通能力指一个人与他人有效地进行沟通信息的能力。表面上来看,沟通能力似乎就是一种能说会道的能力,实际上它包罗了一个从穿衣打扮到言谈举止等一切行为的能力。一个具有良好沟通能力的人,他可以将自己所拥有的专业知识及专业能力进行充分的发挥,并能给对方留下"我最棒""我能行"的深刻印象。沟通能力可以细分为以下三种能力。

1. 倾听与组织信息的能力

主要包含:倾听和阅读信息,对信息、推论、假设进行区别;克服接收信息的障碍,摘要并重组信息方便记忆;不先入为主,而是客观地把握信息。

2. 给予明确信息的能力

主要包含:给予他人最能帮助目标达成的信息;注意信息表达的准确性;锁定目标不偏离主题;创造和谐、双赢的信息输出氛围。

3. 获取正确信息的能力

主要包含：区分信息表面和潜在的意义；善于运用直接、间接、反问等方式得到真实信息；运用循序渐进的方式，突破心理防御，取得共识，修正行为。

三、激励能力

企业管理的重要问题之一就是要调动员工工作积极性，激励能力是管理者一个重要能力。

激励能力主要指管理者善于调动被管理者的积极性，能正确地对被管理者进行引导，并且鼓励被管理者进行创造性工作的能力。

1. 训练教育与授权的能力

主要包括：对岗位和人的特点进行判断，适才适用；进行分工和组合，将责任和归属感转移到下属；工作要求能迅速与下属达达成共识，指令与执行一致；找出下属行为与要求的差距，促其努力缩小。

2. 行为规范与协商的能力

主要包括：以建设性的态度，讨论偏离规范的行为及其后果；令对方认同纠正的时间和再次出现不被接受行为的后果；对已改善的行为加以强化，或对久未改善的行为采取措施。

3. 启发创新能力

主要包括：对下属的探索性错误的宽容；对新想法的关注与尽可能条件下的尝试；创造轻松自如的工作氛围。

四、团队建设能力

在企业中，任何一个管理者都必须具备组织、号召和动员团队的能力。在现代企业中，任何一项管理性技术工作都需要一定数量的人员，在细密的分工的基础上进行全面的协作才能完成。在组织中团队的智慧和力量是无穷的，因此，一个成功的管理者必须具有团队建设的基本能力。

团队建设能力是指有意识地在组织中努力开发有效的工作小组，并带领小组成员共同完成任务的能力。

1. 分析团队成员的能力

管理人员应当具有能够对一个团队的构成以及各个成员的角色进行系统分析与精细判断的能力。

2. 组织团队学习的能力

管理人员应当具有组织团队学习，不断地提升团队整体素质的能力。现代企业为了迎接知识经济的巨大挑战，需要不断地提升企业的核心竞争力，而企业核心竞争力的提高有赖于人力资源的个体和整体素质的不断增强。因此，团队建设的一个极其重要的任务就是将团队建设成为一个"学习型"团队。为有效地实现团队发展的目标，就要求管理者具有能保持团队学习培训的持续性、针对性、系统性和可行性的知识与本领。

3. 实现团队目标的能力

企业管理者掌握团队建设的管理能力,最根本的目的是为了达成组织的发展方向和既定的目标。为了有效地实现组织的目标,管理者就需要从团队目的确定,一直到工作计划的制订、贯彻和实施等一系列的技术和技巧。

五、决策能力

决策是管理的一项基本职能。任何一个组织或管理者都必须进行决策,而这些决策的影响最终将不仅仅局限在组织绩效的某个方面,有时甚至会关系到组织的生存和发展。因此,无论作为组织,还是作为管理者,必须掌握决策的基本知识,认识和重视决策,并不断地提高决策能力。

决策能力是指领导者或经营管理者对某件事拿主意、做决断、定方向的领导管理效绩的综合性能力。

1. 问题的确定与解决能力

主要包含:识别为实现目标决策所可能面临的各类问题;区分问题的不同或种种征兆,发现真正的问题并搜集证据,确定问题的原因;实施最恰当的行动,解决问题。

2. 决策与风险衡量的能力

主要包含:展开两种以上思路或方案达到目标;确定决策要达到可行的满意目标;区分必要条件、理想条件,进行风险判断。

3. 主次先后和轻重缓急判断能力

主要包括:根据目标进行决策的排序;排除干扰集中处理主要问题;权衡利弊,抓主要问题,不优柔寡断。

六、目标管理能力

从某种意义上说,管理是一个为了达到同一目标而协调集体所做努力的过程。

如果不是实现一定的目标,就无须管理。管理的过程实际上是一个不断实现目标的过程。因此,对于管理者而言,目标管理能力是一种重要的管理能力。

目标管理能力主要是指管理者依据组织内外部的环境制定目标,并对目标进行分解,然后依据结果进行考核、奖惩的能力。目标管理能力主要包括以下八个方面的能力。

(1) 信息处理能力。
(2) 综合分析能力。
(3) 目标设置能力。
(4) 自我评价能力。
(5) 制订计划能力。
(6) 追踪落实能力。
(7) 检查总结能力。
(8) 解决冲突能力。

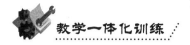

教学一体化训练

【思考题】

1. 何为管理者？管理者如何进行分类？
2. 管理者在企业中扮演哪些角色？
3. 管理者需具备的哪些各项技能？

【案例分析】

某大型企业的董事长迎来了糟糕的一天：清早打开董事长信箱，员工投诉意见一大堆，内容基本都是反映宿舍楼无法洗澡。董事长让秘书立即叫来行政部经理，指责道："员工不能洗澡，难道也要我来解决？"

行政部经理回应道："不应该这样啊！前几个星期，天气刚转凉的时候，有员工反映热水供应不足，我就已经填写了联络函，发给了工程部，工程部派人去测试了，反馈回来说没有问题啊！"

董事长又找来工程部负责人。工程部负责人仔细检查后发现，上次是上班时间测试的，没有问题。问题出现在员工下班后集中洗澡的时候。工程部负责人向董事长承诺立即解决。于是，董事长放心出差去了。

一个月后，董事长回来发现投诉意见不降反增。这次的问题在于：要解决洗澡问题，工程部必须重新采购供暖设备，但其金额超过了10万元，必须由董事长签批。

董事长无奈地拿起笔批了款，以为总算解决这个问题了。

又一个月过去了，人力资源部负责人向董事长抱怨说："本月员工流失率大增，离职面谈发现最主要的原因就是'洗澡'，员工都认为公司内部管理实在太差，也不重视员工生活和意见。"

董事长感觉自己陷入了无所适从的迷雾中：洗澡、离职、尊重……这些问题究竟该由谁负责，为什么没有人主动承担责任呢？

【案例讨论】

1. 你认为上例中各级管理者都履行了自己的管理职能吗？
2. 你认为董事长应该为此事承担责任吗？

学习情境 3
管理理论的形成与发展

1. 了解传统管理思想的主要内容。
2. 理解科学管理理论的基本思想。
3. 掌握行为科学和激励理论的精髓。
4. 理解管理理论的相关概念。
5. 了解管理理论发展的新趋势。

1. 掌握科学管理理论的基本思想。
2. 掌握行为科学和激励理论的精髓。
3. 掌握各管理学派的基本观点。

美国联合包裹服务公司(简称 UPS)雇用了 15 万名员工,平均每天将 900 万个包裹发送到美国各地区和 180 个国家。为了实现他们的宗旨"在承运业中办理最快捷的运送",UPS 的管理当局系统地培训他们的员工,使他们以尽可能高的效率从事工作。

UPS 的工程师们对每一位司机的行驶路线都进行了时间研究,并对每种送货、暂停和取货活动都设立了标准。这些工程师们记录了红灯、通行、按门铃、穿过院子、上楼梯、中间休息喝咖啡的时间,甚至上厕所的时间,将这些数据输入计算机中,从而给出每一位司机每天工作中的详细时间表。每个员工必须严格遵循工程师设定的程序工作,才能完成每天的定额任务。

这种刻板的时间表是不是有效呢?毫无疑问!生产专家公认,UPS 是世界上效率最高的公司之一。比如,联邦捷运公司平均每人每天不过取送 80 件包裹,而 UPS 却是 130 件!

思考:UPS 在管理中运用了什么管理理论?试分析这种管理理论在 UPS 的具体运用?

人类在长期的社会实践中,积累了丰富的管理经验,形成了一系列管理理论、管理学派。这些理论是全人类的共同财富,对一切管理工作都具有现实的指导意义。在实践中,我们怎样理解这些理论,如何运用这些理论呢?

3.1 传统的管理思想

一、中国传统的管理思想

中华民族在长期社会实践中创造了优秀灿烂的文化,这其中包含了许多朴素的管理思想。

(一)顺道

中国历史上的"道"有多种含义,属于主观范畴的"道",是指管理的理论;属于客观范畴的"道",指客观的规律。这里用的是后一种含义,指管理要顺应客观规律。

《管子》认为自然界和社会都有自身运动规律,"天不变其常,地不易其则,春秋冬夏不更其节,古今一也"(《管子·形势》)。根据这种思想,管理者必须:第一,辨识客观规律;第二,顺道,根据客观规律的要求来组织管理活动。

(二)重人

重人包括两个方面:一是重人心向背,二是重人才归离。治理国家,办成事业,得人是第一位的,所以我国历来讲究得人之道、用人之道。

在《论语》中,"仁"的内涵很丰富,但其本义就是"爱人"。就一个企业来说,要坚持以人为本,首先就是要解决好如何对待员工、依靠员工办好企业这个根本。

(三)人和

"和"就是调整人际关系,讲团结,上下和,左右和。对治国来说,和能兴邦;对治生来说,和气生财。有子曰:"礼之用,和为贵。"(《孔子·学而》)。《孟子》中"天时不如地利,地利不如人和"的"人和",就是指内部的团结、和睦。这些思想都说明了消除内部冲突和矛盾,取得内部团结的重要性。

(四)守信

治国要守信,办企业要把诚信放在第一位,办一切事业都要守信。信誉是国家和企业的生命,这是我国长期管理实践中的信条。治理国家,言而无信,政策多变,出尔反尔,从来是大忌。《管子》十分强调取信于民,提出国家行政应遵循一条重要原则:"不行不可复"。人们只能被欺骗一次,第二次就不信任你了。"言而不可复者,君不言也;行而不可再者,君不行也。凡言而不可复,行而不可再者,有国者之大禁也"(《管子·形势》)。

(五)法治

我国的法治思想起源于先秦法家和《管子》,后来逐渐演变成一整套法制体系,包括田土法制、财税法制、军事法制、人才法制、行政管理法制、市场法制等。韩非在论证法治优于人治时,举传说中舜的例子:舜亲自解决民间的田界纠纷和捕鱼纠纷,花了三年时间纠正三个错误。韩非说这个办法不可取,"舜有尽,寿有尽,天下过无已者。以有尽逐无已,所止者寡矣"。如果制定法规公之于众,违者以法纠正,治理国家就方便了。他还主张法应有公开性和平等性,即实行"明法""一法"原则。"明法"就是"著之于版图,布之于百姓"。"一法"即人人都得守法,在法律面前人人平等,"刑过不避大臣,赏善不遗匹夫",各级政府官员不能游离法外,"能去私曲就公法者,民安而国治"(《韩非子·有度》)。

中国古代管理思想创造了辉煌的中国古代物质文明和精神文明。20世纪50年代以来,由于日本及"亚洲四小龙"经济的腾飞,促使人们开始关注中国古代的管理思想在现代管理实践中的重大意义。

二、西方传统管理思想

西方传统管理思想形成于18世纪60年代,至19世纪末相对完善。在这期间英国发生了产业革命,生产的基本组织发生了变革,即从手工业作坊开始向大机器生产过渡,产生了工厂制度,劳动分工和协作进一步发展。这一变革引起了资本家对企业经营管理的重视。资本家开始凭借自己的经验和判断,严格约束工人行为,强迫劳动,延长劳动时间,以追求最大利润。

(一)传统管理思想的代表人物及其基本观点

这一时期并没有出现专门研究管理思想的学者,也没有形成独立的论著,企业管理理论和思想主要通过资本家个人实践和经济学家个别论述反映出来。最早的代表人物是英国的亚当·斯密,他1776年发表的《国富论》是其涉及企业管理的代表作。他第一次提出了生产经济学的概念,分析了由于企业分工,以及技术进步、时间节约、新机器和工具的采用对提高劳动生产率和资本增值产生的巨大影响。大卫·李嘉图是亚当·斯密管理思想的直接继承者。在资本主义工厂制度确立后,他在1817年发表的《政治经济学和赋税原理》认为,工人劳动创造的价值是工资、利润和地租的源泉,并由此得出工资越低利润相应增加,工资越高利润则相应下降的结论,充分揭示了当时资本主义企业管理的中心问题和剥削本质。1832年,英国的巴贝奇发表的《论机械和制造业的经济》是早于泰罗80多年的企业管理重要文献。他在著作中对专业化分工、机器与工具使用、时间研究、批量生产、均衡生产、成本记录等问题都作了充分的论述,并且强调要注重人的作用,应鼓励工人提出合理化建议等。

(二)传统管理思想的特点

1. 管理与体力劳动分离

企业的资本所有者是企业的经营管理者,雇佣工人是企业的劳动者,两者是单纯的管理和被管理的关系。

2. 凭经验组织生产经营管理工作

工人凭借自己积累的经验进行作业操作,管理人员也凭自己的经验对经济活动进行管理,根本没有统一的制度、规程、方法体系。

3.2 科学管理理论

从19世纪末开始至20世纪40年代,资本主义逐步向垄断资本主义过渡,资本主义工业大规模发展,在这种情况下,许多符合社会化大生产特点的经营管理理论应运而生,形成了科学管理理论。这一理论的代表人物有美国的泰罗、法国的法约尔、德国的韦伯等人。

一、泰罗的科学管理思想

美国工程师费雷德里克·泰罗(1856~1915)先后在米德维尔钢铁公司和贝瑟利恩钢铁公司做管理咨询工作,他在汤恩等人思想的启发下,与同时代的其他人一起创立了科学管理理论。他1895年发表了《计件工资制》一文,1903年在美国机械工程师学会发表了《工厂管理》一文,1911年出版了《科学管理原理》一书。在这些文章和著作中,泰罗提出了科学管理理论,即泰罗制。其主要内容包括以下八个方面。

(一) 工作定额原理

泰罗认为科学管理的中心问题是提高劳动生产率。泰罗在《科学管理原理》一书中强调指出提高劳动生产率的重要性和可能性。方法是选择合适而熟练的工人,把他们的每项动作,每道工序的时间记录下来,并把这些时间加起来,再加上必要的休息时间和其他延误时间,就能得出完成该项工作所需的总时间。即,总时间=动作时间+工序时间+必要的休息时间+其他延误时间。据此制定出"合理的日工作量",这就是所谓的工作定额原理。

(二) 挑选第一流工人原理

为了提高劳动生产率,必须为工作挑选"第一流工人"。泰罗认为:"那些能够工作而不想工作的人不能成为第一流工人。""第一流工人是适合于工作而又有进取心的人,而不像有些人理解的那样是一些'超人'。""是工人的能力同工作相配合。""企业管理当局的责任在于为雇员找到他最合适的工作。"

(三) 标准化原理

要使工人掌握标准化的操作方法,使用标准化的工具、机器和材料,并使作业环境标准化和管理标准化。为此泰罗做了大量的试验,如他在米德维尔钢铁公司做切削试验,前后持续达26年,实验报告有3万份以上,试验总费用超过15万美元。通过试验,泰罗取得了一系列丰富的资料,为进行高速切削和精密切削提供了科学依据,也大大提高了工作效率。

(四) 刺激性付酬原理

为了鼓励工人努力工作、完成工作定额,泰罗提出了一种"差别计件工资制",按照工人是否完成其定额而采取不同的工资率。如果工人没有完成定额,就按"低"工资率付给,为正常工资的80%;如果工人达到或超额完成定额,就按"高"工资率付给,为正常工资的125%,而且不仅是超额部分按高工资率,全部生产都按这个工资率计算,以此来鼓励工人完成和超过定额。

（五）精神革命原理

工人和雇主都必须认识到提高劳动生产率对两者均有利，都来一次"精神革命"互相协作，共同为提高劳动生产率而努力。泰罗认为，没有这种革命，所谓科学管理便不存在了。

（六）把计划职能同执行职能分开原理

泰罗提出，为了提高劳动生产率，就要把计划职能（相当于现在管理职能）同执行职能分开，改变原来的那种经验工作法，代之以科学的工作方法。计划职能归管理当局，并设立专门的计划部门来承担。计划部门从事全部的计划工作并对工人发出命令，至于现场的职工则从事执行的职能，不得自行改变操作方法等。

（七）职能管理原理

为了提高工作效率，泰罗主张实行职能管理，即将管理工作予以细分，使所有的管理者只承担一两种管理的职能。泰罗的这种管理思想虽然没有得到推广，但它为以后职能部门的建立和管理专业化提供了参考。

（八）例外管理原理

所谓例外原理（管理控制原理）就是企业的高级管理人员把一般的日常事务授权给下级管理人员去处理，自己只保留对例外事项（即重要事项）的决策和监督权。泰罗的管理理论，提供了解决企业管理中两个主要问题的方法，即怎样提高管理人员的工作效率和怎样提高工人的劳动生产率。由于在管理领域中的开拓性工作，泰罗被称为"科学管理之父"，他提出的理论成为资本主义管理科学的基础。

二、法约尔的管理思想

亨利·法约尔（1841～1925）于1860年作为一个采矿工程师进入一家法国矿业公司，并于1888年任该公司的总经理。法约尔与泰罗不同的是，法约尔从25岁开始就参加了企业的领导集团，并在以后长期担任企业最高领导的顾问，所以他的管理理论是以大企业的整体作为研究对象的。在1916年，法约尔出版了《工业管理与一般管理》一书，创立了自己的管理理论，被西方人称为"经营管理之父"。法约尔管理理论的主要观点有以下两点。

（一）企业的基本活动与管理的五项职能

法约尔指出，任何企业都存在着六种基本的活动，而管理只是其中之一。这六种基本活动是：技术生产活动、商业购销活动、财产费用活动、安全保护活动、会计统计活动、管理控制活动（其中包括计划、组织、指挥、协调和控制五项职能活动）。在这六种基本活动中，管理活动处于核心地位，即企业本身需要管理，同样的，其他五项属于企业的活动也需要管理。

（二）管理人员解决问题对应遵循的十四条原则

法约尔根据自己长期的管理经验，提出了"十四点管理原则"：①分工；②权威和责任；③纪律；④统一命令；⑤统一指导；⑥个人利益服从整体；⑦人员报酬；⑧集中；⑨等级链；⑩秩序；⑪公平；⑫工作稳定；⑬首创性；⑭集体精神。

法约尔认为这些原则可以应用于一切事业的管理活动，但并不是固定不变的，而应该把他们灵活运用于具体情况。

三、韦伯的管理思想

马克斯·韦伯(1864~1920),德国人,著名的社会科学家,是和泰罗、法约尔是同一时期的人,他在管理理论上的最大贡献是提出了"理想的行政组织体系"理论,并因此被称为"组织理论之父"。行政组织体系指的是通过公职或职务而不是通过个人或世袭来管理,即集体活动理论化。至于"理想的",并不是最合乎需要的,而是指组织的"纯粹的"形态。

(一)行政组织体系的基础

韦伯认为,被社会所接受的权力有以下三种"纯粹的"形态。

(1) 理性—法律权力,这是以"合法性"为依据的。

(2) 传统的权力,这是以个人占据着传统的权力地位为依据的。

(3) 超凡的权力(神授的权力),这是以对个别的、特殊的、神圣的、英雄主义的、品德的崇拜为依据。

韦伯认为,这三种权力中,只有理性—法律的权力才是行政组织体系的基础。其理由如下。

(1) 它为管理的连续性提供了基础。

(2) 它是理性的。

(3) 领导人具有行使权力的法律依据。

(4) 所有的权力都有明确的规定并按完成任务所必需的职能来划分。

(二)理想行政组织体系的主要特点

(1) 把一个组织内部为了实现某目标所需要的全部活动划分为各种基本的作业,分配给每个成员,对组织体系中每一个职位都明文规定其权利和义务。

(2) 各种职务和职位是按职权的等级原则组织起来的,形成一个指挥体系或阶层体系。

(3) 组织中人员的任用,完全根据职务上的要求,通过正式考试或教育训练来实现。

(4) 组织中人员之间的关系不受个人情感的影响,完全以理性准则为指导。

(5) 管理人是一种"职业"的管理人员,领取固定的薪金,有明文规定的升迁制度。

(6) 管理人员必须严格遵守规则和纪律。

四、科学管理理论的评价

(一)科学管理理论的特点

科学管理思想是随着生产的发展、科学的进步和生产社会化程度的提高而不断发展的。泰罗等人的研究重点是工作方法和工作条件,科学管理理论可以归纳为以下特点。

(1) 冲破了经验主义观念,开始认识、掌握、运用科学的规律。

(2) 严格规范工人和管理者的行为,明确责任分工,设计标准规程,减少无效劳动。

(3) 提出了员工培训和任用的办法及培养合作、首创、集体精神的观点。

(二)对泰罗制的评价

泰罗制应用在生产现场管理中虽然效果显著,但其推广却并不顺利。当时的资本家是反对的,他们认为这套办法带给工人更多的好处,提高了工人工资;把管理人员分离出来,增加了非生产人员的开支;用科学化、标准化的管理方法取代资本家按个人旨意、经验进行管理的传统方法,会影响资本家的权威。工人同样也是反对的。当时的工会领袖们把科学管理当作是对劳工的一种威胁,认为泰罗把工作执行与工作计划分开的做法损害了劳动者的权益;劳动分工越来越细,一个工人的工作很容易被其他人代替;实行差别计件工资制,工人的工资完全由管理人员根据产量确定,就会失去工人"集体同资本家谈判确定工资"的权利。工会组织同泰罗制倡导者之间的冲突在1909年达到了最激烈的程度。

泰罗制当时之所以遭到反对,一方面是因为社会上传统意识的影响,另一方面是由于它本身也存在着弱点。我们应当用历史的观点对泰罗制客观地加以评价。

(1) 冲破了百年沿袭的传统落后的经验管理办法,将科学引进了管理领域,并且创立了一套具体的科学管理方法来代替单凭个人经验进行作业和管理的旧方法,这是管理理论上的创新,也为管理实践开辟了新局面。

(2) 由于采用了科学的管理方法和操作程序,使生产效率提高了三倍,推动了生产的发展,适应了资本主义经济在这个时期的发展的需要。

(3) 由于管理职能与执行职能分离,企业中开始有一些人专门从事管理工作,这就使管理理论的创立和发展有了实践基础。

(4) 泰罗把工人看成是会说话的机器,工人只能按管理人员的决定、指示、命令进行劳动,否定了工人的工作自主性。泰罗的"标准作业方法""标准作业时间""标准工作量"都是以身体最强壮、技术最熟练的工人进行最紧张的劳动时所测定的时间定额为基础的,是大多数工人无法忍受和坚持的,因此,泰罗制是资本家最大限度压榨工人血汗的手段。泰罗还把人看作是纯粹的"经济人",认为人的活动仅仅出于个人的经济动机,忽视企业成员之间的交往及工人的感情、态度等社会因素对生产效率的影响。

泰罗制是适应历史发展的需要而产生的,同时也受到历史条件和倡导者个人经历的限制。当时,要增加企业的利润,关键是提高工人劳动效率。泰罗本人长时间从事现场的生产和管理工作,故泰罗的一系列主张,主要是解决工人的操作、生产现场的监督和控制问题,科学管理理论研究的范围比较小,涉及的内容也比较窄。

3.3 行为科学与激励理论

随着科学管理理论和实践的发展,企业成本下降,效率提高,获取了大量利润,但同时也激发了社会矛盾,管理者日益感到已有的理论和方法已较难控制工人。于是行为科学应运而生。

行为科学是一门研究人类行为规律的科学。资本主义管理学家试图通过对人们行为的研究,掌握人们的行为规律,找出对待工人、职员的新办法和提高工作效率的新途径。

一、梅奥的行为科学理论

梅奥是美国哈佛大学的教授,他从1927年开始领导进行著名的"霍桑试验",研究工人的劳动条件与劳动效率之间是否存在直接的因果关系。通过反复试验,梅奥发现不同的工作条件并未能对生产率的改变产生多大影响,而集体的融洽性和安全感却能对职工产生重大影响。1933年梅奥发表了《工业文明中的人性问题》,提出了一种新的管理思想——人际关系学说。

（一）企业职工是"社会人",不是单纯的"经济人"

企业职工不是单纯地追求金钱收入,还有追求人与人之间的友情、安全感、归属感等社会心理方面的欲望。

（二）企业中除了"正式组织"之外还存在着"非正式组织"

所谓"正式组织",就是为了有效地实现企业的目标,规定企业中各成员之间相互关系和职责范围的一定组织体系。所谓"非正式组织",就是企业成员在共同工作的过程中,由于抱有共同感情而形成的非正式团体。这些团体有自然形成的规范或惯例,它往往通过感情、爱情、业余活动等,对人们发生影响。梅奥等人认为,这种非正式组织同正式组织相互依存,并对生产率的提高有很大影响。

（三）新型领导能力

在于提高职工的满足度,以提高职工的士气,从而提高劳动生产率。

职工所要满足的需要中,金钱和经济刺激只起第二位的作用,起第一位作用的是职工的满足度,即安全感和归属感等。

二、马斯洛的需求层次理论

美国心理学家马斯洛1943年出版《人类动机的理论》一书,提出需要层次论,把人的需要按其重要性和发生的先后次序排列成五个层次(见图3-1)。

图3-1 马斯洛的需要层次理论

第一层:生理需要,包括人体生理上的主要需要,即衣、食、住、行、医药等生存的基本条件。
第二层:安全需要,指人身安全、生活保障等。

第三层：社交需要，指人与人之间的关系，友谊、爱情、归属感等方面需要。

第四层：尊重需要，这类需要包括自尊和受别人尊敬。

第五层：自我实现需要，这是最高一级的需要，指希望在工作上、事业上有成就，实现自身的价值等方面的需要。

马斯洛指出，人的需求总是由低层向最高层发展的。

管理者的任务之一就是激发员工需求、引导员工需求、满足员工的合理需求，不断激励员工的积极性和创造性。

三、双因素理论

美国心理学家赫茨伯格在1959年发表的《工作的激励因素》和1966年的《工作与人性》一书中首创激励因素——保健因素理论。他认为影响人们工作中行为的因素有两种，即"保健因素"和"激励因素"。

（一）保健因素

所谓"保健因素"就是指对维持人们现状工作起"保健"作用的因素。它包括公司的政策与管理、监督、工资、同事关系和工作环境等。这些问题解决不好，低于人们可以接受的水平时，就会引起人们对工作的不满，当达到人们可以接受的水平时，就会消除人们的不满，提高积极性。

（二）激励因素

所谓"激励因素"就是对人们的积极性起调动作用的因素。它主要指工作本身和工作内容方面的因素。它包括成就、荣誉、增加工作责任、获得成长和发展的机会等。赫茨伯格认为，必须认识到保健因素的重要性，以免引起职工的不满，但只注意保健是不够的，从长期来看，应当注意更多地应用激励因素，这样，才能不断提高工作效率或劳动生产率。

四、X理论和Y理论

美国社会心理学家麦格雷戈1960年出版《企业的人性方面》一书，提出了X理论和Y理论，这是后期行为科学经典理论之一，它围绕"人的本性"来研究人类行为规律及其对管理的影响。

（一）X理论的主要观点

X理论的主要观点是：人的本性是坏的，都有好逸恶劳、尽可能逃避工作的特征，因此对大多数人来说，仅用奖赏的办法不足以抑制其厌恶工作的倾向，必须进行强制、监督、指挥，以及惩罚进行威胁，才能使他们付出足够的努力去完成给定的工作目标；一般人都胸无大志，通常满足于平平稳稳地完成工作，而不喜欢具有"压迫感"的创造性的困难工作。

（二）Y理论的主要观点

麦格雷戈认为，Y理论是较为传统的X理论的合理替换物。Y理论的主要观点是：人并不是懒惰，他们对于工作的喜欢和憎恶决定这工作对他是一种满足还是一种惩罚；在正常情况下人愿意承担责任，人们热衷于发挥自己的才能和创造性。

(三) X 理论和 Y 理论的比较

对比 X 理论及 Y 理论可以发现,它们的差别在于对工人的需要看法不同,因此采用的管理方法也不相同。按 X 理论来看待工人的需要,进行管理就要采取严格的控制、强制方式;如果按 Y 理论看待工人的需要,管理者就要创造一个能多方面满足工人需要的环境,使人们的智慧、能力得以充分地发挥,以更好地实现组织和个人的目标。X 理论强调外因和客观因素,把人放在被动的位置上。Y 理论强调内因和主观因素,注意发挥人的主观能动作用。

五、公平理论

公平理论是美国心理学家亚当斯于 1960 年首先提出的,也称为社会比较理论。它主要讨论报酬的公平性对人们工作积极性的影响。人们将通过两个方面的比较来判断其所获得报酬的公平性,即横向比较和纵向比较。

所谓横向比较,就是将"自己"与"别人"相比较来判断自己所获得报酬的公平性,并据此作出反应,以下列公式来说明。

(1) 当一个人觉得报酬是公平的,他可能会因此而保持工作的积极性和努力程度,此时有以下公式成立:

$$\frac{Q_P}{I_P} = \frac{Q_X}{I_X}$$

其中,Q_P 为自己对所获报酬的感觉;Q_X 为自己对别人所获报酬的感觉;I_P 为自己对所投入量的感觉;I_X 为自己对别人所投入量的感觉。

(2) 当一个人得到了过高的报酬或付出的努力较少,会有以下不等式成立:

$$\frac{Q_P}{I_P} > \frac{Q_X}{I_X}$$

在这种情况下,他一般不会要求减少报酬,而有可能会自觉地增加投入量。但过一段时间他就会通过高估自己的投入而对高报酬心安理得,于是其产出又会恢复到原先的水平。

(3) 当出现以下不等式时:

$$\frac{Q_P}{I_P} < \frac{Q_X}{I_X}$$

说明此人对组织的激励措施感到不公平。此时他可能会要求增加报酬,或者自动地减少投入以便达到心理上的平衡,当然,他甚至有可能离职。管理人员对此应特别注意。

除了"自己"与"别人"的横向比较外,还存在着自己的目前与过去的比较。如 Q_T 代表自己目前所获报酬,Q_{T-1} 代表自己过去所获报酬,I_T 代表自己目前的投入量,I_{T-1} 代表自己过去的投入量,则比较的结果有三种。

(1) $$Q_T/I_T = Q_{T-1}/I_{T-1}$$

此人认为激励措施基本公平,积极性和努力程度可能会保持不变。

(2)
$$Q_T/I_T < Q_{T-1}/I_{T-1}$$

此人不会觉得所获报酬过高,因为他可能会认为自己的能力和经验有了进一步的提高,其工作积极性因而不会提高多少。

(3)
$$Q_T/I_T > Q_{T-1}/I_{T-1}$$

此人觉得很不公平,工作积极性会下降,除非管理者给他增加报酬。

尽管公平理论的基本观点是普遍存在的,但是实际运用中很难把握。个人的主观判断对此有很大的影响,因为人们总是倾向于过高估计自己的投入量,而过低估计自己所得到的报酬,对别人的投入量及所得报酬的估计与此相反。因此管理者在运用该理论时应当更多地注意实际工作绩效与报酬之间的合理性。当然,对于具有特殊才能的人,或对完成某些复杂工作的人,应更多地考虑到其心理的平衡。

六、期望理论

V.弗鲁姆的期望理论认为:只有当人们预期到某一行为能给人带来有吸引力的结果时,个人才会采取这一特定行为。根据这一理论,人们对待工作的态度取决于对下述三种联系的判断。

(1) 努力与绩效的联系。需要付出多大努力才能达到某一绩效水平?我是否真能达到这一绩效水平?概率有多大?

(2) 绩效与奖赏的关系。当我达到这一绩效水平后,会得到什么奖赏?

(3) 奖赏与个人目标的联系。这一奖赏能否满足个人的目标?吸引力有多大?

期望理论的基础是自我利益,它认为每一员工都在寻求获得最大的自我满足。期望理论的核心是双向期望,管理者期望员工的行为,员工期望管理者的奖赏。期望理论的假设是管理者知道什么对员工最有吸引力。期望理论的员工判断依据是员工个人的知觉,而与实际情况不相关。不管实际情况如何,只要员工以自己的知觉确认自己经过努力工作就能达到所要求的绩效,达到绩效后能得到具有吸引力的奖赏,他就会努力工作。

3.4 现代管理学派

第二次世界大战结束后,特别是20世纪50年代中期以后,一些经济发达国家先后进入现代化大生产时期。现代化大生产要求有现代化管理,即组织手段、方法的现代化。一些经济学家提出了新的管理学理论,形成了许多学派。从目前来看,主要有以下六种学派。

一、管理过程学派

其鼻祖一般认为是亨利·法约尔,主要代表人物是美国的孔茨和奥唐奈。这个学派注重将管理理论同管理者的职能和工作过程联系起来,认为管理是由一些基本步骤(如计划、组织、控制)组成的独特过程,这些步骤之间相互联系,交错运转,形成了管理过程的整体运动。

二、管理经验学派

管理经验学派十分注重通过分析概括企业或管理者的成功经验,找出它们共性的方面,使之系统化、理论化,为各级管理人员提供类似情况下进行管理活动的策略与技能,从而尽快达到管理目标。这一学派的代表人物有戴尔和杜拉克。前者的代表作是《伟大的实践者》《管理:理论与实践》;后者的代表作是《有效的管理者》。

杜拉克认为:传统管理理论偏重于以工作为中心,忽视了人的一面,而行为科学偏重于以人为中心,忽视了与工作的结合,两者都有失公允。他提出"目标管理"理论,综合以工作为中心与以人为中心的管理方法,把工人引进来参加管理。

三、系统管理学派

其代表人物是卡斯特等人,该学派试图将各派管理学说兼容并蓄、融为一体,寻求统一适用的模式与原则,从而建立最新的管理理论。

这个学派的突出特点是将一般系统理论用来研究组织和管理,强调管理的系统观点,要求管理人员牢固树立全局观念、协作观念和动态适应观念,既不能局限于特定领域的专门职能,又不能忽视各自在系统中的地位和作用。系统管理是将组织拥有的全部资源结合成为一个目标的系统,它并不消除管理的各项职能,而是让它们围绕组织目标发挥作用。管理人员的职能主要是建立组织的目标、协调他人的活动、维持信息联系系统,为组织成员提供必要的服务。

四、决策理论学派

这一学派代表人物是美国管理学、心理学教授赫伯特·西蒙,代表作是《管理决策新科学》。这个学派把决策作为管理的中心,认为"管理就是决策"。由于西蒙把系统理论、运筹学、计算机科学和心理学综合运用于管理决策的分析,形成了一门有关决策过程、准则、类型及方法的较完整的理论体系,曾获得了1978年的诺贝尔经济学奖金。其理论要点如下:①决策贯穿于管理的全过程,管理就是决策。②决策分为程序化决策与非程序化决策。程序化决策是指反复出现和例行的决策;非程序化决策是指那种从未出现过的或很少出现的决策。③在决策标准上,用"令人满意"做准则代替"最优化"准则。④决策过程包括四个阶段,即收集情况阶段、拟订计划阶段、选定计划阶段、评价计划阶段。

五、管理科学理论

管理科学理论是指以现代自然科学和技术科学的最新成果为手段,运用数学模型,对管理领域中的人力、物力、财力进行系统的定量分析,并作出最优规划和决策的理论。它是泰罗科学管理理论的继续与发展。这一学派着重研究的是操作方法与作业方面的管理问题,代表人物是美国人伯法,代表作是《现代生产管理》。这一学派的主要特点有:①力求减少决策的个人艺术成分,依靠建立一套决策程序和数学模型,以增加决策的科学性。②研究的范围已扩展到整个组织的所有活动。③应用了系统论的观点,充分吸收了现代数学和计算机科学的新成就。

六、权变理论学派

权变理论学派是一种较新的管理思想。该学派认为不存在普遍适用和一成不变的管理理论和方法,每个企业应根据自己的内部条件和所处的外部环境,结合经营目标随机应变,研究适合自己特点的管理模式。该学派代表人物是英国人伍德沃德,其代表作是《工业组织:理论与实践》。

权变理论学派认为:组织与组织成员的行为是复杂的、不断变化的,而环境的复杂性又给有效管理带来难度,因此,管理学说、管理方式与方法应随着情况的变化而改变。为了使问题得到很好的解决,要对组织情况进行大量的调查研究,分析归类,建立管理模式,并据以选择适当的方法。

3.5 管理理论的新发展

20世纪中期以来,人类社会逐渐进入了知识经济、信息社会时代,这个时代的重要特征是知识、信息更新速度越来越快,世界因此而多变。管理科学必须与时俱进,不断发展。

一、战略管理

战略与战术是相辅相成的两个概念,谁都离不开谁。战略是相对于战术而言的,战术是相对于战略而言的。理解了战术就容易理解战略,反过来也一样。

战略与战术的区别有三个:一是战略针对整体性问题,战术针对局部性问题;二是战略针对长期性问题,战术针对短期性问题;三是战略针对基本性问题,战术针对具体性问题。

"战略"这个概念最初只应用于军事领域。"战略"是一个复合词,是"战+略",是对"战争谋略"的简称,或者说人们把"战争谋略"简称为"战略"。它是针对战争中整体性、长期性、基本性问题的计谋。

把战略的含义用于政治、经济领域,就形成了政治战略、经济战略;用于企业领域,就称为企业战略等。

战略是组织为了生存和发展,在分析外部环境和内部条件的基础上,对组织全局性、长远性的重大问题进行的谋划,是关于组织长远利益的谋划。

战略管理是对组织活动实行的总体性管理。战略管理的任务是为实现组织的战略目标进行战略制定、战略实施、战略控制、战略评价。战略管理的实质是动态管理、整体管理、全面管理。它是一种管理思想和管理方式。

美国的安索夫1965年发表了《企业战略》,后来又发表了《战略管理论》。从此以后,"战略"这个概念就开始在企业领域使用了。这是一次重大的理论创新。四十年来,全球企业战略管理实践活动之所以蓬勃发展,与安索夫的理论创新是分不开的。

二、学习型组织

(一) 什么是学习型组织

学习型组织理论是由当代著名管理大师彼得·圣吉创立的。1990年,在他所著的《第五项修炼——学习型组织的艺术与实务》一书中,倡导组织的学习,并总结出在自我超越、改善心智模式、建立共同愿景、团队学习四项修炼基础上的第五项修炼——系统思考,为企业建立学习型组织提供了依据。然后,在他与人合著的《变革之舞——学习型组织持续发展面临的挑战》一书中,又具体论述了创建学习型组织的关键问题,从而使学习型组织理论成为当今管理领域的最新潮流。

圣吉认为,学习型组织是一种不同凡响、更适合人性的组织模式,由伟大的学习团队形成社群,有着崇高而正确的核心价值、信念与使命,具有强劲的生命力与实现梦想的共同力量,不断创造,持续蜕变。在这一过程中,人们胸怀大志,心手相连,相互反省求真,脚踏实地,勇于挑战极限及过去的成功模式,不为眼前近利所诱,同时以令成员振奋的远大理想及政策与行动,充分发挥生命的潜能,创造超乎寻常的成果,从而在真正的学习中体悟工作的意义,追求心灵的成长与自我实现,并与周围的世界产生一体感。

(二) 创建学习型组织的实质是提高企业的集体创新力和学习力

与以往的管理理论所不同的是,学习型组织更加强调集体创新力和学习力的培养。在《变革之舞》一书中,作者明确指出:迷信"英雄"型领导已经给很多企业带来困难,使企业为寻找"救世主"付出了惨重的代价。因此,变革的成功归根到底依靠的是组织的创新能力。增强组织集体的创新力和学习力,必须发挥组织内部各群体的作用,形成组织内部的"领导群"。一般来说,组织内部的"领导群"应由三类人组成:一是高层领导,如总裁、董事长等。作为高层领导要有强烈的学习和创新意识,要勇于放弃已有的一切答案,向未来学习,就像以直销模式与品牌销售相竞争那样,要敢于想象不曾体验过的东西,同时还要善于创造企业持续革新和学习的良好氛围。二是中层领导。中层领导是企业承上启下的中坚力量,发挥他们在学习力培养中的领导作用尤其重要。作为中层领导要有丰富的想象力和勇于献身的精神,不断地将组织的各种新思想和新观点付诸实践,并对实际效果进行检验。三是组织内部关系网络的领导,如攻关小组、读书会、各种沙龙的负责人或重要成员等。这些人虽然没有实际领导职务,但是他们有很强的活动能力、学习能力和思维能力,最容易获得员工的真实想法,也最容易得到员工的拥护,强调他们的学习积极性,就能够极大地调动广大员工的学习积极性。实践表明,只有当以上三种领导者在企业内部相互配合、有效动作时,才能极大地增强企业的集体学习力和创造力。缺少其中任何一方的作用,都会使另外两方的作用受到限制。

(三) 创建学习型组织的关键是要坚持以人为本,构筑科学合理的企业组织结构

学习型组织强调的是在共同的理想凝聚下,实现学习个体的互动,最大限度地发挥团体绩效。因此,在创造学习型组织的实践中必须十分注重以人为本的企业文化氛围,才能为学习型组织的创建提供强有力的精神支持。

构筑科学合理的企业组织结构是创建学习型组织的重要保障。适应创建学习型组织

的需要，未来的企业组织结构应趋向扁平化，即减少中间环节，逐步形成领导层、管理层、生产层的平面化管理模式，使员工拥有更多的权利和责任。这样不仅有助于克服员工的依赖心理，而且便于上下之间的沟通，促进企业内部成员间的相互理解、相互学习、个体互动和协调合作。此外，随着现代化科技手段在管理中的应用，过多管理层的存在就是多余了。从这一角度看，管理中间层的削减也是大势所趋。

三、人力资源管理

（一）什么是人力资源

人力资源是与自然资源或物质资源相对应的、以人和生命为载体的社会资源，从广义上讲智力正常的人都是人力资源。从狭义上讲，人力资源有不同的解释。

（1）人力资源是指在一定领域内拥有劳动能力的人口总和。

（2）人力资源是指能够推动社会和经济发展的具有智力、体力和劳动能力的人的总称。

（3）人力资源是指一切具有为社会创造物质文化财富、为社会提供劳务和服务的人。

（4）人力资源包括劳动者的体质、劳动者的智力、文化教养和受教育程度、劳动者的能力和思想觉悟与道德水平。

（二）人力资源的特点

（1）人力资源是一种可再生的生物性资源，具有社会性。人力资源是以人身为天然的载体，是一种活的资源，并与人的自然生理特征相联系。这一特点决定了在人力资源的使用过程中需要考虑工作环境、工伤风险、时间弹性等非经济和非货币因素。其社会性表现在：人力资源只有在一定的社会环境和社会实践中才能形成、发展和产生作用。

（2）人力资源是在经济活动中居于主导地位的能动性资源。

（3）人力资源是具有时效性和连续性的资源。时效性表现在：人的生命过程的不同阶段有着不同的心理和生理特点，人力资源的作用发挥也有不同的最佳期；作为人力资源重要组成部分的知识和技术是人们实践经验的产物，具有一定的时间性。连续性表现在：知识的连续性、技术的连续性。

（4）人力资源的有限性和无限性。一个人的生命是有限的，但人类是代代延续的，知识是代代传授的。

（5）人力资源是一个运动过程。人力资源始于开发，经过配置而终于使用。管理贯穿整个运动过程，是人力资源有效开发、合理配置、充分使用的基本保障。

（三）人力资源管理的内容和任务

人力资源开发主要指国家或企业对所涉及范围内的人员进行正规教育、智力开发、职业培训和全社会的启智服务，包括教育、调配、培训、使用、核算、周转等过程，为全社会提供源源不断的各类人力。

人力资源管理是指对全社会或一个企业的各阶层、各类型的从业人员从招工、录用、培训、使用、升迁、调动直至退休的全过程管理。

人力资源管理的任务是：预测人力需求，研究人才的合理布局；做好招工录用工作；认真搞好在职培训；认真分析影响人的重要性的基本因素；善于识别人才；关心职工的劳动报酬及分配；创造和谐、安定向上的用人环境。

四、知识管理

知识经济时代，企业成功的关键在于如何创新、积累和使用知识，知识管理也相应地成为企业各项管理活动的核心。

(一) 知识管理的概念

知识管理是对企业中集体的知识或技能的获取，然后将这些知识或技能传递给知识需求者，以帮助企业实现最大产出。

近年来，以智力资产作为管理内容的知识管理不断调整、改进，形成许多新的发展方向。知识管理，即在知识经济时代，组织围绕发展，以人为本，对知识进行控制、开发和利用的过程，是立体式、多学科、多维度科学决策的管理方法。知识管理应从理念的创新开始。只有实现理念创新，制度创新和组织创新才成为可能，系统的结构才能实现真正的优化，管理的效能才能达到真正的最大化。

(二) 知识管理必须与时俱进、开拓创新

1. 知识经济时代要求管理必须创新

管理创新既要把创新渗透于管理的整个过程之中，不断进行观念创新、制度创新、市场创新，进而实现组织价值和管理效能的最大化。在知识经济时代，知识是创新能力的基础，是决定竞争力强大与否的关键要素；知识的创造速度和数量空前增大，知识的传播速度和更替周期空前加快，知识创新的方式也更多样化。知识正作为一种强大的力量决定着组织未来的命运，改变着未来世界的图景。正如美国管理学家维娜艾莉在《知识的进化》中所写，信息时代之前的旧方程式是"知识＝力量——所以保存它"。管理者和工人为了个人利益掌握使用新知识、新信息，进而获得力量。在信息时代，知识爆炸，技术性知识的激增使旧的方程式不能再适用了，没有人能成功地保存知识，知识会在几小时、几天、几星期或最多几个月内贬值，更进一步地讲，封锁知识的企图将妨碍系统赖以生存的信息交流，使之丧失自我组织和自我更新的能力。现在，新的知识方程式是"知识＝能力——所以共享它并使它倍增"，此乃信息时代的经济现实。

2. 创新是组织生命活力的源泉

组织作为一个开放系统，只有不断地与周边环境进行物质、信息和能量的交换，才能保持对环境的适应性，才能保持组织的活力，才能在激烈的竞争中不断创新和发展。管理创新是组织对环境变化的积极回应，是组织不断盘活内部资源的支点。然而，传统的管理理念过多地强调组织内部环境的控制，忽视了组织与环境之间的互动，结果严重地制约了组织的应变力和竞争力的提高。例如，从传统的计划经济体制向现代市场经济体制的转型过程中，我国部分国有企业在前进中遇到的困难、在发展中面临的挑战，其产生的原因是多方面的，但对市场环境的激烈变化缺乏积极的回应，对经济全球化背景下企业的功能和结构的定位缺乏清醒的判断，对知识经济时代企业的管理理念和体制安排缺乏适应性的创新，是主要原因之一。所以,管理组织必须创新。

3. 创新是未来管理的主旋律

时代呼唤知识管理创新。传统的管理理念过多地强调"管理是一种权力""管理就是控制",管理者被看作是"组织和企业的大脑和智慧的化身"。组织内部呈现出的"金字塔式"的管理结构扼制了创新,带来的是组织的僵化、封闭和停滞,严重地制约了组织的发展。从最早的以标准化、程序化设计为主的美国"泰罗制科学管理"、法国"法约尔的组织管理",到后来美国的马斯洛、麦格雷戈等的"行为管理",实际上都是那种"金字塔式"的"他控式管理"理念,必然将被现代的"扁平化"的"互动式知识管理"理念所取代。因此,管理创新的首要使命将是围绕着知识管理进行组织的设计和体制的安排,为知识工作者充分发挥其个性和创造力提供制度平台。管理者应把知识工作者看成是最重要的财富和组织生存的根本,以此营造尊重人、关心人、信任人的舆论氛围,进而实现知识的创新与共享。

(三) 知识管理必须体现先进文化

1. 管理必须坚持正确的价值导向

知识经济时代的管理是科学的管理,体现先进文化及价值导向。价值是一个组织的灵魂,也是组织个性化的特征,一般包括三个方面的内容,即组织存在的意义、价值标准和价值实现方式。没有明确而科学的价值导向,组织就会失去前进的方向,组织成员就不会产生对组织有效的忠诚感、认同感。然而,组织是由一个个有生命的个人组成的有机整体,每个人也都有自己的认知、情感、需要、信仰和价值取向。如果个体的个性得以伸展,潜能得以开发,就会产生重大的成就感和归属感,进而就会把自己的行动和组织的绩效紧密地联系起来,实现组织的最大价值。如果个体的利益诉求、价值取向与组织相疏离,就会影响组织管理效能的最大化。

2. 管理必须提高人的科学知识水平

管理中的文化理念就是解决组织价值和成员价值的一致性问题,以价值关怀来调动组织成员的积极性、主动性和创造性,使之与组织结成命运共同体,以此回应环境变化对组织带来的挑战。随着知识经济的深入发展,白领阶层、知识工作者已成为组织或企业的基本力量,对知识的管理和对知识工作者的激励将成为管理的核心任务。因此,提高管理中的文化含量,实现两种价值的融合,就成为未来文化面临的一项紧迫课题。这就要求组织或企业的主流价值文化必须具有包容性、开放性和差异性。只有这样,组织才能面对各种思想、价值的激荡和渗透,形成灵活、柔性、合作、共享的管理机制,为知识的开发和共享创造条件。

3. 管理必须促使人的全面自由发展

传统的管理理念更多地强调组织价值、组织目标,把人完全看成管理的对象,而忽视了组织成员的个体价值和个人目标,忽视了组织价值和个体价值的兼容性,忽视了人的个性的激励和潜能的开发,最终导致管理效能的下降。组织存在的意义实际上就是组织为什么要创造价值,创造什么样的价值,怎么去创造价值。组织必须为组织成员提供价值取向,使人的素质得到全面提高、人的能力得到充分发挥、人的社会关系得到日益丰富、人与自然的关系得以和谐、人的个性得以充分发挥、人的需求不断地得到满足。这是组织存在的基础,也是动员组织力量、整合组织资源的保证。

（四）知识管理必须"用知识开发知识"

1. 知识经济时代的管理必须把知识改变组织命运的理念渗透于管理的全过程

"以知识开发知识"是时代发展的必然。未来最成功的企业将是"学习型组织"。因为组织在未来唯一持久的优势，是要有比竞争对手学习得更快的能力。谁拥有前沿的知识，谁就占有竞争的制高点。世界著名的跨国公司，如 IBM、微软、可口可乐等，都已建立了比较完备的知识开发系统和与此相适应的人才开发全球战略，并把它看作保持全球竞争优势的支柱所在。展望 21 世纪，拥有终身学习的理念和机制，建立多元化反馈和开放的学习系统，形成学习共享和互动的组织氛围，使工作学习化、学习工作化，在学习中不断超越能力边界，将是未来管理发展的大趋势。

2. 知识经济时代的管理必须把知识最大限度地转化为生产力

美国管理学家彼得·德鲁克在 20 多年前就开始注意到知识经济，提出管理就是"用知识开发知识"，要利用知识把现有知识最大限度地转化为生产力。这实际上就是我们所说的"知识管理"。知识管理是继工业经济时代泰罗的科学管理之后的新管理革命，是对传统的管理理念的反思和超越。其核心理念就是要求把组织系统与信息、信息与活动、信息与人有机连接起来，实现知识共享，运用集体智慧和创新能力，赢得组织的核心竞争力。

3. 知识经济时代的管理必须发挥人的创造力

人是社会生产力中最活跃最革命的因素。传统的管理理念习惯于把资本、设备、劳动力、权力视为最重要的组织资源，认为管理就是这些组织资源的内部配置，而对知识的开发、整合与共享没给予应有的关注，对拥有知识并知道如何利用知识提高效率的知识工作者没有给予应有的关怀和重视。知识经济时代将大大突破那种传统管理模式的局限，开启知识管理的新时代。在知识经济时代，无论是营利组织还是非营利组织，最宝贵的资源不是它的固定资产，而是它的知识工作者。管理所做的一切，就是提高知识工作者的生产率。正如著名的世界级管理大师彼得·圣吉在其名著《第五项修炼》中所说，在全球竞争风潮中，人们日益发觉 21 世纪的成功关键与 19 世纪和 20 世纪的成功关键有很大的不同。在过去，低廉的天然资源是一个国家发展的关键，而传统的管理系统也是被设计开发这些资源。然而，这样的时代已离我们而去，发挥人们的创造力现在已成为管理努力的重心。在知识经济时代必须实现知识管理，管理理念也必须与时俱进，开拓创新。

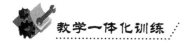

【思考题】

1. 传统管理思想有何特点？对泰罗制有何评价？
2. 梅奥的行为科学理论论点是什么？
3. 现代管理学派有哪几种？

4. 谈谈创建学习型组织的意义。
5. 人力资源管理与人事管理有何区别和联系？

【案例分析】

不分专业，不看学历，不看牌子：宝洁讲究团队合作和个人能力

每年11月至次年1月底，宝洁公司在全国各地大学招聘新人。宝洁一般根据往年招聘的毕业生的情况，有针对性地选择部分重点大学，并以大学为单位，成立专门的招聘小组。招聘小组的数量多的年份达到二三十个，少的时候也有十几个，分赴高校集中的北京、上海、天津、杭州、西安、广州等地，如北京地区就有北大、清华、人大等招聘小组。

招聘小组成立后，第一项工作就是在各学校召开介绍会，由公司高级经理现场介绍宝洁公司及其招聘相关事宜，包括职业发展机会、工资福利、部门职能、求职者所需的技能素质等，并当场回答有关疑问。招聘申请表在介绍会上派发，要求在一定时间内寄回。

为了招收到真正适合公司发展需要的人才，宝洁公司的招聘工作做得极为细致。公司相关人员阅读应聘者申请表后，对报名的毕业生进行第一轮筛选，通过者还要经历三个招聘步骤。

初试：初试大约需要30～45分钟，面试官是公司各部门的高级经理。

笔试：笔试包括解难能力测试和TOEIC，前者主要是考核解决疑难问题的能力，使用宝洁全球通用试题，试题为中文版本，题型为选择题，考试时间为65分钟。后者全称是Test of English for International Communication，用于测试母语不是英语的人的英文能力，考试时间为2个小时。

复试：复试大约需要60分钟，面试官至少有三人，都是公司各部门的高级经理。如果面试官是外方经理，宝洁会提供翻译。这次面试结束，基本上就可以确定是否会被录用。如需要，一些部门还将请同学到广州总部去考察，以确认自己的选择。

宝洁的招聘，特别看重应聘者以下素质：优秀的合作精神、良好的表达交流能力、出色的分析能力、创造性和领导才能。

由于许多能力与品质并不是由考试就能考察出来的，多数要靠面试时用具体的提问去衡量。因此，在招聘大学生前，有关部门将对参加招聘的员工进行非常专业的培训。为了保证面试的可靠性，只要需要，宝洁会从全球的公司中抽调相关人员，而不计代价。

在宝洁的整个考察过程中，没有一道题是考死记硬背的知识的。

除了有些较专业的部门，如产品供应部、产品发展部和财务部等，要求应聘者最好有一些基本的专业背景外，大多数职位并不存在要求专业对口的问题。在宝洁，"学非所用"的人比比皆是。宝洁不盲目追求高学历，在每年的招聘中，被录用的本科生往往占到总数的70%～80%。

虽然每年的招聘活动主要在一些重点大学进行，但宝洁并不是只招收这些学校的学生，之所以选择这些学校，主要是根据往年毕业生的人选情况。其他学校的学生，可到任何一所有宝洁招聘组的学校报名。宝洁唯一的要求是：学生不能有受过处分的记录。

【案例讨论】

1. 宝洁公司的人才录用标准有何独特之处？为什么宝洁公司会选择这些录用标准？
2. 宝洁公司的招聘过程有哪些值得其他公司借鉴之处？

第二部分

管理过程能力

学习情境 4
管理者的决策能力

1. 了解决策的含义、意义、过程与类型。
2. 熟悉决策的影响因素。
3. 掌握决策的方法。

1. 初步具有决策分类的能力。
2. 初步掌握几种决策方法在实际工作中的应用。
3. 培养决策能力。

一位农民和他年轻的儿子到离村 6 千米的城镇去赶集。开始时老农骑着骡,儿子跟在骡后面走。没走多远,就遇到一位年轻的母亲,她指责农夫虐待他的儿子,农夫不好意思地下了骡,让儿子骑。走了 1 千米,他们遇到一位老和尚,老和尚见年轻人骑着骡,而让老者走路,就骂年轻人不孝顺。儿子马上跳下骡,看着父亲。两人决定谁也不骑。两人又走了 2 千米,遇到一学者,学者见两人放着骡不骑,走得气喘吁吁的,就笑话他们放着骡不骑,自找苦吃。农夫听学者这么说,就把儿子托上骡,自己也翻身上骡。两人一起骑着骡又走了 1.5 千米,他们遇到了一位外国人,这位外国人见他们两人合骑一头骡,就指责他们虐待牲口。

思考: 如你是那位老农,你会怎么做?

决策是管理的一项基本职能。任何一个组织或管理者都必须进行决策,而这些决策的影响最终将不仅仅局限在组织绩效的某个方面,有时甚至会关系到组织的生存和发展。因此,无论作为组织还是作为管理者,必须掌握决策的基本知识,认识和重视决策,并不断提高决策能力。那么,究竟什么是决策呢?

4.1 决策概述

一、决策的概念

决策是指为达到某种目标,从若干可行方案中选择一个合理方案的分析判断过程。

决策由以下四个主要因素构成。

(一)决策者

决策者可以是个人,也可以是组织。

(二)决策目标

决策必须有一个明确的目标,没有目标就没有决策。

(三)备选方案

决策必须有两个或两个以上的备选方案,如果方案只有一个,就无从选择,也就无需决策。

(四)决策原则

每一个备选方案都会有利弊或优缺点,在决策中依据确立的决策原则,选择合理的方案。

二、决策的意义

(一)决策是决定组织管理工作成败的关键

一个组织管理工作成效大小,首先取决于决策的正确与否。决策正确,可以提高组织的管理效率和经济效益,使组织兴旺发达;决策失误,则一切工作都会徒劳无功,甚至会给组织带来灾难性的损失。因此,对每个管理者来说,不是是否需要作出决策的问题,而是如何使决策做得更好、更合理、更有效率,这是关系到组织管理工作好坏的关键。

(二)决策是实施各项管理职能的重要保证

决策贯穿于组织各个管理职能之中,在组织管理过程中,每个管理职能作用的发挥都离不开决策。无论是计划、组织,还是领导、控制,其实现过程都需要作出决策。没有正确的决策,管理的各项职能就难以充分发挥作用。

三、决策的类型

按照不同的分类标准,决策可以分为不同的类型。

(一)按照决策的作用范围分类,决策可以分为战略决策、战术决策和业务决策

1. 战略决策

战略决策对组织最重要,通常包括组织目标及方针的确定、组织机构的调整、企业产品的更新换代、技术改造等。这些决策牵涉组织的方方面面,具有长期性和方向性。

2. 战术决策

战术决策又称管理决策,是在组织内贯彻的决策,属于战略决策执行过程中的具体决策。战术决策旨在实现组织中各环节的高度协调和资源的合理使用,如企业生产计划和销

售计划的制订、设备的更新、新产品的定价以及资金的筹措等都属于战术决策的范畴。

3. 业务决策

业务决策又称执行性决策,是日常工作中为提高生产效率、工作效率而作出的决策,牵涉范围较窄,只对组织产生局部影响。属于业务决策范畴的主要有工作任务的日常分配和检查、工作日程(生产进度)的安排和监督、岗位责任制的制定和执行、库存的控制以及材料的采购等。

(二)按照决策的重复程度分类,决策可以分为程序化决策和非程序化决策

组织中的问题可分为两类:一类是例行问题;另一类是例外问题。例行问题是指那些重复出现的、日常的管理问题,如管理者日常遇到的产品质量、设备故障、现金短缺、供货单位未按时履行合同等问题;例外问题则是指那些偶然发生的、新颖的、性质和结构不明的、具有重大影响的问题,如组织结构变化、重大投资、开发新产品或开拓新市场、长期存在的产品质量隐患、重要的人事任免以及重大政策的制定等问题。

程序化决策是对管理中的例行问题所作的决策;而非程序化决策是对管理中的例外问题所作的决策。

(三)按照决策的主体构成分类,决策可以分为个体决策和集体决策

集体决策是指多个人一起作出的决策;个人决策则是指单个人作出的决策。

相对于个人决策,集体决策的优点是:①能更大范围地汇总信息;②能拟订更多的备选方案;③能得到更多的认同;④能更好地沟通;⑤能作出更好的决策等。但集体决策也有一些缺点,如花费较多的时间、产生"从众现象",以及责任不明等。

(四)按照决策的时间先后顺序分类,决策可以分为初始决策和追踪决策

1. 初始决策

初始决策是零起点决策,它是在有关活动尚未进行、环境未受到影响的情况下进行的。

2. 追踪决策

追踪决策是在初始决策的基础上对组织活动方向、内容或方式的重新调整。

追踪决策的特点有以下三点。

(1) 回溯分析。对初始决策的形成机制与环境进行客观分析,列出必须改变决策的原因,以便有针对性地采取调整措施。

(2) 非零起点。追踪决策是在原决策已经实行一段时间,周围环境发生变化的情况下进行的。

(3) 双重优化。追踪决策所选方案不仅优于初始方案,而且是在能够改善初始决策实施效果的各种可行方案中选择合理的方案。

(五)按照决策的可控程度分类,决策可以分为确定型决策、风险型决策和非确定型决策

1. 确定型决策

确定型决策是指在稳定(可控)条件下进行的决策。在确定型决策中,决策者确切地知道自然状态的发生,每个方案只有一个确定的结果,最终选择哪个方案取决于对各个方案结果的直接比较。

2. 风险型决策

风险型决策也称随机决策,在这类决策中,自然状态不止一种,决策者不知道哪种自然状态会发生,但能知道有多少种自然状态以及每种自然状态发生的概率。

3. 不确定型决策

不确定型决策是指在不稳定条件下进行的决策。在不确定型决策中,决策者可能不知道有多少种自然状态,即使知道,也不会知道每种自然状态发生的概率。

4.2 影响决策的因素

任何组织或个人的决策都是在一定条件下进行的,都要受到各种因素的制约。这些因素主要包括环境因素、组织自身因素、决策主体的因素等。

一、环境因素

环境因素影响组织及个人的决策,环境又总是处于不断变化中,需要组织及个人在决策中动态地把握。

(一) 环境的稳定程度

根据环境的变化程度,可以将环境分为稳定环境和动态环境两类,环境的稳定程度影响企业及个人的决策。在相对稳定的环境中,企业的决策相对简单,大多数决策可以在过去决策的基础上作出;在动态的环境中,企业面临的是复杂的、过去没有遇到过的问题,会经常需要对其经营活动作出较大幅度的调整。

(二) 市场结构

处于什么样的市场结构,对企业的决策也很关键。处于垄断市场中的企业,通常将决策重点放在内部生产条件的改善、生产规模的扩大,以及生产成本的降低上;而在竞争性市场上经营的企业则需要密切关注竞争对手的动向,不断推出新产品,努力改善对顾客的服务,建立和健全营销网络。

二、组织自身因素

(一) 组织文化

组织文化影响着包括决策制定者在内的所有组织成员的思想和行为。和谐、平等的组织文化会激励人们积极参与组织决策;涣散、压抑、等级森严的组织文化则容易使人们对组织的事情漠不关心,不利于调动组织成员的参与热情。组织文化通过影响人们对变化、变革的态度而对决策起影响作用。在偏向保守、怀旧的组织中,人们总是根据过去的变化标准来判断现在的决策,总是担心在变化中会失去什么,从而对决策将要引起的变化产生害怕、怀疑和抵御的心理和行为;相反,在具有开拓、创新、进取氛围的组织中,人们总是以发展的眼光来分析决策的合理性。因此,欢迎变化的组织文化有利于新决策的提出和实施;相反,抵御变化的组织文化不但会使新决策难以出台,而且即使作出了决策,其实施也会面临巨大的阻力。

(二) 组织的信息化程度

面对物竞天择、优胜劣汰的市场竞争,越来越多的组织认识到信息对组织决策的重要性。组织的信息化程度成为企业制胜的法宝之一。

(三) 组织对环境的应变模式

组织是一个由多种要素组成的有机体,组织对环境的应变模式影响组织的决策。通常在组织变革中,需要突破对环境的应变模式,但这模式往往是根深蒂固的,需要借助外部力量和内部自省予以打破。

三、决策主体的因素

(一) 个体对待风险的态度

风险是指一个决策所产生的特定结果的概率。根据决策者对风险的态度可以将其分为三种,即风险喜好型、风险中性与风险厌恶型。不同的决策者对风险的态度决定了其决策的方式。风险喜好型的决策者敢于冒风险,敢于承担责任,因此有可能抓住机会,但也可能遭到一些损失。风险厌恶型决策者不愿冒风险,不敢承担责任,虽然可以避免一些无谓的损失,但也有可能丧失机会。风险中性的决策者对风险采取理性的态度,既不喜好也不回避。由此可见,决策者对风险的态度影响了决策活动。

(二) 决策群体的关系融洽程度

现代企业决策往往是多人共同参与的结果,因而,企业决策中决策群体的关系融洽程度对决策有很大的影响。

(三) 个人价值观

个人价值观在认识问题、收集信息、评价各备选方案和选择方案的决策过程中都有重要的影响,甚至起着决定性作用。

(四) 个人能力

决策者的能力来源于渊博的知识和丰富的实践经验,一个人的知识越渊博、经验越丰富、思想越解放,就越乐于接受新事务、新观念,越容易理解新问题,使之拟订出更多更合理的备选方案。

4.3 决策的过程与方法

一、熟悉决策的过程

决策的过程本身是解决问题的过程,包括识别问题、确定目标、拟定备选方案、评价选定方案、组织实施方案以及追踪反馈。决策的过程是一个生生不息、科学的动态过程。

(一) 识别问题

管理者必须知道哪里需要行动,因此决策过程的第一步是识别问题。管理者需要密切关注与其责任范围有关的组织内外部信息,从信息中发现潜在机会或问题。有些时候,问题可能简单明了,只要稍加观察就能识别出来;有些时候,问题可能比较复杂,植根于个人过去的经验、组织的复杂结构或个人和组织因素的某种混合。因此,管理者必须特别注意要尽可能精确地识别问题。

(二) 确定目标

识别问题后,需要确定决策的目标。目标体现的是组织想要获得的结果,包括想要结果的数量和质量,这两个方面都将最终指导决策者选择合适的行动路线。

(三) 拟订备选方案

管理者针对问题提出恰当的目标之后,就要拟订各种备选方案,这一步骤需要创造力和想象力。在提出备选方案时,管理者必须把其试图达到的目标牢记在心,并且要提出尽可能多的方案。

(四) 评价选定方案

决策过程的第四步是评估各备选方案,并确定最优方案。管理者运用一定的标准评估各种方案,将其排序,最后,仔细考察全部事实,确定是否可以获取足够的信息并最终选择最好方案。

(五) 组织实施方案

方案的实施是决策过程中至关重要的一步。在方案选定以后,管理者就要制订实施方案的具体措施和步骤。实施过程中通常要注意做好以下工作。

(1) 制订相应的具体措施,保证方案的正确实施。
(2) 确保与方案有关的各种指令能被所有有关人员充分接受和彻底了解。
(3) 把决策目标层层分解,落实到每一个执行单位和个人。
(4) 建立重要的工作报告制度,以便及时了解方案进展情况,及时进行调整。

(六) 追踪反馈

一个方案可能涉及较长的时间,在这段时间中,组织内部条件和外部环境可能发生变化。因此,管理者要根据形势的发展情况,及时追踪方案实施情况,对与既定目标发生部分偏离的,应采取有效措施,以确保既定目标的顺利实现;对客观情况发生重大变化,原先目标确实无法实现的,则要重新寻找问题或机会,确定新的目标,拟定可行的方案,并进行评估、选择和实施。

需要说明的是,以上是决策的基本步骤,在实际决策中,不必死板地按部就班,根据实际情况可以适当"跳过"某些步骤,直接设计出合理的方案,提高决策的效率。

二、掌握决策的方法

为了保证决策活动的科学、准确、高效,需要正确地掌握、运用决策方法。

(一) 集体决策方法

1. 头脑风暴法

头脑风暴法是比较常用的集体决策方法,便于发表创造性意见,因此主要用于收集新设想。通常是将对解决某一问题有兴趣的人集合在一起,在完全不受约束的条件下敞开思路,畅所欲言。头脑风暴法的创始人英国心理学家奥斯本为该决策方法的实施提出了以下四项原则。

(1) 对别人的建议不作任何评价,将相互讨论限制在最低限度内。

(2) 建议越多越好,在这个阶段,参与者不要考虑自己建议的质量,想到什么就应该说出来。

(3) 鼓励每个人独立思考,广开思路,想法越新颖、越奇异越好。

(4) 可以补充和完善已有的建议以使它更具说服力。

头脑风暴法的目的在于创造一种畅所欲言、自由思考的氛围,诱发创造性思维的共振和连锁反应,产生更多的创造性思维。这种方法的时间安排应在 1~2 小时,参加者以 5~12 人为宜。

2. 名义小组技术

在集体决策中,如对问题的性质不完全了解且意见分歧严重,则可采用名义小组技术。在这种技术下,小组的成员互不通气,也不在一起讨论、协商,从而小组只是名义上的。这种名义上的小组可以有效地激发个人的创造力和想象力。

在这种技术下,管理者先召集一些有知识的人,把要解决的问题的关键内容告诉他们,并请他们独立思考,要求每个人尽可能地把自己的备选方案和意见写下来,然后再按次序让他们一个接一个地陈述自己的方案和意见。在此基础上,由小组成员对提出的全部备选方案进行投票,根据投票结果,赞成人数最多的备选方案即为所要的方案。当然,管理者最后仍有权决定是接受还是拒绝这一方案。

3. 德尔菲技术

德尔菲技术是兰德公司提出的,用来听取有关专家对某一问题或机会的意见。如管理者面临着一个有关用煤发电的重大技术问题时,运用这种技术的第一步是要设法取得有关专家的合作(专家包括大学教授、研究人员以及能源方面有经验的管理者)。然后把要解决的关键问题(如把煤变成电能的重大技术问题)分别告诉专家们,请他们单独发表自己的意见并对实现新技术突破所需的时间作出估计。在此基础上,管理者收集并综合各位专家的意见,再把综合后的意见反馈给各位专家,让他们再次进行分析并发表意见。在此过程中,如遇到差别很大的意见,则把提供这些意见的专家集中起来进行讨论并综合。如此反复多次,最终形成代表专家组意见的方案。

运用该技术的关键有以下三点。

(1) 选择好专家,这主要取决于决策所涉及的问题或机会的性质。

(2) 决定适当的专家人数,一般 10~50 人较好。

(3) 拟订好意见征询表,因为它的质量直接关系到决策的有效性。

(二) 有关活动方向的决策方法

主要有经营单位组合分析法和政策指导矩阵等。

1. 经营单位组合分析法

该法由美国波士顿咨询公司建立,其基本思想是,大部分企业都有两个以上的经营单位,每个经营单位都有相互区别的产品,企业应该为每个经营单位确定其活动方向。

该法主张,在确定每个经营单位的活动方向时,应综合考虑企业或该经营单位在市场上的相对竞争地位和业务增长情况。相对竞争地位往往体现在企业的市场占有率上,它决定了企业获取现金的能力和速度,因为较高的市场占有率可以为企业带来较高的销售量和销售利润,从而给企业带来较多的现金流量。

业务增长率对活动方向的选择有两方面的影响:一是它有利于市场占有率的扩大,因为在稳定的行业中,企业产品销售量的增加往往来自竞争对手市场份额的下降;二是它决定着投资机会的大小,因为业务增长迅速可以使企业迅速收回投资,并取得可观的投资报酬。

根据上述两个标准——相对竞争地位和业务增长率,可把企业的经营单位分成四大类,如图4-1所示。企业应根据各类经营单位的特征,选择合适的活动方向。

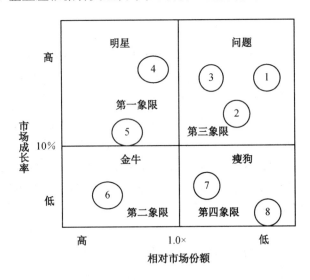

图4-1 波士顿矩阵

(1)"金牛"。经营单位的特征是市场占有率较高,而业务增长率较低。较高的市场占有率为企业带来较多的利润和现金,而较低的业务增长率需要较少的投资。"金牛"经营单位所产生的大量现金可以满足企业的经营需要。

(2)"明星"。经营单位的市场占有率和业务增长率都较高,因而所需要的和所产生的现金都很多。"明星"经营单位代表着最高利润增长率和最佳投资机会,因此企业应投入必要的资金,增加它的生产规模。

(3)"幼童"。经营单位的业务增长率较高,而目前的市场占有率较低,这可能是企业刚刚开发的很有前途的领域。由于高增长速度需要大量投资,而较低的市场占有率只能提供少量的现金,企业面临的选择是投入必要的资金以提高市场份额,扩大销售量,使其转变为"明星",或者如果认为刚刚开发的领域不能转变成"明星",则应及时放弃该领域。

(4)"瘦狗"。经营单位的特征是市场份额和业务增长率都较低。由于市场份额和销售量都较低,甚至出现负增长,"瘦狗"经营单位只能带来较少的现金和利润,而维持生产能力和竞争地位所需的资金甚至可能超过其所提供的现金,从而可能成为资金的陷阱。因此,对这种不景气的经营单位,企业应采取收缩或放弃的战略。

经营单位组合分析法的步骤通常如下。

(1) 把企业分成不同的经营单位。
(2) 计算各个经营单位的市场占有率和业务增长率。
(3) 根据其在企业中占有资产的比例来衡量各个经营单位的相对规模。
(4) 绘制企业的经营单位组合图。
(5) 根据每个经营单位在图中的位置,确定应选择的活动方向。

经营单位组合分析法以"企业的目标是追求增长和利润"这一假设为前提。对拥有多个经营单位的企业来说,它可以将获利较多而潜在增长率不高的经营单位所产生的利润投向那些增长率和潜在获利能力都较高的经营单位,从而使资金在企业内部得到有效利用。

2. 政策指导矩阵

该法由荷兰皇家壳牌公司创立。顾名思义,政策指导矩阵即用矩阵来指导决策。具体来说,从市场前景和相对竞争能力两个角度来分析企业各个经营单位的现状和特征,并把它们标示在矩阵上,据此指导企业活动方向的选择。市场前景取决于盈利能力、市场增长率、市场质量和法规限制等因素,分为吸引力强、中等、弱三种;相对竞争能力取决于经营单位在市场上的地位、生产能力、产品研究和开发等因素,分为强、中、弱三种。根据上述对市场前景和相对竞争能力的划分,可把企业的经营单位分成九大类,如图 4-2 所示。

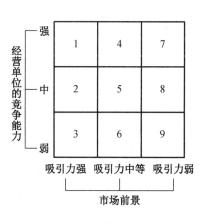

图 4-2 政策指导矩阵

管理者可根据经营单位在矩阵中所处的位置来选择企业的活动方向。

处于区域 1 和区域 4 的经营单位竞争能力较强,市场前景也较好。应优先发展这些经营单位,确保它们获取足够的资源,以维持自身的有利市场地位。

处于区域 2 的经营单位虽然市场前景较好,但资源缺乏——这些经营单位的竞争能力不够强。应分配给这些经营单位更多的资源以提高其竞争能力。

处于区域 3 的经营单位市场前景虽好,但竞争能力弱。要根据不同情况来区别对待这些经营单位:最有前途的应得到迅速发展,其余的则需逐步淘汰,这是由于企业资源的有限性。

处于区域 5 的经营单位一般在市场上有 2~4 个强有力的竞争对手。应分配给这些经营单位足够的资源以使它们随着市场的发展而发展。

处于区域 6 和区域 8 的经营单位市场吸引力不强且竞争能力较弱,或虽有一定的竞争能力(企业对这些经营单位进行了投资并形成了一定的生产能力),但市场吸引力较弱。应缓慢放弃这些经营单位,以便把收回的资金投入到赢利能力更强的经营单位。

处于区域 7 的经营单位竞争能力较强但市场前景不容乐观。这些经营单位本身不应得到发展,但可利用它们的较强竞争能力为其他快速发展的经营单位提供资金支持。

处于区域9的经营单位市场前景暗淡且竞争能力较弱。应尽快放弃这些经营单位,把资金抽出来并转移到更有利的经营单位。

(三) 有关活动方案的决策方法

管理者选好组织的活动方向之后,接下来需要考虑的问题自然是如何通达这一活动方向。由于通达这一活动方向的活动方案通常不止一种,所以管理者要在这些方案中作出选择。在决定选择哪一个方案时,要比较不同的方案,而比较的一个重要标准是各种方案实施后的经济效果。由于方案是在未来实施的,所以管理者在计算方案的经济效果时要考虑到未来的情况。根据未来情况的可控程度,可把有关活动方案的决策方法分为三大类:确定型决策方法、风险型决策方法和不确定型决策方法。

1. 确定型决策方法

在比较和选择活动方案时,如果未来情况只有一种并为管理者所知,则须采用确定型决策方法。常用的确定型决策方法有盈亏平衡分析法等。盈亏平衡分析法又称保本分析法或量本利分析法,是研究一种产品达到不亏不盈时的产量或收入的一种分析模型。这个不亏也不盈的平衡点即为盈亏平衡点。显然,当生产量低于这个产量时则发生亏损,超过这个产量时则盈利。如图4-3所示,随着产量的提高,总成本和销售量随之增加。当到达平衡点 A 时,总成本等于销售量(即总收入),此时不亏不盈,正对应此点的产量 Q 即为平衡点产量,销售额 R 即为平衡点销售额。此模型中的总成本由总固定成本和变动成本两部分构成。按照是以平衡产量 Q 还是以平衡点销售额 R 作为分析依据,可将盈亏平衡分析法划分为盈亏平衡点产量(销量)法和盈亏平衡点销售额法。

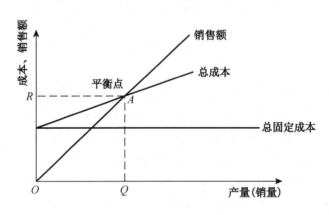

图4-3 盈亏平衡分析基本模型

(1) 盈亏平衡点产量(销量)法。

这是以盈亏平衡点产量或销量作为依据进行分析的方法。其基本公式如下:

$$Q = C/(P-V)$$

其中,Q 为盈亏平衡点产量(销量),C 为总固定成本,P 为产品单价,V 为单位变动成本。

当要获得一定目标利润时,其公式为:

$$Q = (C+B)/(P-V)$$

其中,B 为预期的利润额,Q 为实现目标利润 B 时的产量或销量。

例:某企业生产某产品的总固定成本为 60 000 元,单位产品变动成本为每件 1.8 元,产品价格为每件 3 元。

求:① 该厂的盈亏平衡点产量应该为多少?

② 如果要实现利润 30 000 元,其产量应该为多少?

解:① $Q=C/(P-V)=60\ 000/(3-1.8)=50\ 000$(件)

即当生产量为 50 000 件时,处于盈亏平衡点。

② $Q=(C+B)/(P-V)=(60\ 000+30\ 000)/(3-1.8)\approx 75\ 000$(件)

即当生产量为 75 000 件时,该企业能获得 30 000 元利润。

(2) 盈亏平衡点销售额法。

这是以盈亏平衡点销售额作为依据进行分析的方法。其基本公式如下:

$$R = C/(1-V/P)$$

其中,R 为盈亏平衡点销售额,其余变量同前式。

当要获得一定目标利润时,其公式为:

$$R = (C+B)/(1-V/P)$$

其中,B 为预期的利润额,Q 为实现目标利润 B 时的销售额,其余变量同前式。

2. 风险型决策方法

风险型决策也叫统计型决策、随机型决策,是指已知决策方案所需的条件,但每种方案的执行都有可能出现不同后果,多种后果的出现有一定的概率,即存在着风险,所以称为风险型决策。风险型决策必须具备以下五个条件。

(1) 存在着决策者期望达到的目标。

(2) 有两个以上方案可供决策者选择。

(3) 存在着不以决策者的意志为转移的几种自然状态。

(4) 各种自然状态出现的概率已知或可估计出来。

(5) 不同行动方案在不同自然状态下损益值可以估算出来。

常用的风险型决策方法是决策树法。

决策树法是用树状图来描述各种方案在不同情况(或自然状态)下的收益,据此计算每种方案的期望收益,从而作出决策的方法。下面通过举例来说明决策树的原理和应用。

例:某企业为了扩大某产品的生产,拟建设新厂。据市场预测,产品销路好的概率为 0.7,销路差的概率为 0.3。有三种方案可供企业选择。

方案 1:新建大厂,需投资 300 万元。据初步估计,销路好时,每年可获利 100 万元;销路差时,每年亏损 20 万元。服务期为 10 年。

方案 2:新建小厂,需投资 140 万元。销路好时,每年可获利 40 万元;销路差时,每年仍可获利 30 万元。服务期为 10 年。

方案 3：先建小厂，3 年后销路好时再扩建，需追加投资 200 万元，服务期为 7 年，估计每年获利 95 万元。

问哪种方案最好？

解：画出该问题的决策树，如图 4-4 所示。

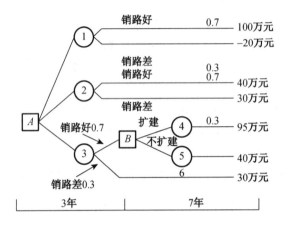

图 4-4　一个多阶段决策的决策树

图 4-4 中的矩形结点称为决策点，从决策点引出的若干条树枝表示若干种方案，称为方案枝。圆形结点称为状态点，从状态点引出的若干条树枝表示若干种自然状态，称为状态枝。图中有两种自然状态——销路好和销路差，自然状态后面的数字表示该种自然状态出现的概率。位于状态枝末端的是各种方案在不同自然状态下的收益或损失。据此可以算出各种方案的期望收益。

方案 1(结点①)的期望收益为：[0.7×100＋0.3×(−20)]×10−300＝340(万元)。

方案 2(结点②)的期望收益为：(0.7×40−0.3×30)×10−140＝230(万元)。

至于方案 3，由于结点④的期望收益 465(＝95×7−200)万元大于结点⑤的期望收益 280(＝40×7)万元，所以销路好时扩建比不扩建好。方案 3(结点③)的期望收益为：(0.7×40×3＋0.7×465＋0.3×30×10)−140＝359.5(万元)。

计算结果表明，在三种方案中，方案 3 最好。

需要说明的是，在上面的计算过程中，没有考虑货币的时间价值，这是为了使问题简化。但在实际中，多阶段决策通常要考虑货币的时间价值。

3. 不确定型决策方法

不确定型决策，是指各种可行方案发生的后果是未知的，决策时无统计概率可依的决策问题。与风险型问题相比，该类决策缺少第四个条件。常用的不确定型决策方法有小中取大法、大中取大法和最小最大后悔值法等。下面通过举例来介绍这些方法。

例：某企业打算生产某产品。据市场预测，产品销路有 3 种情况：销路好、销路一般和销路差。生产该产品有三种方案：方案 a，改进生产线；方案 b，新建生产线；方案 c，与其他企业协作。据估计，各方案在不同情况下的收益，如表 4-1 所示。问：该企业选择哪个方案?

表 4-1　各方案在不同情况下的收益(单位:万元)

自然状态	销路好	销路一般	销路差
方案 a:改进生产线	180	120	－40
方案 b:新建生产线	240	100	－80
方案 c:与其他企业协作	100	70	16

解:

(1) 小中取大法。

采用这种方法的管理者对未来持悲观的看法,认为未来会出现最差的自然状态,因此不论采取哪种方案,都只能获取该方案的最小收益。采用小中取大法进行决策时,首先计算各方案在不同自然状态下的收益,并找出各方案所带来的最小收益,即在最差自然状态下的收益,然后进行比较,选择在最差自然状态下收益最大或损失最小的方案作为所要的方案。

本例中,方案 a 的最小收益为－40 万元,方案 b 的最小收益为－80 万元,方案 c 的最小收益为 16 万元,经过比较,方案 c 的最小收益最大,所以选择方案 c。

(2) 大中取大法。

采用这种方法的管理者对未来持乐观的看法,认为未来会出现最好的自然状态,因此不论采取哪种方案,都能获取该方案的最大收益。采用大中取大法进行决策时,首先计算各方案在不同自然状态下的收益,并找出各方案所带来的最大收益,即在最好自然状态下的收益然后进行比较,选择在最好自然状态下收益最大的方案作为所要的方案。

本例中,方案 a 的最大收益为 180 万元,方案 b 的最大收益为 240 万元,方案 c 的最大收益为 100 万元,经过比较,方案 b 的最大收益最大,所以选择方案 b。

(3) 最小最大后悔值法。

管理者在选择了某方案后,如果将来发生的自然状态表明其他方案的收益更大,那么他会为自己的选择而后悔。最小最大后悔值决就是使后悔值最小的方法。采用这种方法进行决策时,首先计算各方案在各自然状态下后悔值(某方案在某自然状态下的后悔值＝该自然状态下的最大收益－该方案在该自然状态下的收益),并找出各方案的最大后悔值,然后进行比较,选择最大后悔值最小的方案作为所要的方案。

本例中,在销路好这一自然状态下,方案 b(新建生产线)的收益最大,为 240 万元。在将来发生的自然状态是销路好的情况下,如果管理者恰好选择了这一方案,他就不会后悔,即后悔值为 0。如果他选择的不是方案 b,而是其他方案,他就会后悔(后悔没有选择方案 b)。比如,他选择的是方案 c(与其他企业协作),该方案在销路好时带来的收益是 100 万元,比选择方案 b 少带来 140 万元的收益,后悔值为 140 万元。各个后悔值的计算结果,如表 4-2 所示。

表 4-2　各方案在各自然状态下的后悔值(单位:万元)

自然状态	销路好	销路一般	销路差
方案 a:改进生产线	60	0	56
方案 b:新建生产线	0	20	96
方案 c:与其他企业协作	140	50	0

由表 4-2 可以看出,方案 a 的最大后悔值为 60 万元,方案 b 的最大后悔值为 96 万元,方案 c 的最大后悔值为 140 万元,经过比较,方案 a 的最大后悔值最小,所以选择方案 a。

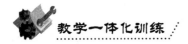
教学一体化训练

【思考题】

1. 什么是决策?
2. 结合企业实际谈谈决策的过程。
3. 常见的决策类型有哪些?
4. 比较个人决策与集体决策的优缺点。
5. 追踪决策有哪些特点?
6. 影响决策的因素有哪些?
7. 决策有哪些具体的方法?
8. 某企业生产一产品,需固定费用 210 元,单位产品的变动成本为 700 元,销售单价为 1 500 元,企业欲获利 22 万元,需要销售多少件产品?企业经营状况如何?保本价格应为多少?

【案例分析】

莫斯的会议

彼得·莫斯是一名生产和经营蔬菜的企业家。现在他已有 50 000 平方米的蔬菜温室大棚和一座毗邻的办公大楼,并且聘请了一批农业专家顾问。

莫斯经营蔬菜业务是从一个偶然事件开始的。有一天,他在一家杂货店看到一种硬花球与花椰菜的杂交品种,他突发奇想,决定自己建立温室培育杂交蔬菜。

莫斯用从他祖父那里继承下来的一部分钱雇用了一班专门搞蔬菜杂交品种的农艺专家,这个专家小组负责开发类似于他在杂货店中看到的那些杂交品种蔬菜并不断向莫斯提出新建议。比如,建议他开发菠生菜(菠菜与生菜杂交品种),橡子萝卜瓜、橡子南瓜以及萝卜的杂交品种。特别是一种柠檬辣椒,是一种略带甜味和柠檬味的辣椒,他们的开发很受顾客欢迎。

同时,莫斯也用水栽法生产传统的蔬菜,销路很好。生意发展得如此之快,以致他前一个时期,很少有时间更多考虑公司的长远建设与发展。最近,他觉得需要对一些问题着手进行决策,包括职工的职责范围、生活质量、市场与定价策略、公司的形象等。

莫斯热衷于使他的员工感到自身工作的价值。他希望通过让每个员工参与管理来了解公司的现状,调动职工的积极性。他相信,这是维持员工兴趣和激励他们的最好办法。

他决定在本年度12月1日9时召开一次由农艺学家参加的会议,其议程如下。

(1) 周末,我们需要有一个农艺师在蔬菜种植现场值班,能够随叫随到,并为他们配备一台步话机,目的是一旦蔬菜突然脱水或者枯萎,可以找到这些专家处理紧急情况。要做的决策是:应该由谁来值班,他的责任是什么?

(2) 我们的公司的颜色是绿色的,要做的决策是新地毯、墙纸以及工作服等应该采取什么样绿色色调?

(3) 公司有一些独特的产品,还没有竞争对手,而另外一些产品,在市场上竞争十分激烈。

要做的决策是:对不同的蔬菜产品应当如何定价?

彼得·莫斯要求大家务必准时到会,积极参与发表意见,并期望得到最有效的决策结果。

【案例讨论】

1. 一个决策的有效应取决于_____。
   A. 决策的质量高低　　　　　　　B. 是否符合决策的程序
   C. 决策的质量与参与决策的人数　D. 以上提法均不全面
2. 按照利克特的行为模式理论,彼得·莫斯的工作作风与管理方式属于_____。
   A. 协商式　　　B. 群体参与式　　C. 开明—权威式　　D. 民主式
3. 12月1日所召开的会议有必要吗?_____
   A. 很必要,体现了民主决策。
   B. 不必要,会议议题与参与者不相匹配。
   C. 有必要,但开会的时间选择为时过晚。
   D. 对一部分议题是必要的,对另一部分议题是不必要的。
4. 公司的装潢问题是否需要讲行群体决策?_____
   A. 完全需要,因为绿色是企业的标志。
   B. 需要,但参加决策的人应当更广泛一些。
   C. 不需要,此项决策可以由颜色与装潢专家决定或者通过民意测验征询意见。
   D. 需要与不需要只是形式问题,关键在于决策的质量。
5. 定价问题是否需要列入彼得·莫斯12月1日的决策议事日程?_____
   A. 需要,因为它是企业中的重大问题。
   B. 不需要,因为该项决策的关键是质量问题,而不是让所有的员工参与和接受。
   C. 在稳定的市场环境下,不需要;在变化的市场环境下,则需要集思广益,群体决策。
   D. 定价应当由经济学家来解决。

你的决策力如何?

1. 对下面的每一个问题,选出你第一意向的答案,然后在此答案上画圈请你诚实地去做。

(1) 你的分析能力如何?

A. 我喜欢通盘考虑,不喜欢在细节上考虑太多。

B. 我喜欢先做计划,然后根据计划行事。

C. 认真考虑每件事,尽可能延迟回答。

(2) 你能迅速地作出决定吗?

A. 我能迅速作出决定,而且不后悔。

B. 我需要时间,不过我最后一定能作出决定。

C. 我需要慢慢来,如果不这样的话,我通常会把事情搞得一团糟。

(3) 进行一项艰难的决策时,你有多高的热情?

A. 我做好了一切准备,无论结果怎样,我都可以接受。

B. 如果是必需的,我会做,但我并不欣赏这一过程。

C. 一般情况下,我都会避免这种情况,我认为最终都会有结果的。

(4) 你有多恋旧?

A. 买了新衣服,就会捐出旧衣服。

B. 旧衣服有感情,我会保留一部分。

C. 我还有高中时代的衣服,我会保留一切。

(5) 如果出现问题,你会怎么做?

A. 立即道歉,并承担责任。

B. 找借口,说是失控了。

C. 责怪别人,说主意不是我出的。

(6) 如果你的决定遭到大家的反对,你的感觉如何?

A. 我知道如何捍卫自己的观点,而且通常我依然可以和他们做朋友。

B. 首先我会试图维持和大家的和平状态,并希望他们能理解。

C. 这种情况,我通常会听别人的。

(7) 在别人眼里你是乐观的人吗?

A. 朋友叫我"拉拉队长",他们很依赖我。

B. 我努力做到乐观,不过有的时候,我还是很悲观。

C. 我的角色通常是"恶魔鼓吹者",我很现实。

(8) 你喜欢冒险吗?

A. 我喜欢冒险,这是生活中比较有意义的事。

B. 我喜欢偶尔冒冒险，不过我需要好好考虑一下。
C. 不能确立，如果没有必要，我为什么要冒险呢。

(9) 你有多独立？

A. 我不在乎一个人住，我喜欢自己做决定。
B. 我更喜欢和别人一起住，我乐于作出让步。
C. 我的亲人做大部分的决定，我不喜欢参与。

(10) 让自己符合别人的期望，对你来讲有多重要？

A. 不是很重要，我首先要对自己负责。
B. 通常我会努力满足他们，不过我也有自己的底线。
C. 非常重要，我不能贸然失去与他们的合作。

2. 评分标准

选A得10分；选B得5分；选C得1分。

3. 结果分析

(1) 24分以下：差。你现在的决策方式将导致"分析性瘫痪"，这种方式对你未来职场开拓来讲是一种障碍。你需要改进的地方可能有下列几个方面：太喜欢取悦别人、分析性过强、依赖别人、因为恐惧而退却、因为障碍而放弃、害怕失败、害怕冒险、无力对后果负责。测试中，选项A代表了一个有效的决策者所需要的技巧和行为。做一个表，列出改进你决策方式的方法，同时，考虑阅读一些有关决策方式的书籍或咨询专业顾问。

(2) 25~49分：中下。你的决策方式可能比较缓慢，而且会影响到你未来职场开拓。你需要改进的地方可能是下列一个或几个方面：太在意别人的看法和想法、把注意力集中于别人的观点之上、做决策时畏畏缩缩、不敢对后果负责。这样的话，就需要你调整自己的心态并做一个表列出改进你决策方式的办法。

(3) 50~74分：一般。你有潜力成为一个好的决策者，不过你存在一些需要克服的弱点。你可能太喜欢取悦别人，或者你的分析性太强，也可能你过于依赖别人，有时还会因为恐惧而止步不前。要确定自己到底在哪些方面需要改进，你可以重新看题目，把你的答案和选项A进行对照，因为选项A代表了一个有效的决策者所需要的技巧和行为。做一个表，列出改进你决策方式的办法。

(4) 75~99分：不错。你是个十分有效率的决策者。虽然有时你可能会遇到思想上的障碍，减缓你前进的步伐，但是你有足够的精神力量继续前进，并为你生活带来变化。不过，在前进的道路上你要随时警惕障碍的出现，充分发挥你的力量，这种力量会决定一切。

(5) 总分100：很棒，完美的分数。你的决策方式对于你的未来职场开拓是一笔真正的财富。

学习情境 5
管理者的组织设计能力

 知识目标

1. 了解管理的组织职能。
2. 了解组织工作的基本内容。
3. 理解组织机构设置的原则。
4. 了解组织机构的一般形式。
5. 掌握人员配备的原则。
6. 了解人员配备的程序。
7. 了解组织文化的内容。

 能力目标

1. 掌握组织机构设置。
2. 掌握人员配备的内容及程序。
3. 掌握各种组织结构形式的特点和应用范围。

 引导案例

在鸿远实业有限公司的高层例会上,总经理赵弘忧心地说:"鸿远公司在过去的几年里,可以说经过了努力奋斗与拼搏,取得了很大的发展。公司现在面临着一些新的问题,其中最重要的是企业规模过大,组织管理中遇到许多新问题,管理信息沟通不及时,各部门的协调不力,我们应该怎么进行组织设计来改变这种情况。"

主管公司经营与发展的刘副总,两年前加盟公司,管理科班出身,对管理业务颇有见地,他谈道:"公司过去的成绩只能说明过去,而对新的局面必须有新的思路。公司成长到今天,人员在不断膨胀,组织层级过多,部门数量增加,这就在组织管理上出现了阻隔。例如,总公司下设五个分公司,即综合娱乐中心(设有嬉水、餐饮、健身、保龄球、滑冰等项目);房屋开发公司;装修公司;汽车维修公司;物业公司。各部门都各自成体系。公司管理层级过多,总公司有三级,各分公司又各有三级以上的管理层,最为突出的是娱乐中心的高、中、低管理层竟多达七级,且专业管理部门存在着重复设置问题。总公司有人力资源开发部,而下属

公司也相应设置人力资源开发部，职能重叠，管理混乱管理效率和人员效率低下，这从根本上导致了管理成本的加大，组织效率下降，这是任何一个大公司发展的大忌。从组织管理理论角度看，一个企业发展到1 000人左右，就应以管理机制代替人治，企业由自然生成转向制度生成，公司可以说正处于这一管理制度变革的关口。过去创业的几个人、十几人，到上百人，靠的是个人的号召力；但发展到今天，更为重要的是依靠健全的组织结构和科学的管理制度。因此，未来公司发展的关键在于进行组织改革。"

刘副总认为目前鸿远公司的管理已具有复杂性和业务多角化的特点，现有的直线职能制组织形式也已不适应公司的发展。事业部制应是鸿远公司未来组织设计的必然选择。事业部组织形式适合鸿远公司这种业务种类多、市场分布广、跨行业的经营管理特点。整个公司按事业部制运营，有利于把专业化和集约化结合起来。当然，搞事业部制不能只注意分权，而削弱公司的高层管理。另外，组织形式变革可以是突变式，一步到位；也可以是分阶段的发展式，以免给成员造成过大的心理震荡。

公司创立三元老之一，始终主管财务的大管家——陈副总经理，考虑良久，非常有把握地说："公司之所以有今天，靠的就是最早创业的几个人，不怕苦、不怕累、不怕丢了饭碗，有的是一股闯劲、拼劲。一句话，公司的这种敬业、拼搏精神是公司的立足之本。目前我们公司的发展出现了一点问题，遇到了一些困难，这应该是正常的，也是难免的。如何走出困境，关键是要加强内部管理，特别是财务管理。现在公司的财务管理比较混乱，各个分部独立核算后，都有自己的账户，总公司可控制的资金越来越少。由于资金分散管理，容易出问题，若真出了问题怕谁也负不了责。现在我们上新项目，或维持正常经营的经费都很紧张，如若想再进一步发展，首先应做到的就是要在财务管理上集权，该收的权力总公司一定要收上来，这样才有利于公司通盘考虑，共图发展。"

高层会议的消息在公司的管理人员中间引起了震荡，有些人甚至在考虑自己的去留问题。

思考：
1. 根据案例中的描述，请画出公司现在的组织结构图。
2. 你认为事业部组织形式是否适合于鸿远公司？
3. 根据组织设计的基本理论，你认为鸿远公司的组织结构是否应该改革？怎样改革？

组织职能是实现决策目标的保证性职能。组织职能的首要任务是设计健全的组织机构。如何设计组织机构？组织机构设计应坚持哪些原则？怎样处理组织运行中的主管人员配备问题？怎样通过软性管理培育组织人员共同的价值观？组织如何看待存在于其内部的一系列的小群体？通过本章内容的学习，你会有一个基本的认识。

5.1 组织设计概述

一、组织和管理组织的概念

组织是人类社会最常见、最普遍的现象。组织是为实现某一共同目标，由两个以上的人按一定程序、原则建立起来的系统,如企业、学校、医院等。组织可以按一定标准分为不同的类别,如以生产为主要职能的生产性组织、以服务为主要职能的服务性组织、以管理工作为主要职能的管理性组织等。

管理组织既可以独立存在,如政府部门,也可以存在于任何组织之中,如公司中的董事会。管理组织是以行使管理职能、为其他组织或为组织中的其他部门服务、保证组织活动顺利进行的组织。

二、管理组织的构成要素

有效的管理组织是由多种要素构成的有机体系,其中有四个基本要素是一切组织都不可缺少的。

(一) 人员

人是一切组织的主体。管理组织系统中的人员,是由具有一定管理知识和管理能力的人组成的。在管理组织中,科学选拔人员、明确每一个人的职位和职权、提高人员的能力等是管理组织加强自身管理、提高管理水平的首要任务。

(二) 目标

一切组织都是为实现一定目标而建立和存在的,目标是组织存在的前提和基础,任何组织都必须明确自己的目标,围绕组织目标的实现实施管理职能,用组织的目标调动全体人员的积极性。

(三) 制度

在一个组织内部,人和人之间的关系怎样处理、个人与组织的关系怎样处理、组织内部各部门、各管理人员的职责权限如何确定等,都需要用统一、规范的制度加以明确。制度就成为约束组织成员行为、引导组织成员行为的基本准则,没有制度的组织是混乱的和无序的。

(四) 信息

信息是组织联系外部以及组织内部各部门之间的纽带。没有信息、信息不足或信息无效,组织的管理活动和其他一切活动将无从谈起。

三、管理组织的内容和作用

(一) 组织职能的内容

1. 建立组织机构

首先,按照不同业务工作的分工,把整个组织划分为若干单位和部门;其次,对管理性工作进行分工,设立相应的各层次、各种专业化管理机构,同时,明确规定不同层次、不同部门之间的纵向的隶属关系和横向的协作关系,其中,明确组织内部的隶属关系,是建立组织机构的重点。

2. 划分职责和权力

职责是完成任务所必须承担的工作,权力是完成任务所必要的手段。职责和权力的划分要明确,各级管理人员都应了解自己的职权范围,否则,在上下级之间就会出现上级过多干涉下级、下级过分依赖上级的现象,在同一层次就会出现职权重叠或职责空白,造成互相扯皮、推诿责任的现象,影响工作效率。

3. 形成信息沟通渠道

建立组织机构、划分职责和权力的过程,也是形成信息沟通渠道的过程。信息沟通是把组织各部门、各成员联系在一起,以实现共同目标的手段。任何组织都必须建立畅通无阻的信息沟通渠道。

4. 调配各种资源

首先是选拔和合理使用人力;其次是合理组织其他物质资源。调配各种资源是保证人力、物力、财力在组织各部门各环节的合理比例关系。

(二)管理组织的作用

1. 集合的作用

组织能有效地集合分散的人力、物力、财力,以发挥整体功能。在这里主要是能有效地集合适合组织发展需要的各类优秀人才。

2. 协调内外关系的作用

组织是处在不断变化、充满竞争的社会环境之中,组织通过自身完善的系统能有效地协调各种关系,在复杂多变的环境中生存和成长。

5.2 组织设计

一、组织机构设计的任务

组织机构设计是组织职能的基础性工作。其任务如下。

(一)编制组织结构系统图

组织结构系统图是反映组织各机构、岗位上下左右相互关系的图表。其基本形状,如图 5-1 所示。图 5-1 方框表示各种管理职务或相应的部门;箭线表示权力的指向。

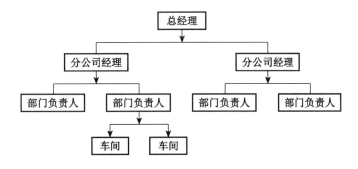

图 5-1 组织结构系统图

(二)编制职务说明书

组织机构的职务说明书要求简单而明确地表现下列问题。

(1) 管理职务的工作内容、职责和权力。
(2) 管理职务与组织中其他部门和职务的关系。
(3) 各管理职务所需人员的素质要求。
(4) 各管理职务所设正副职的人数以及他们之间的分工。
(5) 各部门所需其他管理人员数量、素质要求。
(6) 其他方面的要求。

二、组织机构设计的原则

(一)精简的原则

精简是指在保证组织活动需要的前提下使组织的人员数量和机构数量最少,避免出现机构臃肿、人浮于事的现象。

1. 确定有效的管理幅度

管理幅度是指一名主管人员管理直接下属的人数。一名领导者能够有效领导的下级人数称为有效管理幅度。由于管理者的时间、精力、知识等是有限的,其管理幅度也必然是有限度的,超过这个限度就不能具体、高效、正确、及时地领导和管理,就会影响管理效率和管理质量。因此必须建立有效的管理幅度,影响管理幅度的因素是多方面的,主要有以下七方面。

(1) 领导者的素质。领导者的素质高,则其管理幅度可大些;反之就要小些。
(2) 被领导者的素质。被领导者的素质高,领导者的管理幅度可大些;反之就要小些。
(3) 职务层次。高层管理者的管理幅度较小,基层管理者的管理幅度较大。
(4) 工作本身的性质。工作性质复杂时,组织的管理幅度较小;相反,如果工作任务简单,就允许有较大的管理幅度。
(5) 管理和控制技术的完善程度。管理和控制技术完善时,组织的管理幅度可大些;否则不宜过大。
(6) 信息手段。信息处理手段先进的组织,领导者的管理幅度可大些;反之宜小。
(7) 工作环境。组织环境稳定与否会影响组织活动内容和政策的调整频度。环境变化越快,变化程度越大,组织中遇到的新问题越多,下级向上级请示工作的频度也越多,领导者需要花费较多的时间和精力关注环境的变化、指导下级的工作,这时领导者的管理幅度不宜过大。

2. 设置合理的管理层次

管理层次是指组织内部从最高领导层到基层管理层之间的隶属关系的数量。管理层次多、机构多、人员多,会增加组织的管理费用,同时会影响信息沟通的速度,降低高层管理者对基层的控制能力。管理层次和管理幅度成反比例,管理层次多,则管理幅度小,组织机构呈锥形式结构;管理层次少,则管理幅度大,组织机构呈扁平结构。建立扁平化组织结构是现代管理的趋势。

管理实践表明,理想的管理层次有三个,即最高管理层、中间管理层和基层管理层。组织通过对影响管理幅度的各个因素的研究,在不断提高技术水平、完善组织制度、提高各级管理人员素质的基础上,增大管理幅度,以建立理想的管理层次,使机构精简,保证组织的管理效率和管理水平。

3. 因事设人和因人设事相结合

组织设计的目的不仅要达到"人人有事做""事事有人管",以消除人浮于事的现象,更重要的是要通过组织设计,发挥组织的整体优势,保证组织目标的实现。

因事设人,是指要按照组织岗位工作以及工作性质的要求来选拔、招聘、使用一定素质的人员,且确保每个工作岗位的工作都由优秀的人员去完成。

因人设事,是指组织要发挥每个人的长处,做到人尽其才,把每一个人安排在能最大限度地发挥其专长的工作岗位上。

坚持因人设事和因事设人相结合,不仅能保证将最优秀的人才安排在相应的能发挥其专长的工作岗位上,而且能体现精简的原则。

(二)统一的原则

任何一个部门、单位的组织机构都必须是一个统一的有机整体,为了实现组织的总体目标,各部门、各环节必须步调统一、协调一致。实现组织目标统一、指挥命令统一、重要的规章制度统一等。为此要做到如下四点。

(1)明确组织内部的隶属关系,确保一个下级只能接受一个上级的领导,避免双重领导。

(2)禁止上级组织或领导的越权指挥和越级指挥。

(3)各职能部门未经授权,不能向该职能部门以外的任何组织或个人下达命令或行使指挥权。

(4)如果出现两个或两个以上的领导或部门对下级组织进行管理或指挥时,一是要明确多个上级的管辖范围,以哪个部门为主;二是多个上级之间事前要进行必要的沟通和协调,否则,下级将无所适从。

统一性使组织内部权责明确,减少了冲突,增加了协调,使沟通渠道清晰畅通,命令逐级下达,工作逐级上报,形成有权威性的组织系统。

(三)职责权一致的原则

组织机构设置过程中,要坚持职务、职权、职责三者的统一,使组织的每位管理人员有职、有权、有责。有职,就是要明确规定机构和人员的职能范围,即工作内容。"权"是完成一定工作的手段,它是指在规定的职位上具有指挥和行事的能力,有权就是要授予一定岗位上的人以相应的职位权力。"责"是义务,是对权力的约束,是行使权力的后果。有责,就是要对执行职务时所产生的后果负责。有责无权,则无法尽其责;有权无责,则易滥用权力。有权无职,则不能尽其职责;有职无权,则位同虚设。因此要使职务、职权、职责三者相协调和平衡。明确职位分类,实行严格的监督、考核、奖罚、升降制度,是保证职权责一致的必要手段。

(四)弹性原则

弹性原则是指组织根据内外部环境的变化,及时调整组织的目标、调整组织结构的形式、调整部门的职权划分、调整各管理人员的岗位、权限等。富有弹性的组织是充满活力的组织,是不断进行自我否定、与时俱进的组织。

(五) 效能原则

效能是指效率和效果。效能是组织管理的核心问题。高效能的组织必定是机构精简、人员素质高,分工合理、权责明确,人尽其责、物尽其用,信息通畅的组织。效能原则是组织机构设置的最高原则,精简、统一、职责权一致等原则,都是为了提高组织机构的效能。

三、部门划分

部门划分是将整个管理系统分解和再分解成若干个相互依存的基本管理单位,是组织内部的横向分工。组织设计中经常运用的部门划分标准是:职能、产品、地区。

(一) 职能部门化

职能部门化是按照组织内部业务活动的相似性来设立管理部门。凡属同一性质的工作都置于同一部门,由该部门全权负责组织内部该项职能的执行。它是一种传统的、普遍的组织形式,依据这一标准设立管理部门最自然、最方便、最符合逻辑。

职能部门化的优点是有利于提高管理的专业化程度,有利于提高管理人员的技术水平和管理水平,有利于工作人员的培训、相互交流。

但职能部门化存在明显的局限。如在生产性组织中,职能部门化不利于指导企业产品结构的调整;不利于高级管理人才的培养;容易出现部门之间活动的不协调,影响组织整体目标的实现;对环境的适应能力差,缺乏应变力。职能部门化是企业发展初期品种单纯、规模较小时的组织形式。为了克服职能部门化的局限性,有些组织以产品或地区为标准来划分部门。

(二) 产品部门化

按产品划分部门是一些大中型企业通常采用的部门划分形式。它是指把某种产品或产品系列的设计、制造、销售等有关活动及管理工作划归一个部门负责,然后在各个部门内部再按职能进一步组建具体部门。

1. 产品部门化实现了企业多元化经营与部门专业化经营的结合

企业向市场提供多种产品,各个产品部门只向市场提供某一种或某一类产品,企业由于多种经营降低了经营风险,由于专业化经营而提高了效率、降低了成本。

2. 产品部门化有利于考核各部门的绩效

产品部门化形式有利于企业对各产品部门进行成本、利润和绩效的测定和评价,有利于企业按照测评结果结合市场变化调整产品结构。

3. 产品部门化促进了企业内部的竞争

各产品部门实行独立核算、自负盈亏,有利于调动其积极性,促进企业内部各部门不断开发新产品、采取新工艺,不断提高管理水平,形成企业内部的竞争。

4. 产品部门化有利于培养高层管理人员

每个产品部门相当于一个独立的企业,产品部门经理拥有从产品制造到产品销售的人事、决策、财务等各项管理权力,这有利于锻炼他们独当一面的能力,有利于企业培养高层管理人员。

(三) 地区部门化

地区部门化是按照地理因素来设立管理部门,把处在同一地区的经营业务和职责划分为同一部门。为什么企业要按地区划分管理部门呢? 一是由于组织规模扩大而且分散,带来交通和信息沟通的困难,不利于管理;二是处在不同区域的各分公司所处的市场、社会文化、政治法律等环境不同,需要采取与之相适应的管理理念、管理方式等。按地区划分管理部门实现了生产企业就地取材、就地销售,有利于节约生产经营成本,有利于各部门因地制宜地制定政策、进行决策,提高了管理的适应性和有效性,同时也有利于培养企业的高层管理人员。

和产品部门化一样,按地区划分管理部门,容易使企业的管理机构重叠、人员编制扩大,管理费增加。由于各部门拥有较多、较大的职权,使企业的控制力受到影响,也容易导致各部门的本位主义。

此外,还有顾客部门化、流程部门化、综合标准部门化、时间部门化等。

四、组织机构的形式

(一) 直线制

直线制最早产生于军事组织中,是一种金字塔形结构。其特点是组织内部不设专门的职能机构,所有的管理权力都集中于行政领导人。组织中形成自上而下的直线领导,下属只服从一个直接上级的指挥。因此,直线制是一种以组织首脑行使全部权力作为组织动力和以指挥—服从关系为特征的结构形态,如图 5-2 所示。

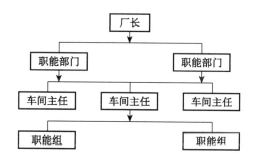

图 5-2 直线制组织结构图

直线制的优点是:机构简单、管理人员少、权力集中、命令统一、责权明确、行动迅速,适用于军队系统和产品单一、工艺简单的企业组织。直线制的缺点是:要求管理者必须精通业务,熟悉全面情况,掌握多方面的知识,能亲自处理许多具体事务。因此一旦管理者素质达不到要求,管理粗放,容易出现忙、乱现象。

(二) 职能制

除了直线领导外,组织内部按专业分工设置了若干个管理部门,各部门在其业务范围内有权向下级发布命令和下达指示,下级既要服从直线领导的指挥又必须服从各管理部门的指挥,如图5-3所示。

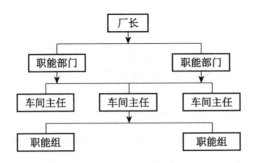

图5-3 职能制组织结构图

职能制的优点是:管理职能专业化,有利于提高专业化管理水平,减轻直线领导的工作压力,使其集中精力于组织战略规划、决策方面的工作。职能制的缺点是:由于实行多头领导,必然出现多元权力中心,破坏了命令统一性原则,容易使组织出现混乱、矛盾和无序现象,也不利于建立健全责任制。

(三) 直线—职能制

直线—职能制是在直线集权制基础上建立与组织领导相对应的参谋智囊咨询系统的组织结构。这种结构的特点是:组织内部设置若干个职能部门,各职能部门配备了一批具有专业知识、经验和技能的管理人员作为领导的助手。职能人员接受直线领导的命令、指挥,直接为直线领导服务,提供咨询、进行参谋,以解决组织大型化、复杂化、专业化与领导个人在知识、能力等的局限性的矛盾,弥补领导者素质的不足。职能人员在自己的业务范围内对组织的其他部门进行监督,在获得直线领导授权时才可以向其他部门下达命令等。

直线—职能制结构的优点主要表现是:结构分工细,任务明确。各职能部门只对自己应做的工作负责,有利于组织内部的统一、协调。其缺点是职能部门权力有限,影响其积极性的发挥,如图5-4所示。

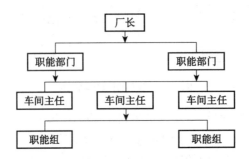

图5-4 直线职能制组织结构图

(四) 事业部制

这是国内外企业普遍采用的一种高度分权的组织形式,又称联邦分权制,如图5-5所示。它是在总公司下按某一标准分设若干事业部。事业部是企业内部相对独立的单位,被称为企业中的"企业"。它具有一套完整的企业组织,具有独立的产品市场,是产品责任或市场责任单位,具有独立利益,实行独立核算。总公司对事业部只保留人事决策、预算控制、战略决策等大权,并主要利用利润指标对事业部进行控制。这种组织形式的优点有以下三点。

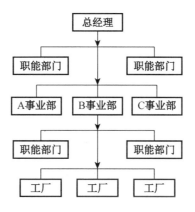

图 5-5 事业部制组织结构图

（1）总公司领导可以摆脱日常事务,集中精力考虑战略性决策。
（2）便于发挥各事业部的主动性和灵活性。
（3）有利于培养管理人才。

事业部制存在一些缺点：组织机构重叠,人员编制扩大；各事业部的权限过大,指挥不灵；不利于事业部之间的横向联系,容易产生本位主义等。

（五）矩阵制

矩阵制实质上是一种按职能划分部门和按项目或产品划分部门两种形式相结合的组织结构,如图 5-6 所示。在国外,矩阵组织在工程、研究与发展部门中已经普遍采用,而且在产品市场管理中也被广泛采用。它的优点是：可以把集权与分权、纵向管理与横向管理结合起来,提高管理效率。同时矩阵制组织结构是在不扩大人员编制的情况下,挖掘企业内部潜力,集中企业内部各种资源完成企业在某一时期的重要、紧急性工作,符合精简的原

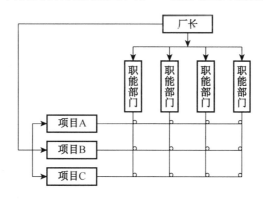

图 5-6 矩阵制组织结构图

则。其缺点是:职能部门经理与项目经理之间的职权关系较难划分,客观上产生了多头领导,容易引起人际关系的混乱。

此外,组织结构还有其他方式,如团队式、系统型、超事业部制等,所有形式都有其优点和缺点,也各有其适用的环境和条件。由于组织处在一个动态的环境中,组织要生存、发展和壮大,就必须按照外部环境的变化,进行机构的调整和创新。在管理中不存在最佳的、普遍适用的组织结构。

5.3 人员配备

一、人员配备的任务和功能

人员配备是为组织各部门、各岗位配备合适的人员,充实组织结构所规定的各种职务,以保证组织各项工作的正常进行。组织人员配备的范围很广,上至组织最高管理人员,下至第一线的工作人员。它包括组织所有人员的工作安排,但重点是安排好各级管理机构的主管人员。

组织人员配备的任务和功能表现在两个方面。

(一) 对组织的任务和功能

1. 通过人员配备使组织系统高效运转

组织系统要高效运转,必须为各岗位配备一定数量和质量的人员。这是人员配备的基本任务和功能。

2. 为组织发展培养管理型人才

组织在发展中需要大量的有能力、有经验的各级管理人员,尤其是高层管理人员。在进行人员配备时,要有长远目光,着眼于为组织未来的发展培养后备管理人员,因此,吸收大量的优秀中青年人才进入组织的各级管理层,使中青年人才在实际工作中得到锻炼,就成为人员配备的又一重要任务。

3. 激发成员对组织的忠诚

组织发展靠人才,吸收人才和留住人才是组织工作的一项重要任务。公平、公正、科学的人员配备机制具有激励的功能,它能保证人才在一个公正的环境下充分发挥自己的才干,实现自己的价值,激发起成员对组织的忠诚。

4. 反映组织的人才观念

组织人员配备的制度、政策等反映了组织的人才观念。如社会上某些单位在人员配备中大量提拔亲属、关系户、老乡、本地人等,这种封建宗亲式的人才观念,不利于组织的发展,也不利于吸引人才。

(二) 对个人的任务和功能

留住人才,不仅要留住其身,而且要留住其心。只有这样,才能维持他们对组织的忠诚。然而,组织成员是否真心实意地、自觉积极地为组织努力工作,要受到许多因素的影响,为此必须注意以下两点。

1. 人员配备的评价功能

人员配备客观上反映了组织对一个人的品质、学识、能力等的综合评价。通过人员配备,使每个人的知识和能力得到公正的评价、承认和运用。

2. 帮助人员实现自我价值

通过人员配备,促使组织成员不断学习,使每个人的知识和能力不断发展,素质不断提高,实现人才的自我价值。

二、人员配备的原则

人员配备关系组织的生存和发展,建立一套科学的选贤任能的原则是十分必要的。

（一）主管人员选择的原则

1. 德才兼备

"德"是指人员的思想品质、工作态度、生活作风。"才"是指人员的知识、技术水平、工作能力和智力水平等。选择人才要坚持德才兼备,不能厚此薄彼,同时随着时代的发展,对德才兼备的原则要不断地赋予新内容。

2. 任人唯贤

组织配备人员要一心为公,着眼于组织事业的发展,实事求是地选用人才,要克服用人上的论资排辈的旧观念,把真正的贤能者选拔到主要管理岗位上。

3. 管理素质

主管人员要具有管理的欲望,管理的组织能力、决策能力,要具有风险意识。一个对权力没有兴趣的人,缺乏组织能力、决策能力,没有风险意识和缺乏冒险精神的人是不适合从事管理工作的,尤其是不适合做组织的主要领导。

（二）主管人员录用的原则

（1）公开招聘。在一定范围内公布招聘单位的名称、招聘岗位、职位数量、条件、方法、时间、地点等。

（2）公平竞争。

（3）全面考核。

（4）择优录用。

（三）主管人员的来源

组织主管人员的来源可分为内部招聘和外部招聘。

1. 内部招聘

组织进行人员招聘录用工作时,首先应从组织内部寻找、发现、选拔优秀的人员。内部招聘有以下五个优点。

（1）鼓舞士气,调动组织中现有人员的工作积极性。内部提升制度给每个人带来了晋升的机会和希望。

（2）既能利用已有的人事资料全面考察被选人员,减少用人失误,又能简化招聘、录用程序,节约了时间,减少人力、财力等资源。

(3) 被聘人员能迅速上岗,适应工作快。

(4) 控制人力成本,减少培训时间和费用。

(5) 利于吸引外部人才。科学、公正的内部提升制度,有利于社会公众对组织人才环境的公正评价,使外部人才感到自己若来该组织发展,同样会得到发展、提升实现自我价值的机会。

内部招聘的不足之处有以下三点。

(1) 有可能造成落选人员的工作情绪低落,或招来同行的不满。

(2) "新领导"从"同事"到领导转变认同感困难,容易造成新领导人缺乏权威性的局面。

(3) 有可能出现"照章办事"、缺乏创新的现象。

2. 外部招聘

如果组织内部没有适宜的应聘者或者内部人力不能满足招聘人数,就需要从组织外部选聘。外部招聘的优点有以下三点。

(1) 被聘人员有外来优势,即被聘者没有历史包袱,不需要对组织过去的错误和失败负责。

(2) 外部招聘有利于平息和缓和内部竞争者之间的紧张关系。

(3) 外部招聘能为组织带来新知识、新观念等。

外部招聘存在以下三个缺点。

(1) 打击了组织内部希望晋升的人的热情。

(2) 外部招聘的人员不熟悉组织的全面情况,缺乏人事基础,不能迅速进入工作状态,不能在短时间内打开工作局面。

(3) 组织对应聘人员的了解很难深入,因此,容易出现选人失误。

(四) 主管人员使用的原则

1. 因事择人的原则

要求主管人员具备管理岗位所需的知识和能力。

2. 人尽其才的原则

要使人的潜能得到最充分的发挥,充分调动其工作热情,就必须按照人的知识、能力水平、心理素质、工作态度、品德优劣等安排工作,做到人尽其才。

3. 人事动态平衡的原则

组织是动态的,组织所处的环境也在不断地变化,组织内部人员的知识、智力、能力、观念等也是动态的,有的人能适应组织发展,素质在不断提高,有的人不思进取,不能更有效地承担相应的管理职责,影响组织发展,还有更多的人才通过不同的方式脱颖而出。因此,人与事的配合需要进行不断的调整,把能力发展较快并得到充分证实的人安排在更高层次、更重要的工作岗位上;把能力平平、不符合职务需要的人安排到能发挥其能力的工作岗位上;将大量的新发现的人才吸纳入管理层,使每一个人都能得到最合理的使用,实现人与工作的动态平衡。

4. 注重培训

主管人员要不断地学习新知识、新技术、新政策、新法规,接受新观念。组织要通过多种方式加强对管理人员的培训,使他们的知识、能力、观念不断适应工作岗位和组织发展的需要。

三、人员配备的程序

组织主管人员的配备是组织的一项长期的、带有战略性的工作,直接影响组织的生存和发展,所以,要建立一套科学、合理、严格的程序。

(一)人员供求预测

人员供求预测指对组织内部和外部的管理型人才的供求状况的分析。组织要结合自身的发展状况以主管人员的变动(调职、退休、病残等)情况,对组织各岗位主管人员未来的供求状况进行调查、分析、预测。要搜集组织内外部人力资源信息,建立相关人员的人才库。人员供求预测是组织的一项长期的、经常性的工作,这一前瞻性的工作有利于保证组织人员配备与组织发展相协调,防止出现"病急乱投医"的现象。

(二)职务分析

职务分析指对主管人员的任职资格等进行系统分析。通过分析要明确组织内部哪些岗位需要补充管理人员,其用人标准是什么、需要多少人、什么时候需要等问题。

(三)招聘与录用

(1)人力需求诊断。

组织出现人才短缺的原因主要有:组织新成立;现有职位因种种原因(退休、调离、病残、辞职等)出现空缺;组织规模扩大,急需管理人员;调整不合理的职工队伍等。

(2)制定招聘计划,发布招聘信息。

招聘计划的主要内容包括:录用人数、时间、确定录用人才的标准、录用来源、招聘录用成本计算。

招聘信息通过报纸、电视、网络等媒体向社会公开发布。

(3)筛选求职人员申请表。

(4)招聘测试与面试。

通过考试对应聘者的知识、能力、个性品质、职业取向、动机和需求等加以评定,从中选出优良者,然后面试。

(5)分析和评价面试结果,确定试录用人员。

在经过笔试、面试或心理测试后,测评小组对每一位应聘者作出综合鉴定,提出录用建议,提交人事部门,交领导决策。

(四)录用人员岗前培训

1. 培训

使录用人员了解组织情况,迅速熟悉业务流程、规章制度等。

2. 录用人员上岗试用

(1)试用目的。这一阶段的主要目的是考察试用人员对工作的适宜性,同时,为试用员工提供进一步了解组织及工作的机会。这一阶段组织与被录用人员双向选择,双方彼此不受任何契约的影响。

(2) 试用周期。培训合格者上岗试用,试用周期一般为三个月;特殊岗位的试用期可为六个月;试用期工作优异者,经部门推荐、考核通过,可提前结束试用期,正式录用。

3. 试用期满进行任职考核

对试用期满员工的工作绩效和工作适宜性进行考核评价,考核合格者予以录用,正式录用前应由人力资源部和聘用部门负责人约见受雇者谈话,征求并尊重本人的意见。

4. 新员工上岗任用

发"正式录用通知",并与聘用者签订"聘用合同",新员工上岗任用。

四、人员管理

人员管理的主要任务是激发人员的积极性、主动性、创造性。人员管理的主要内容是:为各主管人员提供良好的工作环境,赋予其相应的职权;满足各主管人员合理的物质和精神需求;正确科学地评价组织成员。本节重点讲述组织成员评价。

人员评价是管理工作的重要内容,目的是控制人员的行为,为继续使用提供依据。

(一) 人员评价的目的

(1) 判断组织成员的工作成就,确定相应的报酬。对组织成员的工作评价,关系到成员的切身利益,任何粗心和失误都会影响组织成员的工作积极性,从而给组织带来不良的影响,所以,必须认真仔细,力求精确。

(2) 通过评价,对成员的工作能力和潜力作出估计,并在此基础上决定提升、培训、或变换工作。评价不能只是简单地指出成员工作的好与坏、正确与错误,而是要指出他们的长处和短处以及努力的方向,并采取相应的措施去帮助他们。对有真才实学的,要大胆提拔、合理使用;对于才学平庸的、不大胜任工作的人,要培训或辞退;对于在现有工作岗位上无法发挥其专长的人要变换他们的工作;对因为组织环境、条件而影响工作业绩的人,组织要为其创造条件。

(二) 确立评价内容

组织可从三个方面对其成员进行评价。

1. 工作成果

工作成果几乎适用于所有组织,它强调一个人的实际工作成就。其优点是简单明确、易于掌握,缺点是评价中易出现重数量不重质量的现象,同时也易忽视影响工作成果的客观因素。

2. 工作表现

主要衡量工作的努力程度,如工作热情、工作态度。评价工作表现的相关标准较复杂,不易确定,一般情况下,易受评价人员的主观判断、感情因素的影响,同时由于没有强调工作的成果,评价中易出现重工作态度不重成效的现象。

3. 个人标准

个人标准包括资历、学历、职称、工资待遇、过去的工作记录等。

（三）人员评价管理

1. 选择评价者

评价者的选择很重要。一般地，参与评价的人有被评价者的上级、同事、下级、被评价者本人、外单位的人。各种评价者由于其地位、与被评价者的关系等不同，所以其评价不可避免地存在一些优缺点（见表5-1）。组织在确定评价者时首先要对评价者进行客观公正的评价，最好要经过群众评议、群众推荐。评价人员不能长期固定不变，必须定期或按照群众要求进行调整，以确保评价的客观公正。

表 5-1 不同评价者评价的优缺点

评价者	优点	缺点
上级	熟悉标准，责任心强	有主观成分
同事	最了解评价对象	易出现你好我也好的现象
下级	主要从领导方式、作风评价	不敢讲真话，怕穿小鞋
本人	减少本人对评价的不信任感	受个性的影响
外单位人	比较客观	犯片面性

2. 评价时间确定

因组织成员从事的工作不同，评价的目的、要求、所处环境不同，评价时间也不同。一般对组织成员的正式评价是一年1～2次，对新成员的评价次数要多些。

3. 评价结果的反馈

评价结果要告诉被评价者，使其知道自己的优点和缺点。重要的评价结果要向群众公开，接受群众监督。

5.4 组织力量整合

一、集权与分权

（一）集权与分权的含义

集权是指决策权在组织系统中较高层次的一定程度的集中，即决策权集中于组织上层少数人和少数职位。分权是指决策权在组织系统中较低管理层次的一定程度的分散。

集权和分权是两个相对的概念。绝对的集权表明组织中的全部权力集中在组织的最高层或集中在一个主管手中，组织活动的所有决策均由主管作出，主管直接面对所有的决策执行者，组织中的中间管理人员、中层管理机构成为虚设的和多余的。绝对的分权表明全部权力分散在各个管理部门，甚至分散在各个执行、操作者手中，组织高层没有集中的权力，主管的职位显得多余，组织只保留了形式上的统一。

在实践中，不存在绝对的集权和绝对的分权，存在的只是集权和分权的不同程度。所以，组织研究的目的不是应该集权还是分权，而是哪些权力宜于集中，哪些权力宜于分散，什么时候应当集权,什么时候应当分权。

(二) 集权

1. 集权倾向的产生原因

集权倾向主要与组织的历史和领导的个性有关,或组织为了追求行政管理效率而采取集权制。

(1) 组织的历史。如果组织的规模由小到大,独立发展,其间无其他组织加入,那么该组织倾向于集权化。

(2) 领导的个性。组织中个性较强和自信的领导者更乐意下级完全按照自己的意志来运行,集权制有利于保证个人意志的绝对性。

(3) 组织追求政策的统一与行政的效率。集权制的积极意义有两个:一是可以保证组织各项活动的政策、命令、制度的统一性;二是可以保证决策执行的速度。集权制有利于提高工作效率,能创造比较明显的工作成绩。

2. 高度集权的弊端

一般地,组织建立初期或规模较小的时候,高度集权是必需的也是可行的,其优越性也能充分显示。但随着组织的发展,集权制的种种弊端也会暴露。

(1) 影响决策的质量。组织规模扩大,信息传递的及时性、准确性都会受到不同程度的影响,尤其影响决策者对基层问题的全面了解,这样自然会影响到对基层问题的决策质量、影响决策的时效性。

(2) 降低组织的适应能力。组织的各项活动、策略都要根据外界环境的不断变化及时调整。无论是全局性的调整,还是局部性的调整,都需要决策者及时决断。过度集权的组织,限制了基层各个部门的权力,下级无权调整、变更上级组织的决定、计划等,以致把许多时间都浪费在请示、汇报、讨论之中,从而削弱组织整体的应变能力。

(3) 降低组织成员的工作热情。权力高度集中,使组织的大部分决策权归最高主管或高层管理,基层管理人员只是被动地、机械地执行命令,长此以往,他们的积极性、主动性、创造性逐渐磨灭,工作热情消失,劳动效率下降。

(4) 高度集权的组织不利于人才的成长。

(三) 分权及其实现途径

1. 分权的标志

评价分权程度的标志主要有四个。

(1) 决策的数量。组织中较低管理层次制定决策的数量或频度越大,则分权程度越高;反之,集权程度越高。

(2) 决策的幅度。组织中较低层次决策的范围越广,涉及的职能越多,则分权程度越高。

(3) 决策的重要性。决策的重要性可以从两个方面来衡量:一是决策的影响程度。如果组织中较低层次的决策只影响该部门的日常管理,而不影响部门的未来发展,也不影响整个组织和其他部门的日常管理,说明决策对整个组织的影响程度较小,这时组织的分权程度较低；反之则高。二是决策涉及的费用。如果低层次管理部门决策涉及的投资、费用较多，其分权程度就较高；反之，其分权程度就较低。

（4）对决策的控制程度。如果上级对下级管理层的决策没有任何控制，则分权程度极高；如果下层在决策后需向上层管理部门报告备案，则分权程度次之；如果在决策前要请示上级，则分权程度更低。

2. 分权的影响因素

分权是必要的，但组织中既存在有利于分权的因素，也存在妨碍分权的因素。

（1）组织规模。组织规模越大、管理层次越多，则分权制比集权制有更多的优越性，更有利于调动各方面的积极性、创造性，提高决策的有效性。一些组织由于规模不断扩大，下层组织逐步分散化，如一些大公司，其分公司遍布各地。在这种情况下，高层决策者鞭长莫及，不能在现场决策、指导，客观上要求下放权力。同时，分散在各地区的单位主管往往表现出强烈的自治欲望，这种欲望如果不能得到一定程度的满足，也不利于调动各部门、各单位的积极性，从而影响组织的整体利益。

（2）高层决策者观念。如果高层决策人员希望通过统一的命令、政策、计划等实现组织目标，则组织必然倾向于集权制；如果高层决策人员希望通过调动各部门积极性、创造性实现组织目标，允许下属独立地制定政策、独立地进行指挥，则组织倾向于分权化。当然，这里的"希望"往往与最高决策者观念有关。

（3）下级管理人员的素质。组织中各级管理人员的素质高，则有利于分权；组织中下层管理人员的素质低，则不宜于分权。

此外，重大的决策、风险性大的决策、影响全局的决策往往不宜分权。

3. 分权的途径

分权有两个途径：组织设计中的权力分配（制度分权）与主管人员在工作中的授权。

制度分权与授权都是决策者赋予下层管理人员较多的决策权，即将组织权力分散化。但这两者是有区别的。制度分权，是在设计组织结构时，按照组织规模和组织活动的特征，在工作分析、职务和部门设计的基础上，形成的各部门、各岗位的权力，是一种法定授权，具有稳定性。授权则是担任一定管理职务的领导者，在实际工作中为充分利用专门人才的知识和技能，或出现新增业务的情况下，将部分解决问题、处理新增业务的权力委托给某个人或某些下属，它具有临时性、随机性或一次性。

制度分权与授权的含义不同，决定了它们具有下述区别。

（1）制度分权是在详细分析、认真论证的基础上进行的，因此具有一定的必然性；工作中的授权往往与管理者个人的能力和精力、下属的特点、业务发展情况相联系，具有很大的随机性。

（2）制度分权是将权力分配给某个职位，这种授权与下属的素质无关，但组织应给各部门配备高素质的人。授权是将权力委任给某个下层，是因人授权，权力授予谁、授予什么权力、怎样控制，不仅要考虑工作的要求，而且要依据下属的工作能力。前者是先分权，候选人；后者是先考察人，后授权。

(3) 制度分权相对稳定,授权可以是长期的,也可以是临时的。

(4) 制度分权主要是一条组织工作原则,是组织内部权力在纵向上的自然分工;而授权主要是领导者在管理工作中的一种领导艺术,一种调动下属积极性、充分发挥下属作用的方法。前者是将组织中的职权,通过组织程序划分给下属部门;后者是领导者把组织划分给自己的权力分给自己的直接下属。

制度分权与授权是互相补充的。组织设计中难以详细规定每项职权的运用,难以预料每个管理岗位上工作人员的能力,同时也难以预测每个管理部门可能出现的新问题,因此,需要各层次领导者在工作中的授权来补充。

二、正式组织与非正式组织

(一) 正式组织

组织设计的目的是建立正式组织。正式组织是为了有效地实现组织目标而规定组织成员之间职责权限和相互关系的一种结构。在正式组织内部,组织和组织成员有十分明确的目标,存在着为实现目标而制定的一系列规章制度,组织成员必须自觉遵守各项规章制度,服从领导的工作安排等。但是,无论人们设计什么样的正式组织,都不能规范组织成员的一切行为。事实上绝大多数组织中都存着非正式组织,非正式组织是伴随着正式组织的运转而形成的。

(二) 非正式组织

非正式组织是人们在共同工作或活动中,由于共同的利益、需要、感情、爱好等而自发地形成的团体。它常常以朋友、同乡会、学习小组、工作群体等形式出现。

1. 非正式组织形成的原因

(1) 地理位置。工作、学习、生活地点在地理上比较接近的人,相互之间接触和沟通的机会较多,了解较深,容易形成非正式组织。

(2) 经济原因。在工作中,相互的经济利益往往能把一些人联系起来,使他们相互帮助、甚至采取共同行动,从而形成非正式组织。

(3) 社会心理原因。这是非正式组织形成的主要原因。人们在工作、学习、生活中,通过接触和沟通,找到观点、兴趣、爱好等与自己类似的人,自然地产生了一种归属感。这些人极容易形成非正式组织。

此外,在一些特殊环境中,血缘关系、种族关系、性别关系都会成为非正式组织形成的原因。

2. 非正式组织的特点

(1) 自发性。当正式组织不能满足其成员在友谊、社交等方面的需要时,组织成员就会自发地组成一些非正式组织,满足其需要。

(2) 内聚性。非正式组织内部没有严格的规章制度,是由于相同和相近的价值观、共同的兴趣和爱好或利害关系,将他们凝聚起来,形成成员间较强的吸引力,由此产生了对群体的忠诚,责任,有时表现为一种排他性。

(3) 不稳定性。非正式组织内部没有强制性，会由于环境的变化、新的人际关系的出现、成员间价值观的改变、人员的流动等原因而呈现出不稳定性。

(4) 领袖人物作用较大。非正式组织中往往有一两个自然形成的领袖人物，他们对组织成员的行为影响较大。

(5) 规模小。非正式组织的规模一般不大，小则两三人，多则十几人。如果非正式组织的规模过大，就会丧失非正式组织的某些特征，分裂成若干个更小的非正式组织。

(三) 非正式组织的影响

绝大多数非正式组织对正式组织的影响力都表现在两方面。一是积极的促进作用，二是消极的影响。

1. 非正式组织的积极作用

积极支持正式组织的目标与政策；加强正式组织的内聚力；增进个人情感的交流；提高个人的努力程度；增加相互帮助的机会；满足个人在社会心理方面的要求；加强个人或集体的竞争力；有利于组织内部的信息沟通。

2. 非正式组织对正式组织的消极影响

抵制正式组织的目标与政策；限制个人自由，强求一致；反对变革与创新；减少个人努力程度；制造组织内部的不团结。

(四) 积极发挥非正式组织的作用

长期以来，在一些管理者的观念中对非正式组织存在消极态度。一是不承认组织中存在着非正式组织；二是把非正式组织与正式组织对立起来，只看到它的消极影响，看不到它造成影响。现代管理理论认为，非正式组织是客观存在的，重视并引导、发挥非正式组织的作用，就会有利于正式组织的安定团结，有利于正式组织目标的实现。忽视非正式组织的影响力，而强行解散、打击非正式组织或放任自流，就会给正式组织的发展带来阻力。因此，在组织活动中必须积极发挥非正式组织的作用，努力消除非正式组织的不利影响。

(1) 利用非正式组织成员之间情感密切的特点，引导其成员互帮互学，树立新观念，学习新知识、新技术。

(2) 利用非正式组织成员之间互相信任、有共同语言的特点，引导他们不断提高思想水平。

(3) 利用非正式组织信息沟通迅速的特点，及时收集组织成员意见，供领导决策。

(4) 积极与非正式组织的领袖人物沟通，加强与非正式组织的领袖人物的联系，或授予他们相应的权力，把非正式组织的活动纳入正式组织的活动之中，使非正式组织的目标服从并服务于正式组织的目标。

因此，只要非正式组织的活动不违反组织制度、不违反国家法律、不损害公共利益和他人利益，领导者就不应该限制、打击。对于客观上对组织有利的非正式组织的活动，如科研小组织等，组织应该创造条件给予高度的支持、鼓励。此外，组织还应不断地用先进的组织文化去影响非正式组织的成员，使他们能正确处理自己所在的非正式组织与正式组织的关系。

三、直线与参谋

(一) 直线权力与参谋权力的概念

1. 直线关系与直线权力的概念

在组织中,领导者的活动受有效管理幅度的制约。组织规模越大,领导者越难以事必躬亲,为此,组织就需要配备若干副手来分担部分管理职能,这种受管理幅度的限制而产生的管理层次之间的关系就是直线关系。如经理与副经理的关系。

直线关系是一种命令关系、隶属关系,是上级指挥下级的关系。直线关系是组织中最主要的关系,它能保证整个组织活动的有效统一,是组织设计的重要内容。

什么是直线权力?直线权力是上级指挥下级工作的权力,表现为上下级之间权力命令关系。直线人员具有对组织活动的决策、组织、控制权,对实现组织目标具有直接的贡献、负有直接的责任。因此,直线人员必须有较高的决策能力、组织指挥能力、善于协调的能力等。

2. 参谋关系与参谋权力

为保证直线人员工作的有效性,弥补其在知识、能力方面的不足,按照组织原则,给直线人员配备若干具有专业知识和专业技能的助手协助直线人员的工作,从而形成了参谋关系。这些具有不同专门知识的助手通常称为参谋人员。因此,参谋的设置首先是为了协助直线主管的工作,减轻他们的负担。参谋人员是同层次直线主管的助手。

什么是参谋权力?参谋权力是顾问性、服务性、咨询性、建议性的权力。其宗旨是协助直线权力有效地完成组织目标。所以,参谋人员需要有专业知识和分析问题、设计、规划的能力。

(二) 直线权力与参谋权力之间的冲突

直线权力和参谋权力、直线人员和参谋人员是现代组织不可缺少的力量。但在实践中,直线人员与参谋人员经常发生摩擦和冲突,双方互有意见和不满,影响了管理工作和组织活动的有效性。三是对非正式组织采取放任自流的态度,认为非正式组织不会对正式组织的活动产生积极作用。

1. 信任危机

直线人员因怀疑参谋人员不了解实际或怀疑参谋人员会侵犯自己的职权,产生对参谋人员的不满,以致听不进参谋人员的意见、建议。

2. 直线人员过于强调自己

直线人员强调自己的责任、权力,忽视参谋人员的作用。取得成绩时,认为是自己领导有方,决策正确,把功劳归于自己。当出现失误时,又责怪参谋人员没有提出好方案或没有及时发现问题等。

3. 地位不平等

双方在组织中有不同的权力和地位。直线人员的指挥权和支配权与参谋人员的建议权、服务权的不平等,使两种权力对组织活动的影响不同,由此在直线人员与参谋人员之间产生两种不同的心理效应。

4. 意见不一致

直线人员善于从组织全局、责任、政绩、后果等方面研究问题,而参谋人员善于从专业、技术方面考虑问题,这样常常导致意见不一致而产生矛盾。

5. 其他原因

例如,参谋人员寻求直线人员的上级的支持,引起直线人员更加不满;直线人员年龄大,观念落后,思想保守,听不进正确的建议等。

(三) 直线权力与参谋权力之间的协调

直线权力与参谋权力之间的关系是组织内部的重要关系,两者关系协调、融洽有利于调动两个积极性,发挥两种智力资源,实现优势互补,有利于组织的发展。否则,双方相互指责、推卸责任,使组织效率低下、管理混乱,给组织带来灾难性的后果。可见,正确处理直线权力与参谋权力之间的关系意义重大,它不仅是直线人员与参谋人员之间的个人问题,而且是关系到组织的团结、协调、生存、发展的大问题。

正确处理直线权力与参谋权力之间的关系,关键在于直线人员,主动权在直线人员,直线人员要有主动、积极的态度,处理好如下问题。

1. 明确职权关系

直线人员或参谋人员都应认识到,设置参谋职务、发挥参谋人员的咨询建议作用是管理现代组织的复杂活动所必需的,直线人员和参谋人员的目标是一致的,都是为了更好地实现组织的目标。在实现共同目标的过程中,直线与参谋的职责、权限以及具体的工作目的不同,发挥的作用也不同。直线人员需要制定决策,组织部门的活动,并对活动的结果负责;参谋人员为直线人员的决策过程提供方案、咨询建议,评价方案,供直线人员在决策时参考。

直线人员应当明确,在现代社会,离开了知识和技术,既不能保持组织高效运转,也不能实现组织持续、稳定的发展。即使是一名素质高的直线人员,也不可能成为"全才"和"全能"型的人,不可能应对组织在发展中遇到的所有难题。要实现高效管理,就必须大胆使用、高度重视有专业知识和技能的人——参谋人员,就必须尊重参谋人员,自觉地发挥参谋的作用,利用他们的知识专长。直线人员要认真对待参谋的建议,充分吸收其中合理的内容,并勇于承担责任。

参谋人员必须认识到自己工作的意义,同时要明确,自己的正确建议只有被直线人员理解、接受,才能发挥自己的作用,才能实现个人的价值。因此,参谋人员要明确自己的工作性质不是人为的,而是制度的规定,是组织机构设置的产物。参谋存在的价值在于协助和改善直线的工作,要做到不越权、不争权,积极地提供好的建议,推荐自己的主张,宣传自己的观点,说服直线人员接受自己的方案。

总之,直线与参谋,要明确各自的工作性质,了解双方的职权关系,理解两种职权的价值,如此则有利于协调两方关系。

2. 授予参谋人员必要的职能权力

要发挥参谋人员的作用,就要授予参谋人员必要的职能权力,支持参谋人员的工作。

(1) 支持参谋人员正确行使建议权、咨询权、研究权,为参谋人员提供有关信息,向参谋人员通报组织情况,帮助参谋人员全面了解组织情况,鼓励参谋人员下基层调查研究。

(2) 授予参谋人员必要的监督权、否决权等。经直线人员的授权后,参谋人员可以在自己的业务范畴内向下属的直线机构或参谋机构下达命令、安排工作。

3. 认真倾听参谋人员的意见

组织应当建立一种制度:日常决策积极听取参谋人员的意见;重大决策必须请参谋人员、专家参与,没有专家的参与和讨论不做决策。

4. 努力提高参谋人员的水平

参谋人员要认真学习新知识,了解新情况,提高自己的素质和工作水平,尽可能向直线人员提供全面的建议和有效的帮助,使参谋、建议、规划更加具有完整性、全面性、系统性、可行性和科学性。

5. 创造相互合作的良好气氛

组织目标是直线人员和参谋人员友好合作的共同基础,组织目标的实现是双方共同努力的成果。双方在实现组织目标中的相互依赖、互相谅解、坦诚相见、忠诚合作、求同存异,是实现组织目标的保证。

直线人员要尊重参谋人员,诚恳听取他们的意见,为他们提供必要的条件,并肯定他们的工作成绩。参谋人员要努力帮助直线人员做好工作,不能因为提了一个好建议、出了一个好主意而居功自傲。对于有贡献的参谋人员,组织要给予奖励,如提升职务、晋升职称、荣誉表彰等。对那些有决策、组织、领导才能的参谋人员要大胆地提拔到直线机构上,以便更好地发挥他们的作用,同时也起到对其他参谋人员的激励作用。

5.5 组织文化

一、组织文化的含义、特征、作用

(一) 组织文化的含义

文化是指某个人类群体独特的生活方式或"生存式样"。组织文化是指组织在长期实践中形成的并为组织成员普遍理解、接受、遵循的具有组织特色的价值观念、团体意识、行为规范和思维模式的总和。理解组织文化的概念需要把握下列问题。

1. 价值观是组织文化的核心

价值观是组织文化的核心,它制约和支配着组织的宗旨、信念、行为和追求目标。

2. 组织文化的中心是以人为主体的人本文化

人是组织中最宝贵的资源,组织文化以人为中心,就必须尊重人、关心人、理解人、依靠人、凝聚人、培养人,就必须用组织的价值观教育人,使组织的每一个成员理解、接受组织文化,并用组织文化鞭策自己。

3. 组织文化的管理方式以软性管理为主

组织文化是在潜移默化中形成的,它影响和引导着组织成员的思想、行为,最终使组织所提倡的思想和行为转变为成员自愿的行为。这种软性管理方式能对组织成员行为产生持久的影响。

4. 组织文化的重要任务是增强群体凝聚力

组织成员来自四面八方，有着不同的习惯、文化传统、工作态度、行为方式和各自的理想等，这些是造成组织内部各种矛盾、摩擦的主要根源，影响着组织目标的实现。组织文化的培育有利于组织成员树立共同的价值观、产生信任感、增强团结等，使个人的行为服从组织的行为，个人的理想成为实现组织目标的推动力。

(二) 组织文化的特征

1. 系统性

组织文化具有系统性。组织成员的理想、思维方式、工作态度、风俗习惯和行为方式等，既有相同点，也有明显的差异，客观上形成了组织文化的子系统。组织文化系统的"子文化"现象，要求管理者在进行组织文化建设时广泛吸收各种文化的精华，妥善处理好组织内部不同子文化间的冲突，使不同的子文化服从于组织的"大文化"。

2. 民族性

由于风俗习惯、宗教信仰、价值观念、生活方式和伦理道德不同，不同的民族形成了各具特色民族文化。这种民族文化反映在组织文化上，使各民族的组织文化呈现出本民族特色。

3. 时代性

组织文化是时代精神的反映。随着时代的发展，组织文化的内容也将不断完善、丰富。优秀的组织文化必然要体现时代精神风貌和时代的价值观、反映最先进的管理理念。所以组织文化既具有时代性，也具有开放性。只有不断学习、接受最先进的时代文化，组织才能与时俱进，不断发展。

4. 可塑性

组织文化的时代性和开放性使任何组织只要充分发挥能动性、创造性，积极倡导新思想、新观念，就能对传统的文化和当代的文化择优汰劣，从而形成组织的新文化。

5. 凝聚性

组织文化影响着组织成员的世界观和思维方式。组织文化通过共同的价值观和组织精神，把组织全体成员团结成一个有机整体，共同为组织目标的实现而努力。同时，良好的组织文化意味着良好的组织气氛，它能够鼓舞士气、增强群体凝聚力，使组织成员的思想统一、行为一致。

6. 个异性

组织文化的个异性是指同一时代、同一区域、同一民族的不同组织也存在着不同的组织文化，即不同的组织其文化都有其特色。所以，组织的文化建设不能"一刀切"，必须培育出自己的"特色文化"。

(三) 组织文化的作用

(1) 发展组织文化有利于提高组织的凝聚力，有利于树立组织的形象，实现组织目标。

(2) 发展组织文化有利于满足组织成员自我实现的愿望,促进对理想目标的自觉追求。
(3) 发展组织文化有利于组织的思想政治工作、精神文明建设和组织科学管理的结合。
(4) 发展组织文化有利于降低组织制度的执行成本。
(5) 发展组织文化有利于在组织内部形成良好的创新氛围。

二、组织文化的基本要素

组织文化的内容极其丰富,主要包括下列内容。

(一) 组织环境

组织环境是塑造组织文化的重要因素。组织环境包括内在环境和外在环境。组织所处的政治、经济、文化、法律、地域等环境是组织的外在环境,它对组织文化的形成具有重要的作用。组织的内部环境包括组织的制度、领导方式、管理理念和组织设施等。一个组织必须有适合其成员工作、生活的环境,并要不断地优化环境,以激发组织成员的工作热情。

(二) 组织哲学

组织哲学是组织理论化和系统化的世界观和方法论。它是组织成员所共有的对贯穿于组织各种活动的统一规律的认识。组织哲学是指导组织的生产、经营、管理等活动,处理人际关系的思想基础,是组织形成自己独特风格的源泉。从一定意义上讲,组织哲学是组织最高层次的文化,它主导、制约着组织文化其他内容的发展方向。

(三) 组织价值观

价值观是人们对客观事物的一种评价标准,是对客观事物是否具有价值以及价值大小的总的看法和根本观点。价值观是组织文化的核心,为组织的生存发展提供了基本方向和行动指南。价值观主要回答如下问题:组织追求什么样的目标,提倡什么,反对什么等。组织的价值观渗透于组织活动的各个方面,既影响着组织活动的目标,组织活动的指导思想、管理原则和组织精神,又制约着组织的行为、规范和准则,它在组织文化中起着主导和支配作用。

(四) 组织精神

组织精神是指组织群体的共同心理定式和价值取向。它是组织的组织哲学、价值观念、道德观念的综合体现和高度概括,反映了全体职工的共同追求和共同认识,如"延安精神"、大庆的"铁人精神"、鞍钢的"孟泰精神"、青岛码头的"许振超精神""硬骨头连精神"等。组织精神是组织生存和发展的精神支柱、内在动力,是组织的灵魂。有了这个灵魂,组织才有强大生命力和凝聚为。

(五) 组织行为规范

组织的行为规范是指组织制定的带有强制性的规定,是关于组织成员应尽的义务和一定权利保障的规则,包括组织的文明公约守则、技术操作规程、工作标准等。它对于保证组织的生产劳动、经营管理的正常运行,协调组织的内外关系,调动组织全体成员的积极性和创造性,推动组织发展等都具有重要的保障作用。组织行为规范是组织文化的重要组成部分,是组织文化中诸强制要素的综合反映。

（六）组织形象

组织形象是指社会公众和组织成员对组织、组织行为与组织各种活动成果的总体印象和总体评价,反映社会公众对组织的承认程度,是组织的知名度和美誉度的综合反映。组织形象是组织的无形资产,主要包括产品形象、成员形象和领导者形象。

（七）先进人物（群体）

组织的先进人物是组织文化的人格化体现,是在组织优秀文化环境的影响下涌现出的集中体现组织文化的优秀代表。

三、组织文化的功能

组织文化的魅力在于其具有丰富的内涵和强大的生命力,组织文化具有以下六大功能。

（一）导向功能

组织文化的导向功能是指组织文化能对组织整体和组织成员的价值观和行为起引导作用,使之符合组织所确定的规范和目标。组织文化的导向功能贯穿于组织活动的各个方面。

（二）约束功能

组织文化的重要特性之一,是组织成员同处于一个共同的文化意识和文化模式中。一方面它在意识、感觉、思维、情绪、认识、伦理道德等方面影响组织成员;另一方面它通过形成特有的心理机制和心理过程,使组织成员在行为、活动及其互动关系等方面自我约束、自我控制,产生有利于组织整体利益的行为。这种约束不是制度式的硬约束,而是组织价值观、组织精神的约束,是一种软约束。

（三）凝聚功能

组织文化能增强组织的凝聚力。受组织文化的影响,组织成员在共同的价值观的作用下,形成了共同的生活目标、共同的理想追求和信念,对组织产生归属感、自豪感,从而以组织的生存和发展为己任,愿意与组织同甘共苦。所以,组织文化是凝聚全体员工的黏合剂。

（四）辐射功能

组织文化不仅在组织内部发挥作用,对组织成员产生影响,而且还会通过各种方式对社会产生影响。组织文化对外部的辐射渠道主要有两种:一是组织和各种传媒的宣传;二是组织成员的工作、个人交往。组织成员在与社会各方面的交往中,会体现出自身的价值观念和文化特点,组织产品的销售、服务也会反映出该组织的文化内涵。辐射优秀的组织文化有利于组织的形象塑造,辐射落后的组织文化会损害组织形象。

（五）稳定功能

组织文化为组织的长期稳定发展提供保障。由于组织文化具有相对的稳定性和连续性,其对管理的作用也是持久的,文化观念对组织发展的稳定作用要高于仅靠个别制度、命令和领导者管理能力所起的稳定作用。因此,培育良好的组织文化是衡量管理者是否成功一个标志。

（六）激励功能

组织文化的激励功能,是指组织文化具有使组织成员从内心产生一种高昂情绪和发奋进取精神的效应。组织文化强调以人为中心的管理理念,它对人的激励不是一种外在的推动而是一种内在引导,不是被动消极地满足人们对实现自身价值的心理需求,而是通过组织文化的建设,使每个组织成员从内心深处产生自愿为组织拼搏的献身精神。

四、组织文化的培育

组织文化的培育是一个复杂的过程,它需要组织领导者和组织成员共同参与。其程序和方法如下。

（一）调查研究,提出组织文化建设的目标

组织文化的建设是一个系统工程。它需要组织认真考察所处的时代环境、区域环境,搜集其他社会组织文化建设的基本状况和经验,调查组织自身的历史、现状,在广泛征求专家、群众意见的基础上提出组织文化建设的基本原则和总体目标。

（二）选择价值标准,确定组织文化的核心内容

现代组织文化的价值标准应符合下列要求。

(1) 符合社会道德和社会主义精神文明建设的要求。
(2) 体现国家法律、政策和组织的社会责任原则。
(3) 弘扬先进文化,提倡奉献、创新、团结、互助精神。
(4) 以人为本,培养人、发展人、为人服务。

（三）形成稳定的组织文化体系

完整的组织文化体系可分为三个层次。

1. 核心（内层）

内层是指呈观念形态的价值观、信念、目标追求等。它体现在组织的哲学、宗旨、方针、目标、计划等方面,存在于组织成员的心灵中,影响着组织的中间层、外层文化。组织文化建设要注重加强内层文化的培育。

2. 中间层

中间层是介于外层与内层文化之间的文化。它体现在组织的规范制度上,如组织形式、规章制度、道德规范等。

3. 外层文化

外层文化是表露在组织外部的有关文化,一般呈物质形态,如产品设计、质量、厂容厂貌、成员服饰等。

（四）组织文化的培育与强化

组织文化只有被组织全体成员接受并在其行为活动中表现出来,才能展现组织文化对组织目标实现的促进作用。因此,组织文化建设的重要任务就是用组织文化教育组织成员。

1. 广泛宣传

组织要利用内部广播、闭路电视、报纸、板报、报告会、研讨会等多种形式,向内部和外

部宣传组织文化。

2. 以身作则

组织的领导、党员、团员在组织文化的建设中要率先垂范,起示范和表率作用。

3. 树立先进

组织应及时发现、表彰内部的先进人物,广泛宣传他们的先进事迹,同时在组织内部开展向新时代的英雄、模范学习活动。新时代的英模人物是时代精神的体现,是教育组织成员、培育组织文化的活教材。

4. 自我教育

组织利用谈心活动、演讲比赛、达标活动、征文活动等形式,让组织成员进行自我教育。

5. 文娱活动

组织可以通过多种形式的文化娱乐活动进行组织文化的渗透。

（五）组织文化的丰富和发展

任何组织文化都是特定社会环境、文化背景、技术条件、体制环境的产物,组织文化应随时代的发展而不断发展。组织文化的发展过程就是一个不断淘汰旧文化、吸纳新文化的过程,是一个"扬弃"的过程。

【思考题】

1. 组织设计的任务和原则是什么?
2. 人员配备应坚持哪些基本原则?
3. 什么是组织文化? 组织文化有什么功能?
4. 什么是非正式组织? 怎样发挥非正式组织的作用?

【案例分析】

马格纳国际公司是北美十大汽车制造厂之一。

马格纳国际公司长期保持一种松散的结构,各单位管理者有充分的自主权。在20世纪80年代中期,公司拥有1万多名员工,年销售额近10亿美元。公司下设120个独立的企业,每个单位不能超过200人,每个企业都以自己的名义开展活动,但只设有一个工厂。马格纳公司的宗旨是:鼓励创新精神和将责任完全落实到工厂经理身上。如果某个工厂揽到了超过其能力所能处理的业务,马格纳公司就重新配置这样的一套生产设施,开办一个新企业。

这种结构在整个80年代运作得相当好。10年内,总销售额增长了13倍。工厂经理们以接近完全自治的方式,大胆地扩展他们的业务。其动机呢? 他们不仅享受自己工厂的盈利,而且还包括从他们业务中分离出去的新建企业的盈利。这样,不用公司出面干涉,一厂经理们就会主动设立新厂，向外举债，并与底特律的汽车制造商签订供货合同。

1990年，汽车的销售量大幅度下降，由于扩张动机造成公司负债增加了10亿美元，这年马格纳公司的销售额为16亿美元，而亏损达到了1.91亿美元。1991年1月份，马格纳公司的股票价格跌到了每股2美元。眼看公司就要倒闭了。

然而，马格纳公司并没有破产，其高层管理当局采取了断然措施，挽救了公司的命运。公司出售并关闭了近一半的工厂，将收回的现金用于清偿债务，马格纳公司留下的工厂都是最新、小型、高效、灵活的工厂，公司管理当局还成功地使其生产的配件在福特的"金牛座"牌(Taurus)和丰田的"皇冠"牌这些流行轿车上获得更多的使用。到1992年，马格纳公司的销售额增加到20亿美元，盈利达到0.81亿美元，公司的股价已经回升到26美元以上。其高层管理当局声称，公司现在比80年代的业务更为集中，更重视控制，并禁止新的举债行为。

【案例讨论】
1. 描绘马格纳国际公司在1980年和1992年的组织结构。
2. 马格纳公司为什么要变更其组织结构？

学习情境 6
管理者的领导能力

1. 了解领导的含义、作用。
2. 了解领导者的素质及领导集体的构成。
3. 理解领导的影响力构成因素、领导的类型。
4. 掌握相关领导理论。
5. 培养提高自身权威和有效运用权力的能力。
6. 培养有效指挥的能力。
7. 初步具有判别与运用领导理论的能力。

1. 掌握相关领导理论。
2. 培养提高自身权威和有效运用权力的能力。
3. 培养有效指挥的能力。

新廉颇蔺相如列传

李山和王野就读于同一所名牌大学。大学伊始,李山就被选为班长,王野成了团支书。李山是一个不多言的人,但是每遇到一件事情,他总能想出切实可行的办法,所以在班上他的威信很好,是个名副其实的班长。王野是个特别外向的人,喜欢和别人交朋友,遇到认识的人总是热情地打招呼,是个出了名的热心人,所以,干起团支书这一职务来,真是得心应手,深得人心。

他们就这样在大学里干了四年,学校里的优秀奖几乎全被他们班得过了,使他们在学校里名声大噪。毕业那年,他们被学校直接推荐去了某家大型企业。

李山依然那样沉默,但在他心中,总能清醒地对某些事情作出正确的决定,可他总不想在领导面前表现自己,这就使他错过了许多升职机会。

王野依然那样热情地与领导和同事相处。一年之后,王野得到了升职,回头看看昔日自己的顶头上司(班长)正举步维艰地在自己工作岗位上努力,此时他有一种快乐的感觉,因为他终于可以证明自己并不比李山差。

但过了不久,他也想明白了,李山以前的精明领导时时在他脑中浮现,李山的确是一不可多得的人才。为了公司的利益,他向主管推荐,使主管认识到李山是个不可多得的人才。过了一段时间后,李山也升职了,和王野平起平坐,原因是主管发现他对公司的未来有着美好的计划,而且这些计划都很具体,有一种运筹帷幄的气魄和能力,主管还决定把他推荐给总裁。果然,春节过后,李山成了部门经理,位置王野之上。

这时轮到王野恼火了,没想到主管会作出此决定。王野心想:难道要在李山的手下干一辈子?想当初还是我帮他的呢!想起自己不辞辛劳地跑上跑下,组织下属工作,开展活动;而李山啥事不干,有什么了不起的。从此对李山像仇人一样。当然,李山也明白其中的道理,面对王野,他有时也感到难堪。最后还是主管分别找他们谈话,特别是对王野讲了许多道理,分析了管理者的素质,他说:"李山对任务心里有底,适合做决策人员;而你是个组织的好材料。如果真的把你弄去做决策,未必能做得好。"王野终于明白了。

于是新时代的《廉颇蔺相如列传》中的"负荆请罪"上演了。

这个故事介绍的李山和王野分别代表了两种不同领导风格的管理者。李山有运筹全局的能力和气魄,但值得注意的是作为一个好的领导者也应具有像王野那种基本的组织技能。

思考: 一个杰出的领导者应该具备哪些素质?在管理活动中如何把握领导方法?

领导是管理工作的一个重要职能。在整个管理流程中,领导连接了计划工作、组织工作、控制工作和绩效管理工作等各个管理职能,是实现组织目标的关键。目前,已有许多学者把它从管理职能中独立出来,专门探讨和研究,并逐渐形成管理科学的一门新的门类——领导科学。

6.1 领导与领导者

一、领导的含义

美国管理学家哈罗德·孔茨认为,领导是影响人们,使之跟随去完成某种共同目标,促使部属充满信心,满怀热情地完成他们的任务的艺术。

本尼斯认为,领导是促使下属按照所需要求的方式活动的过程。

特瑞认为,领导是影响人们完成群体目标而自动努力的行为。

杜布林认为,领导是在不使用强力和压制的情况下,影响他人达到一定目的的过程。

管理心理学家杨淑贞认为,领导乃是组织赋予某一个人的权力,以统御其部属完成组织的目标。

领导是在一定的社会组织或群体内,为实现组织预定目标,运用其法定权力和自身影响力影响被领导者的行为,并将其导向为实现组织目标而努力的过程。

领导是一种多层次、多领域的立体现象,可以从不同视角进行不同的分类。按领导活动的层次分类,有高层领导、中层领导和基层领导;按领导活动领域分类,可以把领导分为政治领导、行政领导和业务领导。

(一)领导是一个社会组织系统

领导系统的三个要素构成——领导者、被领导者、环境。领导者就是在一定的组织体系当中,处在组织、决策、指挥、协调和控制地位的个人和集体。在领导活动中,他们处于主导的重要地位。被领导者就是按照领导者的决策和意图,为实现领导目标,从事具体实践活动的个人和集团。它构成领导活动的主体,是实现预期目标的基本力量。一般来说,领导者与被领导者的关系,就是权威和服从的关系。环境是指独立于领导之外的客观存在,是对领导活动产生影响的各种因素的总和。领导者只有正确认识环境、适应环境、利用和改造环境才能正确实现自己的预定目标。

(二)领导是一种活动过程

领导的三个要素构成两对基本矛盾:一是领导者与被领导者的矛盾,二是领导活动的主体与领导活动的客体的矛盾。领导者的决策,要通过被领导者的行为产生结果,领导活动的主体作用于客观环境的过程,表现为客观环境由"自在之物"不断地转化成"为我之物"的个体过程。

(三)领导是高层次的管理

整个组织管理的层次有高层、中层和基层之分。基层管理是微观管理,直接管理具体的人、物、事,它一般按常规办事,执行上级决定的具体任务;中层管理是中观管理,担负承上启下的组织工作;高层管理是宏观管理,主要处理带有方针性和原则性的重大问题,独立性较大,现在一般把高层的管理称为领导。

(四)权威性

领导基本上都意味着权威,两者有着不解之缘。权威是有威望的权力,具体表现在领导者与被领导者的关系上,它既反映领导者的权力和威望,也反映被领导者对这种权力和威望的认可和服从。

二、领导的职能

领导是任何组织都不可缺少的,领导贯穿于组织管理活动的全过程。

(一)沟通

它使组织内部上情下达、下情上传,保持组织内部信息通畅,并同时与外界保持良好的信息沟通,使组织成为一个开放式的信息系统。此外,领导者还要注意与员工的情感沟通。

(二)决策

在人们的组织活动中,需要有头脑清晰、胸怀全局的领导者去发现问题、集思广益、拟订方案、分析评估、捕捉时机、当机立断。做到"运筹帷幄,决胜千里"。

（三）规划

领导者是规划和落实组织目标的唯一主体。它规划组织的长、中、短期目标,细分目标,确立重点,制定方针,设置步骤,引导组织努力实现目标。

（四）组织

组织机构是组织运行的基础条件。只有领导者才有人事权。筹划设立组织机构、制定岗位规范、知人善任、分工授权是领导的活动。

（五）表率

领导者身体力行,遵守各项规章制度;遇到困难,身先士卒,用榜样的力量来带动下属。

（六）指挥

领导者通过影响和号召其下属,使组织各部门各个人共同行动,相互协调,共同实现组织目标。领导者只有站在群众的前面,用自己的行动来指引和影响人们为实现组织目标而努力。

（七）监督职能

领导的监督职能作用体现在监督评估组织目标的实施进程上,它提供反馈信息,并督促和建议改进工作。

（八）开创

许多获得事业成功的领导者的诀窍就在于创新。由于科学技术迅猛发展,社会经济活动空前活跃,市场需求瞬息万变,组织处于动态的外部环境之中,每天都会遇到新问题、新情况。这就要求领导者在动态基础上,不断谋划变革,敢于走新的路,开辟新天地,适应外界环境变化,提高组织的竞争力和生存力。

（九）激励

激励是人的需要和动机得到强化的心理状态。其作用在于激发和调动人的积极性,从而使人们能以最大的努力和主动性投入工作并取得最大成效。领导者利用激励职能激发下属的内在心理需求,调动下属的积极性,使人们充满热情,满怀信心,并通过科学有效的奖惩制度,提高工作绩效。

（十）协调

组织是由人、财、物、技术、信息等要素共同构成的,要使组织的一切工作都能配合适当,就需要领导者来协调组织内外各种人际关系和活动;协调部门之间的资金、人力、设备等资源;使其优化组合,发挥最大效能。

三、领导与管理的区别

领导与管理有着本质的区别。从共性上来看,两者都是一种在组织内部通过影响他人的协调活动,从而实现组织目标的过程。两者基本的权力都是来自组织的岗位设置。从差异性上看:①领导是管理的一个方面,属于管理活动的范畴;但是除了领导,管理还包括其他内容,如计划、组织、控制等。②管理的权力是建立在合法的、强制性权力基础上的;而领导的权力既可以是建立在合法的、强制性基础上,也可以建立于个人的影响力和专家权力等基础上。

因此,领导者不一定是管理者,管理者也并不一定是领导者。两者既可以是合二为一的,也可以是相互分离的。领导从根本上来讲是一种影响力,一种追随关系。人们往往追随那些他们认为可以提供满足自身需要的人,正是人们愿意追随他,才使他成了领导者,因此,领导者既存在于正式组织中,也存在于非正式组织中。管理者是组织中有一定的职位并负有责任的人,他存在于正式组织之中。有的管理者可以运用职权迫使人们去从事某一件工作,但不能影响他人去工作,他并不是领导者;有的人并没有正式职权,却能以个人的影响力去影响他人,他是一位领导者。为了使组织更有效率,应该选取领导者来从事管理工作,也应该把每个管理者都培养成好的领导者。

四、领导者

领导的特质理论,又称品质理论。从 20 世纪 30 年代至 20 世纪 80 年代,大量的心理学家、管理学家、社会学家对这一理论进行了大量的研究,以期从一定的个人品质特性预测最佳领导人选,为选拔、培养领导人提供理论依据。

(一) 传统领导特质理论

传统领导特质理论认为领导者的特性是天生的,其研究重点是发现领导者独具的个人特质。

1. 身体要素

它包括领导者的年龄、身高、体重、体格、外貌。

2. 能力要素

它包括领导者的一般智力、判断力、创造力、表达能力、机敏性。

3. 业绩要素

它包括领导者的学历、知识、运动技能。

4. 责任要素

它包括领导者可靠性、主动性、持久性、果敢性、自信心、顽强精神。

5. 参与要素

它包括领导者的能动性、社交性、协调性、适应性、幽默感。

6. 性格要素

它包括领导者的自信、适应、支配性、指向性、保守性。

经过几十年的研究和实践,众多学者发现,领导者与被领导者、成功领导者与不成功领导者的特质之间并无质的差别,许多具有所谓天才领导特性的人并没有当领导。这些问题使研究者们渐渐认识到从先天、遗传角度寻找领导特质是唯心的,而应从实践的动态过程中去研究。

(二) 现代领导特质理论

现代特质理论研究表明,领导是一种动态过程,领导特质和品质并非与生俱来,而是在领导实践中形成的,因而也是可以通过训练、培养加以造就的。训练和培养必然涉及标准、培养方向和考核指标的问题,它们仍然可归结为领导者应具备什么品质特性的问题。

1974年斯托格迪尔在《领导手册》一书中,进一步提出了领导者应该具备的十项特质,他认为领导者应该具有的共同品质为:①才智;②强烈的责任感和完成任务的内驱力;③坚持追求目标的性格;④大胆主动的独创精神;⑤自信心;⑥合作性;⑦乐意承担决策和行动后果;⑧忍受挫折的能力;⑨社交和影响他人行为的能力;⑩处理事务的能力。

1971年心理学家爱德温·吉斯利在《管理才能探索》一书中,指出领导特质可以分成三大类、十三个因子。

第一类:能力,包括管理能力、智力、创造力。

第二类:个性品质,包括自我督导、决策、成熟性、工作理论联系实际的亲和力、男性的刚强或女性的温柔。

第三类:激励,包括职业成就需要、自我实现需要、行使权力需要、高度金钱奖励需要、工作安全需要。

吉斯利进一步用因素分析法研究,发现十三个因子的重要性不同。如果用100来衡量各个因子的重要性,则管理能力为100,职业成就为85,智力、自我实现为75,自我督导、决策为60,创造性为35,高度金钱奖励为20,行使权力需要为10,成熟性为5,男女性别差异为0。

吉斯利提出了有效领导者的八种个性品质和五种激励品质。个性品质有:①才智(语言、文辞才能);②首创精神(开拓新方向的能力);③监督能力(指导他人的能力);④自信心(自我评价较高);⑤与工人关系密切;⑥决断能力;⑦男子气、女子气;⑧成熟程度。激励品质有:①对工作的稳定需求;②对金钱奖励的需求;③对指挥他人权力的需求;④对自我实现的需求;⑤对事业成就的需求。

根据上述领导者特质研究的情况来综合分析,作为一名成功的领导者应该具有以下特质和能力。

(1) 成功领导者应具有的特质:①对环境的适应;②对社会环境的应变力;③雄心和成就动机;④决断力和合作精神;⑤自信和对压力的承受力;⑥深思熟虑;⑦依赖性;⑧对他人的影响力;⑨活力;⑩忍耐力和勇于承担责任。

(2) 成功领导者应具有的能力:①智力;②构思力;③创造力;④机智老练;⑤语言表达能力;⑥关于任务的知识;⑦组织能力;⑧说服能力;⑨社会活动能力。

(三) 领导集体的构成

领导效率不仅取决于单个领导者的素质,还取决于领导班子的构成是否合理;现代管理十分注重优化领导集体素质结构。领导集体的素质是由集体领导中各个体素质构成的,只有每个领导者都具备了较高的素质,领导集体的素质结构才有坚实的基础。根据系统原理,我们知道,系统中每个要素的功能强大并不一定必然导致系统整体功能强大,而只有各构成要素的结构合理时系统的整体功能才强大。领导集体本身就是一个系统,构成其系统要素的成员结构是否合理是影响领导集体效率的重要因素。合理的领导班子的构成包括:年龄结构、知识结构、能力结构和专业结构。

1. 年龄结构

不同年龄的人不仅智力不同,各自所拥有的优势和劣势也很不相同。领导群体的年龄结构以老中青结合而成的梯形结构为好。老中青结合的优势在于以下三点。

第一,老年人有丰富的阅历和敏锐的观察力,可以起舵手的作用;中年人年富力强,是集体的中流砥柱,可以发挥核心作用;青年人思想敏锐、竞争心强,可以发挥先锋作用。这样的结合,彼此取长补短,发挥各自的特长,可以达到群体结构的最优效果。

第二,老中青相结合,可以保持领导的连续性和继承性。

第三,老中青相结合,中青年在领导群体中占优势,领导集体富有生机和活力,能担当艰巨繁重的领导任务。

2. 知识结构

知识结构是指领导班子中不同成员的知识水平构成。知识,既包括书本理论知识,也包括实践经验。领导班子成员都应具有较高的知识水平,没有较高的知识素养就不能胜任现代化的管理工作。在领导集体中,合理的知识结构必须是立体形式的,由不同的知识水平的人按照一定的比例排列组合而成,并随着经济科技和社会的发展不断地予以调整,使具有不同知识水平的人互相配合,构成一个优化的有机整体。

3. 能力结构

领导的效能不仅与领导者的知识有关,而且与他运用知识的能力有密切的关系。领导者应当具备较强的思维能力、决策能力、组织指挥能力、人际关系能力、用人能力和创新能力。这些能力都是履行领导职能所必需的。但是,每一个人的能力是不相同的。有的人善于思考分析问题,提出好的建议与意见,属于"思想型"领导;有的人工作踏实、遇事果断,属于"实干型"领导;有的人人际沟通能力和用人能力较突出,善于处理人事关系、协调矛盾、保持领导班子团结,属于"组织型"领导。在领导班子中应包括不同能力类型的人才,才能形成最优化的能力结构,既要有思想家,又要有实干家,还要有组织家。

4. 专业结构

专业结构是指领导集体中各类专业成员的配合比例,也是领导群体中各类专长的成员的配比组合。领导群体的专业结构,不只是包括自然科学方面各类学科的知识、技能,还包括社会科学方面各种专业知识。管理科学知识也是其中重要的组成部分。因此领导集体中各位成员的配备应由各种专门的人才组成,形成一个合理的专业结构。

五、领导者的影响力

影响力是一个人在与他人交往中影响和改变他人心理和行为的能力。由于领导者在企业中起关键性作用,因此领导者的影响力具有不同寻常的意义。领导者的影响力可以分为权力性影响力与非权力性影响力。

(一)权力性影响力

构成权力性影响力的因素有以下三点。

1. 传统因素

它使人产生服从感。

2. 职位因素

领导者在使用职务权力时,使人产生敬畏感。

3. 资历因素

领导者的资历使人产生敬重感。

这些因素均来自外界赋予领导者的权力,因此它带有强迫性和不可抗拒性。被影响者在这种影响的作用下,往往表现为被动和服从。

(二) 非权力性影响力

非权力性影响力,即领导者自身影响力是一种自然影响力,它虽然没有合法的支持,但是却有着更广泛的产生基础。领导者自身的影响力是由领导个人的品格、知识、才能和情感等方面的修养在被领导者心目中形成的形象与地位决定的。它取决于领导者本人的素质和修养,无法由组织"赋予"。构成领导者非权力影响力的因素,包括以下四个方面。

1. 品格因素

领导者应廉洁奉公,不以权谋私;作风正派,行为端正;以身作则,平易近人;诚实坦率,言而有信。

2. 知识因素

领导者必须有广博的知识。一个知识贫乏、事事外行的领导者是不会有威信的。

3. 才能因素

领导者不仅要具有渊博的知识,还要有较强的工作能力。主要包括:较强的分析判断能力,准确的决策能力,有效的组织控制能力,良好的协调沟通能力,知人善任的用人能力,不断进取的创新能力。

4. 感情因素

良好的人际关系是形成领导者影响力的基础条件,而感情交流是通往良好人际关系的桥梁。领导者只有具备了情感,"以情感人"才能博得下属的敬重。

6.2 领导权力

领导和权力有着密切的关系。权力是管理者行使领导职能最重要的条件,管理者凭借权力与权威进行有效的指挥。

一、领导权力的概述

1. 领导权力的含义

领导权力广义上包括两个方面:一是管理者的组织性权力,即职权。这种权力是组织授予的,随职位的变化而变化,包括法定权力、奖励权力和强制权力。人们往往迫于压力和习惯不得不服从这种组织性的权力。二是管理者的个人性权力,主要指管理者的威信。这种权力来自领导者自身,靠管理者自身素质及行为赢得,包括专长权力和个人影响权力。

狭义上讲的权力,是指组织授予的权力,即因职位而拥有的职权。

2. 权力的实质

权力实质上就是指管理者对组织及其成员的影响力,即上面所讲的领导影响力。广义上的权力包括职权与威信,即组织影响力与个人影响力。职权实质上是管理者在组织规定的范畴内对下级行为所拥有的支配力。它具有明确性、直接性、强制性等特点。例如,命令下级干什么或禁止干什么,要求下级必须服从。威信实质上是管理者在领导过程中所形成的对下级的感召力。它具有隐含性、间接性和非强制性等特点。例如,管理者以高尚品德或技术专长而赢得下级的敬仰,此时,下级会发自内心地自觉服从领导。权威是指管理者所拥有的对他人的影响与威信。权威是一种以威信为核心的影响力,不一定有职位性质的职权。

二、权力的形成机制

（一）影响权力的因素

管理者权力的形成及其大小,主要受以下四个因素影响。

（1）组织。组织的性质、管理者在组织中所占据的职位、组织授权的程度等。

（2）管理者。管理者自身的素质、风格及其领导行为也对权力产生很大的影响。

（3）被管理者。被管理者的素质、个性。特别是对领导的认可与服从程度,对管理者的权力也有很大的影响。

（4）其他因素。其他因素包括管理工作的性质、环境等。

（二）组织授权分析

管理者的职权是组织为实现目标,作为保证目标实现的必要条件授予占据一定职位的管理者的。影响组织授权的主要因素有以下三个。

（1）管理体制。组织实行不同的管理体制,对管理者的授权会有很大的差别。如企业管理体制规定了包括所有者对经营者的授权,高层管理者对中基层管理者的授权在内的职权分配体系。

（2）职位。管理者由于所占据职位的高低与责任的大小,获得明显不同的合法资格、授权与名誉。这将导致被管理者不同程度的服从与尊重。

（3）组织授予的实际决定能力（包括其上级的个人授权）。即组织授予一个管理者在资源处置、活动决定、对人奖惩等方面实际拥有的能力。这将更直接地影响到被管理者的服从与追随。

（三）被管理者追随与服从心理分析

管理者权力的实现过程是一个管理者作用于被管理者的过程。管理者任何形式有作用效果,即其影响力,最终都是通过被管理者受到作用后的心理反应决定的。正是这种反应的性质与程度决定了管理者影响力的大小。

被管理者受到作用时,出现追随与服从的反应主要基于以下六种心理。

1. 对正统观念的认同

在长期社会生活中形成的正统观念,认可组织与职位的权威性,对上级服从。

2. 对利益的追逐

如果对上级的追随与服从有利于被管理者获得奖酬等利益,下级就会追随与服从上级。

3. 基于恐惧心理

由于被管理者担心不服从上级可能会受到惩罚,出于趋利避害的心理,就会服从上级。

4. 理性信从

出于对管理者的业务专长与决策正确性的信任而服从与追随管理者。

5. 感情因素

当被管理者与管理者之间建立融洽亲密的感情时,被管理者就会发自内心地愿意追随与服从。

6. 自我实现

如果管理者能够有利于被管理者自我需要的实现,被管理者会为了追求自我实现需要的满足而追随与服从管理者。

(四) 管理者权力构成分析

从管理者的角度分析管理者权力的构成。一个管理者究竟有没有权力,有多大权力,主要从以下五种影响力(权力)进行分析。

1. 法定权力

法定权力指组织内各级领导职位所固有的、合法的、正式的权力。不同组织成员因其所处的地位不同,享有的法定权力也不同。这种权力可以通过领导者利用职权向下属发布命令、下达指标直接体现出来。如你的主管作为你的上级,就合法地掌握对你所做的事情的决定权和指挥权。

2. 奖励权力

奖励权力是指能够向别人提供诸如奖金、提薪、升职、赞扬、理想的工作安排等物质奖励和精神奖励的权力,它来自下级追求满足的欲望,由于被领导者感到领导者有能力使他的需要得到满足,因而愿意追随服从。领导者控制的奖励手段越多,拥有的权力就越大。

3. 强制权力

强制权力就是指领导者对其下属具有的绝对强制其服从的力量。下属不服从领导者的命令或指示,将会受到惩罚。强制权力是指给予扣发奖金、降职、批评甚至开除等惩罚性措施的权力。这种权力的行使与领导者担负的工作职位相关。强制权在使用时往往会引起愤恨、不满,甚至报复行动,因此必须谨慎对待。

4. 专长权力

专长权力就是由个人的特殊技能或某些专业知识而形成的权力,它来自下级的信任,即下级感到领导者具有专门的知识、技能,能够帮助他们排除障碍,克服困难,实现组织目标和个人目标,因此愿意跟随。

5. 个人影响权力

个人影响权力是指与个人的品质、魅力、资历、背景等相关的权力。根据其来源不同,又可细分为个人魅力权、背景权和感情权。

个人魅力权是建立在对个人品质的认同及人格的赞赏基础之上的,即领导者具有良好的品质和作风,受到下级的敬佩,进而使下级愿意接受其影响。领导者的个人魅力导致了追随者的忠诚和热忱,因此,这种权力具有巨大而神奇的影响力。

背景权是指那些领导者由于其辉煌的经历或特殊的人际关系背景、血缘关系背景而获得的权力,在领导工作中要设法减少这种权力所产生的负面影响。

感情权则是指领导者由于和被影响者感情融洽而获得的一种影响力。

三、权力的运用

权力是实现组织目标的必要条件,领导者运用权力的目的就是保证有效地实现组织目标。正确、有效地运用权力,要注意以下四个方面。

(一)科学地使用权力

1. 谨慎使用权力

领导者诚然大权在握,但一定要谨慎使用,宁可备而不用,也不要轻易炫耀自己的权力,更不可滥用权力。领导者在运用权力时,要做到三戒:一戒以权谋私;二戒以权徇私;三戒义气用权。

2. 遵纪守法

领导者在运用权力时,一定要熟知相关法纪,强化法纪观念和法治观念。没有法纪的保证,领导者就很难正常开展领导活动。执法本是领导者的责任和一种权力,但法律和纪律面前人人平等,领导者在运用权力的同时也要模范地遵纪守法,必须受其约束,丝毫不能例外。如果领导者置法纪于不顾,以权代法,以权代纪,那只能失去自己的尊严,失掉自己的威信,最终失去自己的领导权力。

3. 讲究实效

领导者运用权力,必然会产生其应有的效用。要想取得好的效用,就要掌握权力发挥效用的最好时机。一般说来,强制性权力发挥效能的最好时机不一定在实际行使之时,而往往是在强制性权力行使之前。因此,运用强制性权力时采取事前诱导、宣传教育或事先警告等手段,让下属知道领导者提倡什么、反对什么,知道什么是对的、什么是不对的,使下属形成对领导的敬畏感、崇敬感,对促进人们自觉行动和预防越轨行为作用更大,比发生了问题时行使惩治权效用更好。要善于使用影响力,千万不要炫耀权势,玩弄权术。领导者是十分善于利用影响力推动工作的,他们实权在握,宁可备而不用,而靠影响力去推动。这样会增强下级的主人翁感,减少被驱使的感觉,从而心悦诚服地按决定行事,有利于调动下级工作的积极性。

4. 对下级尽量以发问代替命令

只会发号施令的领导者,自以为很权威,实际上并没有得到下级的认可,反而会扼杀下级的创造性和进取心。以发问的方式布置工作,以商量的口吻下达任务,往往比简单地下达命令更有效,它可以激发下级一些不寻常的创见和有价值的建议,而且能使下级在平等、友好的气氛中愉快地自愿地接受指令,并竭尽全力去完成任务。

5. 运用强制性权力要果断坚决

在原则问题上或遇到紧急情况时,领导者使用权力必须果断坚决。下属一旦违反纪律,要不顾亲疏,不徇私情,不因人而异,坚决惩处。如果没有这种权力,就会在转眼之间造成重大灾难,或全局性的损失和失败。惩罚违犯者要把握恰当的时机。一般来讲,惩罚违犯者的最好时机是:事实真相弄清,领导激情消失,错误尚未扩大,部下记忆犹新。要"冷"处理,切忌考虑尚未成熟,就急于"热"处理,也不能一拖再拖,到头来不了了之。

6. 运用权力同管理者身教相结合

身教重于言教。这是形成个人影响力的重要条件,对基层领导干部尤为突出。凡是要求下属做到的,领导者必须首先做到。要正人,必先正己,己不正,就不能正人。如果一个领导者不能以身作则,那他的个人影响力的形成就会成为一句空话。同时,领导者要努力提高自身素质。丰富的经验和渊博的知识、较高的领导组织才能、优良的品德和宽宏大度等,是形成领导者影响力的基本条件。只有不断提高自身素质、加强修养与锻炼、掌握领导工作的有关技能技巧,才能够靠自身的力量去影响下属,使下属对领导者既产生敬佩感,又形成亲密的信赖感,从而产生一种巨大的影响力(吸引力),提高领导效能。

(二)建立自主用权与权力制衡的机制

在运用权力的过程中,既要保证管理者在所授权力范围内,独立自主地行使实现目标所必需的足够的权力。同时,又要对权力有必要、科学的制约,防止滥用权力。

1. 确保管理者独立地行使权力

一是正确地分配权力。要根据实现组织目标的整体要求,根据各部门、各人员职能、任务,科学合理地分配权力,使各自拥有完成任务或目标所必需的足够的权力。二是上级不要越级指挥,不要干预下级职权范围内的工作。上级不能运用最终控制权来剥夺下级的职权。三是要通过科学、明确的制度规范体系来保证权力的配置。要订立明确的权责制度,将权限明晰化,真正落到实处。

2. 建立必要的权力制衡体制

权力失去约束,就可能造成滥用权力,这是十分危险的。因此,在强调自主用权的同时,还必须有必要的权力制衡。从制约主体之间的关系来看,这种制约包括权力赋予者对于权力的制约,也包括权力主体相互之间的制约。进行必要的权力分解,要将决策权、执行权(指挥权)和监督权作适当的分离。例如,在现代企业制度中,股东大会、董事会行使决策权,经理行使指挥权,监事会行使监督权。处理好权力运用过程中的利益关联因素:对决策可能给决策者带来利益的权力要进行制约;监督权行使时要同决策权、执行权无利害关系;在行使权力中同一些人发生利益关联关系时,要回避。通过法律、制度体系来保证权力制衡。在管理实践中,要通过合理的权力配置、清晰的权力界定、严密的制度体系,来实现自主用权与权力制衡的有机结合。

(三)正确处理相关人员的职权关系

在一个组织中,职权运用不可能只是个别人的事,必须是由一个管理者群体去行使,这样就涉及相关人员之间的职权关系问题。在实际管理型工作中,职权关系或职权冲突是职权运用中的突出矛盾,如果处理不当,就会引起职权运用系统的混乱,将产重危及职权运用及其效果。正确处理相关人员的职权关系包括以下八个方面的要求:①坚持统一指挥原则。各系统实行统一领导,防止令出多门;上级不越权指挥,下级不越级汇报。②严格进行职权界定,使职权范围明晰化。③加强授权。管理者要将授权作为"分身术",尽可能向下级授权,既减少自身工作压力,又有助于激励下级。④相互尊重职权。无论是上下级还是同级,都应是配合而不是越位,干好自己的事,切不可染指别人的权。

(四)加大奖惩力度

1. 重视奖惩效应

一方面,奖励与惩罚是以权威作为支撑基础的,没有权威,自然也没有能力进行奖惩。但另一方面,奖惩又对权威产生重要的反作用,即奖惩将有助于增强管理者的权威。权威是实施奖惩的条件,同时,奖惩又是强化权威的手段。重奖有贡献的人,就能激励更多的人追随管理者,努力做贡献,从而产生显著的权威强化效应;而惩罚违规者,"惩一儆百",会使更多的人不敢向组织纪律和管理者的权威挑战,同样产生显著的权威强化效应。有效地运用奖惩手段是管理者增强自身权威的重要途径。

2. 加大奖惩力度,放大奖惩效应

管理者在运用权力进行奖惩时,必须突破"平均主义""老好人"等传统观念,加大奖惩的力度。奖惩没有一定的力度,就不会在被管理者中造成一定的刺激作用,很难收到预期效果。奖惩中要注意:①要以事实为根据,令奖惩对象和其他人员心服口服,否则,就会产生不良后果。②要针对奖惩对象及其他人敏感的需要或心理选择奖惩形式。增强奖惩的震动作用,以放大奖惩效应。

3. 奖惩分开

有功则奖,有过则罚。这不但适用于组织内的不同人,也适用于一个人的不同方面。一个组织中,如果有功不奖,有过不罚,这个组织就是一潭死水,管理者也自然无权威可言;同样,对一个人,对其优点、贡献方面该奖则奖,而对其错误该罚则罚,绝不可以功抵过。管理者必须旗帜鲜明、奖惩分明。

6.3 领导方式

一、领导方式的含义

领导方式是指领导者与被领导者之间发生影响和作用的方式。

(一)按领导的倾向,可以分为重人式、重事式与人事并重式的领导方式

1. 重人式领导

重人式领导者认为,只有下属是愉快的工作者,才会产生最高的效率、最好的效果。因此,领导者应致力于建立和谐的人际关系和宽松的工作环境,尊重下属人格,不滥施惩罚,

注意给予下属合理的物质待遇,以人为中心进行领导活动。

2. 重事式领导

重事式的领导者以工作为中心,注重组织的目标、任务的完成和效率的提高,以工作的数量与质量的程度作为评价成绩的指标,以事为中心进行领导活动。

3. 人事并重式领导

人事并重式的领导者认为,既要重视人,也要重视工作,两者不可偏废,做到关心人与关心事的辩证统一。关心人,才能调动人的积极性;关心事,才能使每个人都有明确的责任和奋斗目标。显然,人事并重式的领导方式是应该提倡的。

(二) 按决策能力大小,可以分为专断型、民主型与自由型的领导方式

1. 专断型领导

专断型领导方式是指领导者个人决定一切,把决策权集于一人手中,以权力推行工作;在决策错误或客观条件发生变化、贯彻执行发生困难时,不查明原因,就把一切责任推给下级;对下级奖惩缺乏客观标准,只是按领导者的好恶决定。

2. 民主型领导

民主型领导方式是指领导者同部属互相尊重、彼此信任。领导者通过交谈、会议等方式同部属共同交流、共同商量、集思广益、商讨决策,并注意按职授权,上下融洽,合作一致地工作。

3. 自由型领导

自由型领导方式是指领导者有意分散领导权,下属愿意怎样做就怎样做,有极大的自由度,领导只检查工作成果,不主动作指导,除非下属主动要求。

(三) 按日常工作方式,可分为强制式、说服式和示范式的领导方式

1. 强制式领导

强制式领导方式是领导行为中通常有的现象。作为领导者为了使本组织成员遵守组织的规章制度,领导者需要以发出指令来约束或引导下属的言行,而领导指令具有明显的强制色彩。这种强制,又直接以惩罚为外在特征,一个领导者,要善于运用指令来指挥领导活动过程的参与者,保证他们不违反领导指令,保证他们服从自己的权威。

2. 说服式领导

强制总是有限度的,而且容易引起逆反心理,作为领导者应采用说服式。说服,包括劝告、诱导、启发、商量、建议等方式,沟通的意义是明显的,有利于贯彻领导者的领导方略,从而借助沟通获得上下级的共识、上下级的共同情感、上下级共同的工作愿望,优化人力因素。

3. 示范式领导

领导者是一个组织的象征,他们的精神面貌、行为方式、工作方式、工作动机、价值观念,乃至个人趣味,对本组织的人员都会产生明显的或潜移默化的影响。一个领导者能够吃苦在前、享受在后,那本身就是对下属以高昂热情投入工作的无声号召。同时,一个领导者足智多谋、果断坚韧,也可以提供给下属致力于解决工作难题的多种思路和工作风格,工作效率自然也就上去了。

二、领导方式行为论

（一）密歇根大学的研究

密歇根大学的研究由 R. 李克特及其同事在 1947 年开始进行，试图比较群体效率如何随领导者的行为变化而变化。这项研究的目的是打算建立实现预期的绩效和满意水平的基本原理，以及有效的领导方式类型，结果发现了两种不同的领导方式。

1. 工作（生产）导向型的领导行为

这种领导方式关心工作的过程和结果，并用密切监督和施加压力的办法来获得良好绩效、满意的工作期限和结果评估。对这种领导者而言，下属是实现目标或任务绩效的工具，而不是和他们一样有着情感和需要的人，群体任务的完成情况是领导行为的中心。

2. 员工导向型领导行为

这种领导方式表现为关心员工，并有意识地培养与高绩效的工作群体相关的人文因素，即重视人际关系。员工导向型领导者把他们的行为集中在对人员的监督，而不是对生产的提高上，他们关心员工的需要、晋级和职业生涯的发展。

密歇根大学的研究人员发现，在领导方式为员工导向型的组织中，生产的数量要高于领导方式为工作导向型组织的生产数量。另外，这两种群体的态度和行为也根本不同。在员工导向型的生产单位中，员工的满意度高，离职率和缺勤率都较低；在工作导向型的生产单位中，产量虽然不低，但员工的满意度低，离职率和缺勤率都较高。在这种经验观察的基础上，密歇根大学领导行为方式研究的结论是，员工导向的领导者与高的群体生产率和高满意度成正相关，而生产导向的领导者则与低的群体生产率和低满意度相关。

（二）俄亥俄州立大学的研究

大约在密歇根大学对领导方式展开研究的同一时期，美国俄亥俄州立大学的研究人员弗莱西曼和他的同事们也在进行关于领导方式的比较研究。他们的研究样本是国际收割机公司的一家卡车生产厂。他们的研究结果本来罗列了十种不同的领导方式，但最后，他们把这十种类型进一步分为两个维度，即领导方式的关怀维度和定规维度。

1. 关怀维度

关怀维度代表领导者对员工之间以及领导者与追随者之间的关系，即领导者尊重和关心下属的看法与情感、建立相互信任的工作关系的程度。

2. 定规维度

定规维度代表领导者构建任务、明察群体之间的关系和明晰沟通渠道的倾向，或者说是为了达到组织目标，领导者界定和构造自己与下属的角色的倾向程度。

该项研究说明，一个领导者的行为在每一种维度中可以出现很大的变化。领导者在每种维度中的位置，通过对两种维度的问卷调查测度。根据这样的分类，领导者可以分为四种基本类型，即高关怀—高定规、高关怀—低定规、低关怀—高定规和低关怀—低定规。

俄亥俄州立大学的这项研究发现：在两个维度方面皆高的领导者，一般更能使下属达到高绩效和高满意度。不过高—高型风格并不总是产生积极效果；而其他三种维度组合类型的领导者行为普遍与较多的缺勤、事故、抱怨以及离职有关系。其他发现还有，领导者的直接上级给领导者的绩效评估等级，与高关怀性呈负相关。

（三）管理方格论

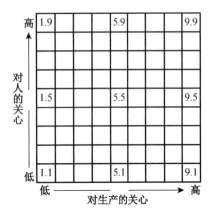

图6-1 管理方格

管理方格理论是由美国管理学家布莱克和穆顿在1964年提出的。在这种领导方式论中，首先把管理人员按他们的绩效导向行为（称为对生产的关心）和维护导向行为（称为对人员的关心）进行评估，给出等级分值。然后以此为基础，把分值标注在两个维度坐标界面上，并在这两个维度坐标轴上分别划出9个等级，从而生成81种不同的领导类型（见图6-1）。

横坐标表示领导对生产的关心程度，纵坐标表示领导对人的关心程度。

自下而上，对人员关心的程度由低而高；自左而右，对生产关心的程度由低而高。图6-1共有81个小方格，代表着81种"对生产的关心"和"对人的关心"这两个基本因素以不同的比例相结合的领导方式。

在"9.1"管理方式中，重点放在对工作和作业的要求上，不大注意人的因素，管理人员的权力很大，负责计划、指挥和控制下属的活动，以便实现企业的生产目标。这可以叫作"任务型管理方式"。

在"1.1"管理方式中，对人和对生产两个因素都很少关心，因而必然导致失败。这是很少见的一种极端情况。这可以叫作"贫乏型管理方式"。

在"1.9"管理方式中，强调的是满足人的需要，认为只要职工心情舒畅，生产一定能搞好，而对指挥监督、规章制度等重视不够。这可以叫作"乡村俱乐部型管理方式"。

在"5.5"管理方式中，承认管理人员在计划、指挥和控制上的职责，但它主要是通过引导、鼓励而不是通过命令来实现的。这种管理方式既不过于偏重人的因素，又不过于偏重生产的因素，但缺乏革新精神，职工的创造性得不到充分发挥，在激烈的竞争中难免会失败。这可以叫作"中间型管理方式"。

"9.9"管理方式表明在"对生产的关心"和"对人的关心"这两个因素之间并没有必然的冲突。这种管理方式能使组织的目标和个人的需要最理想、最有效地结合起来。它要求创造出这样一种工作条件，使得职工了解问题、关心工作的成果。这样，当职工了解了组织的目的，并认真关心其成果时，他们就会自我指挥和自我控制，而无需用命令形式对他们进行指挥和控制了。这可以叫作"战斗集体型管理方式"。这种管理方法可用来培训管理人员。企业的领导者应该客观地分析企业内外的各种情况，努力把自己的领导方式改造成为"9.9"型的战斗集体型，以求得最高的效率。

三、领导方式情景论

(一)费德勒权变理论

弗雷德-费德勒,美国著名心理学和管理专家,他提出了"权变领导理论",开创了西方领导学理论的一个新阶段。他的主要著作包括《一种领导效果理论》(1967年)、《让工作适应管理者》(1965年)、《权变模型:领导效用的新方向》(1974年),以及《领导游戏:人与环境的匹配》等。

费德勒提出了有效领导的权变模型,他认为任何领导风格均可能有效,其有效性完全取决于所处的环境是否适合。费德勒指出影响领导风格有效性的以下三个环境因素。

1. 领导者与成员的关系

领导者是否受到下级的喜爱、尊敬和信任,是否能吸引并使下级愿意追随他。

2. 职位权利

领导者所处的职位能提供的权力和权威是否明确充分,在上级和整个组织中所得到的支持是否有力,对雇佣、解雇、纪律、晋升和增加工资的影响程度大小。

3. 任务结构

工作团队要完成的任务是否明确,有无含糊不清之处,其规范和程序化程度如何。

费德勒模型利用上面三个权变变量的不同情形来评估情境。领导者与成员关系或好或差,任务结构或高或低,职位权力或强或弱,三项权变变量总和起来,便得到多种不同的情境或类型。每个领导者都可以从中找到自己的位置。

费德勒相信领导风格是影响领导成功的关键因素之一。他为发现领导风格而设计了最不喜欢的同事(LPC)调查问卷,如表6-1所示,问卷由12组对应形容词构成。回答者要先回想一下自己共事过的所有同事,并找出一个最不喜欢的同事,在12组形容词中按1~8等

表6-1 费德勒的LPC问卷

快乐	1	2	3	4	5	6	7	8	不快乐
友善	1	2	3	4	5	6	7	8	不友善
拒绝	1	2	3	4	5	6	7	8	接纳
有益	1	2	3	4	5	6	7	8	无益
不热情	1	2	3	4	5	6	7	8	热情
紧张	1	2	3	4	5	6	7	8	轻松
疏远	1	2	3	4	5	6	7	8	亲密
冷漠	1	2	3	4	5	6	7	8	热心
合作	1	2	3	4	5	6	7	8	不合作
助人	1	2	3	4	5	6	7	8	敌意
无聊	1	2	3	4	5	6	7	8	有趣
好争	1	2	3	4	5	6	7	8	防备

级对他进行评估。如果以相对积极的词汇描述最不喜欢的同事（LPC 得分离），则作答者很乐于与同事形成良好的人际关系，就是关系取向型。相反，如果对最不喜欢的同事看法很消极，则说明回答者可能更关注生产，就称为任务取向型。费德勒运用 LPC 问卷将绝大多数回答者划分为两种领导风格。费德勒模型指出，当个体的 LPC 分数与三项权变因素的评估分数相匹配时，则会达到最佳的领导效果。费德勒得出的结论是：任务取向的领导者在非常有利的情境和非常不利的情境下工作得更好，关系取向的领导者则在中度有利的情境中干得更好。

费德勒认为领导风格是与生俱来的，你不可能改变你的风格去适应变化的情境。因此，提高领导者的有效性实际上只有两条途径：①替换领导者以适应环境。比如，如果群体所处的情境被评估为十分不利，而目前又是一个关系取向的管理者进行领导，那么替换一个任务取向的管理者则能提高群体绩效。②改变情境以适应领导者。费德勒提出了一些改善领导者与成员关系、职位权力和任务结构的建议。领导者与下属之间的关系可以通过改组下属结构加以改善，使下属的经历、技术专长和文化水平更为合适；任务结构可以通过详细布置工作内容而使其更加定型化，也可以对工作只做一般性指示而使其非程序化，领导的职位权力可以通过变更职位充分授权，或明确宣布职权而增加其权威性。

费德勒模型表明，并不存在着一种绝对的最好的领导形态，企业领导者必须具有适应力，自行适应变化的情境。同时也提示管理层必须根据实际情况选用合适的领导者。

费德勒模型的应用方面仍存在一些问题，如权变变量的确定比较困难等。

（二）路径-目标理论

路径-目标理论是罗伯特·豪斯发展的一种领导权变理论。

该理论认为，领导者的工作是帮助下属达到他们的目标，并提供必要的指导和支持，以确保各自的目标与群体或组织的总体目标一致。"路径-目标"的概念来自这样的观念，即有效领导者能够明确指明实现工作目标的方式来帮助下属，并为他们清除各种障碍和危险，从而使下属的相关工作容易进行。

根据路径-目标理论，领导者的行为被下属接受的程度，取决于下属是将这种行为视为获得当前满足的源泉，还是作为未来满足的手段。领导者行为的激励作用在于：①使下属的需要、满足取决于有效的工作绩效；②提供有效绩效所必需的辅导、指导、支持和奖励。

为考察这些论述，豪斯确定了四种领导行为：一是指导型领导者让下属知道他对他们的期望是什么，以及他们完成工作的时间安排，并对如何完成任务给予具体指导。这种领导类型与俄亥俄州立大学的定规维度相似。二是支持型领导十分友善，表现出对下属需要的关怀，它与俄亥俄州立大学的关怀维度相似。三是参与型领导则与下属共同磋商，并在决策之前充分考虑他们的建议。四是成就导向型的领导设定富有挑战性的目标，并期望下属发挥出自己的最佳水平。与费德勒的领导方式学说不同的是，豪斯认为领导者是灵活的，同一领导者可以根据不同的情景表现出任何一种领导风格。

路径-目标理论提出了两类情景变量作为领导行为—结果关系的中间变量，即环境因素(任务结构、正式权力系统和工作群体)和下属的个人特点(控制点、经验和知觉能力)。控制点是指个体对环境变化影响自身行为的认识程度。根据这种认识程度的大小,控制点分为内向控制点和外向控制点两种。内向控制点是说明个体充分相信自我行为主导未来而不是环境控制未来的观念。外向控制点则是说明个体把自我行为的结果归于环境影响的观念。依此,下属分为内向控制点和外向控制点两种类型。环境因素和下属个人特点决定着领导行为类型的选择。这一理论指出,当环境因素与领导者行为相互重复或领导者行为与下属特点不一致时,效果皆不佳。

(三) 领导生命周期理论

领导生命周期理论是由科曼首先提出,后由保罗·赫西和肯尼斯·布兰查德予以发展的领导生命周期理论,也称情景领导理论,这是一个重视下属的权变理论。赫西和布兰查德认为,依据下属的成熟度,选择正确的领导风格,就会取得领导的成功。西方不少企业在培训其管理者的领导艺术时常使用这一理论,如《财富》杂志500家企业中的北美银行、IBM公司、美孚石油公司、施乐公司等都采用此理论模型,甚至美国军队中的一些部门也采用这一模型培训其军官。

赫西和布兰查德重视下属在领导效果方面的作用,是因为下属可以接纳或拒绝领导者的命令,领导者的领导效果经常取决于下属的行为和活动。然而这一问题的重要性却被许多领导理论所忽视或低估。赫西和布兰查德将成熟度定义为:个体对自己的直接行为负责任的能力和意愿。它包括两项要素:工作成熟度与心理成熟度。前者包括一个人的知识和技能。工作成熟度高的个体拥有足够的知识、能力和经验完成他们的工作任务而不需要他人的指导。后者指的是一个人做某事的意愿和动机。心理成熟度高的个体不需要太多的外部激励,他们主要靠内部动机激励。

1. 四种领导方式

领导的生命周期理论使用的两个领导维度与费德勒的划分相同:工作行为和关系行为。但是,赫西和布兰查德更向前迈进了一步,他们认为每一维度有低有高,从而组成以下四种具体的领导风格,如图6-2所示。

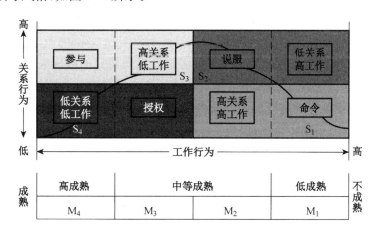

图6-2 四种领导方式

（1）命令型领导方式（高工作-低关系）。领导者定义角色，告诉下属应该干什么、怎么干以及何时何地去干。

（2）说服型领导方式（高工作-高关系）。领导者同时提供指导性的行为与支持性的行为。

（3）参与型领导方式（低工作-高关系）。领导者与下属共同决策，领导者的主要角色是提供便利条件与沟通。

（4）授权型领导方式（低工作-低关系）。领导者提供极少的指导或支持。

2. 下属成熟度的四个阶段

赫西和布兰查德的领导生命周期理论对下属成熟度的四个阶段的定义如下所述。

第一阶段：这些人对于执行某任务既无能力又不情愿。他们既不胜任工作又不能被信任。

第二阶段：这些人缺乏能力，但愿意执行必要的工作任务。他们有积极性，但目前尚缺足够的技能。

第三阶段：这些人有能力，却不愿意干领导者希望他们做的工作。

第四阶段：这些人既有能力又愿意干让他们做的工作。

3. 有效领导方式的选择方法

当下属成熟程度为第一阶段时，选择命令型领导方式；当下属成熟程度为第二阶段时，选择说服型领导方式；当下属成熟程度为第三阶段时，选择参与型领导方式；当下属成熟程度为第四阶段时，选择授权型领导方式。

领导者可以采用的行为方式：①指示型领导。指示型领导属于任务绩效型导向，领导者给予下级相当具体明确的指令或指导。②支持型领导。支持型领导属于群体维系型导向，领导者关心下级，从各方面给予支持，注重人际关系的协调。③参与型领导。领导者征求并采纳下级建议，吸收下级参与决策。④激励型领导。领导者采用设置挑战性目标、奖励作出贡献行为等各种手段激励下级。

根据对追随者的特性和所处环境特点的分析，有针对性地选择恰当的领导方式，就能使下级获得满足，有效地实现组织的目标。

（四）当代对领导方式研究的新成果

1. 领袖魅力型领导

这是传统特性理论的新发展，也是对领导者进行素质研究的新成果。魅力是一种基于特殊的尊敬、钦佩和信任，对其追随者心理与情感所产生的具有强烈震撼作用的吸引、感召与影响的力量。由于领导者具有魅力而成为组织中的偶像化英雄，成为组织中的核心，从而能激励组织成员，营造团体氛围，提高工作绩效，更有效地实现组织的目标。这是一种靠领导者个人魅力团结带领组织成员去实现目标的领导方式。这种领导方式在一些东方国家更多地取得了成功。

魅力型领导者的素质或其取得成功的途径主要有：①富有魅力的领导者必须有很高的、全面的自身素质，并异常自信，具有成为组织成员领袖的品格。②富有魅力的领导者必须有战略头脑，为组织提出富有诱惑力的美好憧憬，成为凝聚组织成员团结奋斗、追求美好未来的精神支柱。③富有魅力的领导者必须有高超的语言表达技巧,善于鼓动和唤醒组织成员的激情与冒险意识,以形成强大的追求憧憬实现的整体力量。

2. 变革型领导

这是一种敢于突破传统、坚持创新、善于鼓动的领导方式。变革型领导与传统的交易型领导相对应。交易型领导方式,把管理看成商业交易,领导者用奖励等手段同员工所提供的服务及其绩效相交换,并相应采取传统的方法,按部就班地进行管理。而变革型领导,则勇于创新,善于制造兴奋点,鼓舞人们致力于群体或组织的利益。

变革型领导方式主要体现在以下五个方面。

(1) 变革型领导应富有领袖魅力。

(2) 他们对追随者给以个性化关注。每个下属都是各不相同的,要把挑战性工作托付给值得托付的人,增加每个人的责任感,保持良好的沟通,为发展下属提供一对一的辅导。

(3) 变革型的领导应有效激发下属的智力,引发设想,创造洞察力,鼓励下属提出高质量的解决方案,并交由下属独立地完成。

(4) 为组织提供具有诱惑力的远景,并有效地传达给组织的成员,增强其追随者的信任感,实现整体的团结奋斗。

(5) 他们拥有一个积极的自我认识,勇于谋求成功,追求卓越,而不是仅仅避免失败。

3. 后英雄时代领导

后英雄时代领导是指通过不断拓展组织成员的能力,树立群体成员的英雄意识,使有效领导渗透于整个组织的一种领导方式。在传统的观念中,领导者是在危难时刻挺身而出的英雄。在现代社会,科技飞速发展、市场急剧变化、竞争日趋激烈,任何社会组织,单靠个别杰出的英雄、明星是无法转危为安、长久发展的。因此,必须使有效的领导渗透于整个组织中,形成群体英雄的组织。

后英雄时代领导主要体现在以下四个方面。

(1) 领导者的工作变成了组织各处扩展的领导能力,让组织成员对自己的行为负责,每个人都像企业家一样,能够代表企业采取行动。

(2) 领导者要鼓励和创造持续的学习,要引导与发展每个人的能力,在竞争与挑战中,不断提高每个人的素质。

(3) 要能描绘出伟大业绩的蓝图,要激励每个人,鼓舞士气,要创造一个人人都能发现需要做什么,并做好的激励性环境。

(4) 要培育团队精神,树立英雄意识,对其成员给予充分信任,从他们中树立英雄形象。

6.4 领导艺术

现代社会中的组织是由一个多种要素组成的比较复杂的社会性组织。它不可能脱离整个社会。因此,对组织中的管理者的领导方法提出了更高的要求,同时,也决定了管理者的工作在很大程度上是具有创造性的。领导艺术就是富有创造性的领导方法的体现。在履行领导职能的过程中,科学是与艺术相互结合、彼此交织在一起的。管理者要具备灵活运用各种领导方法和原则的能力与技巧,才能率领和引导人们克服前进道路上的障碍,顺利实现预定目标。

领导艺术和领导方法的不同在于,它具有创造性、灵活性和经验性。它是非程序化、非模式化的,它是因人而异、因事而异、因环境而异的。领导艺术与领导者的悟性有关。所谓悟性就是善于对实践进行思考与总结,能够把握规律性的东西。领导艺术是领导者在较长的领导实践中形成的,主要包括:用权艺术、用人艺术、激励艺术、决策艺术、协调与沟通艺术、理事艺术、讲话艺术等。

这里着重介绍以下八种领导艺术。

一、用权艺术

领导在实践中总离不开权力。领导的权力分为两种:一种是职权也称硬权力,是特定的领导职务相对应的职务权;一种是个人的威信和影响力,也称软权力。领导的用权艺术主要体现在以下三个方面。

(一) 善于运用两种权力

在领导实践中要善于应用两种权力,而不是简单地使用硬权力,特别是在知识分子比较多的地方,职务权(硬权力)使用要慎重,多运用软权力,发挥个人的影响力。

(二) 培育、扩大软权力

在领导实践中努力培育、扩大自己的软权力。个人的威信越高,工作的影响力越大。

(三) 善于授权

根据民主集中制,在不同的主客观条件下,把不同程度的领导权力下放给下级管理者或其他人员,并对其进行指导与监督;使每项工作都能在最适当的层次得到较好的处置;既利于充分发挥下属的积极性、主动性,又能帮助一级领导人集中精力研究和解决主要问题,维护和加强整个组织的统一指挥。这些就是授权艺术的具体体现。在用权问题上切忌简单生硬、大权独揽,不能一人说了算,不要变成孤家寡人。

二、用人艺术

领导者用人艺术体现在识别人、选拔人、使用人、留住人和培养人五个方面,重点是知人善任。用人的艺术,主要表现为以下三个方面。

(一) 用人所长

根据工作需要和职位要求,挑选有专长的人去承担该项工作,这个人就能最大限度地发挥出潜能。位置对了,普通人就成了人才;位置错了,人才也可能成了"庸人"。俗话说:"用人之长,越用越长;用人之短,越用越短。""骏马行千里,犁田不如牛。"所以,领导者要识其所长,用其所长,还要励其所长。

（二）用人不疑

用人不疑可使下属感到领导对自己的信任,从而激发出工作热情和创造力。但用人不疑是有限度的,换言之"用人必须有疑"。所谓"有疑"是指:缺乏法律的、行政的、舆论的和群众监督就可能出问题,甚至出现腐败。所以,在用人不疑的前提下,还必须用严明的法纪和制度规则来约束人。掌握好"不疑"和"有疑"的度是领导者的魄力所在。

（三）养用结合

领导对下属既要放手使用,又要关心培养。采用多种方式培养下属,提高其能力和水平。要在组织中创造一种气氛,凡能作出显著成绩的人,都会受到应有的尊重和提拔；这样,使下属能顺利履行职责、依靠和运用平凡人的聪明才智作出不平凡的业绩,促使组织目标实现。

三、激励艺术

激励艺术是领导艺术的重点。

（一）先自我激励,后激励他人

领导者本身要有使命感、事业心,要有积极的心态、振奋的精神、旺盛的精力。只有首先把自己发动起来激励起来,才能把下属发动起来激励起来。领导有朝气有活力,下属就会更加奋发向上。

（二）先激后励

"激"是指激发积极性、主动性,让下属愿意去工作,努力去工作；"励"是指一种反馈,待下属工作一段时间后,若行为符合领导的意图,符合领导的决策目标,就对其行为给予鼓励、奖励。激和励要结合,激中有励,励中有激,激与励互动才有好的效果,但是在激励中,领导切忌封官许愿。

（三）创建激励制度

结合各单位各部门的实际情况,建立起相对持久、行之有效的激励机制,是领导的激励艺术。

四、决策艺术

决策艺术应是领导艺术的重中之重,决策失误是领导的最大失误。领导在决策时应把握以下四点。

一是领导决策要注意"结果导向"。要关注决策的目的,实施后的效果、结果,而不只关注过程和阶段性目标。通常人们在决策时只关注干什么和怎么干,其实更重要的是应关注为什么干和干了以后能取得什么成果。

二是领导决策时应注意制定"对策"。所谓对策是针对不确定性,针对困难、风险及突发事件及时调整并制定出应变的策略,这样才能保护决策的目标,保护决策实施的结果。

三是领导决策时要尽量打开思路,要有所选择,特别是多方案的选择。

四是领导决策要善于借助"外脑","谋"与"断"相对分工是21世纪领导决策的一大趋势。"外脑"指参与决策前期工作的人,他们的主要任务是"出谋划策",拿出备选方案。外脑既可以是专家,也可以是本部门的员工。领导者是"内脑",内脑的任务是在"谋"的基础上进行选择和决断。

五、协调与沟通艺术

协调与沟通艺术是领导艺术的基础,重点讲与人的协调、沟通的艺术。协调人际关系是领导者经常遇到的问题,包括处理好与上级的关系、与下级的关系、与同级的关系。

(一)协调与上级的关系

领导者要有全局观念,要有下级服从上级的组织观念,要注意尊重、维护上级的威信,全力支持、配合上级的工作,要服从上级指挥,出力而不越位;要正确理解上级的意图,认同上级人格,适应上级的工作习惯;不要介入上级之间的意见分歧,不要拉帮结派,更不要形成人身依附的不正常关系;不要过分地赞美上级,避免"溜须拍马"之嫌;不要顶撞上级,要调整好自己的角色,遇到重大问题及时请示汇报;上级错了,可以提意见,也可以批评,但要注意组织原则,注意场合,注意分寸。

(二)协调与下级的关系

对下级要主动沟通,相互理解、相互认同;要主动关心下级的工作与生活,多支持、多指导、多激励;对下级要一视同仁,一碗水端平,不要亲一批、疏一批;要平易近人,不摆架子,尽量缩小与下级在心理上感情上的距离;要多深入群众,听取他们的意见和建议,要让下级参与决策,参与管理;要让大家的心情舒畅,乐意在你的领导下工作,形成宽松和谐的上下级关系。

(三)协调与同级的关系

同级关系是一种横向人际关系,可分为两种类型:不同部门之间和同一部门内部。在同一部门,同级关系具有目标一致、地位平等、频繁接触、相互依存等特点。那么如何协调这种关系呢?要求做到以下六点:①相互信任,以诚相待;②正确对待合作与竞争;③互相支持,热情帮助;④分清职责,掌握分寸;⑤严于律己,宽厚待人;⑥沟通思想,消除隔阂。

处理以上三种关系时有一个共同点,都是和人打交道。要学会与人沟通,应把握好三点:第一,先认同别人。认同是相互的,但要先主动认同别人。你首先认同上级,上级才可能认同你;你首先认同下级,下级就会加倍地认同你;你首先认同同级,同级就会接纳你。相互的认同能够加速沟通,有助于形成良好的人际关系。下属认同了领导者个人,就很容易认同领导者的决策和布置下来的工作。认同人和事,这两者关系很密切。第二,与人沟通要真诚。不但要沟通信息,还要沟通思想,建立起诚信和相互理解,事情就好办了。第三,有事无事多来往,大事小事多商量,必要时"聚一聚",可以增进友谊。

六、理事艺术

领导者的理事艺术与行政管理的成效有着最直接的关系,它包括以下四点。

(1)善于把握工作的重心,按照工作的重要性和紧迫性,安排出工作的轻重缓急。在突出重点的基础上统筹全局,正确决定每个时期、每个阶段的工作秩序,科学地分配自己的时间和组织资源。领导集中精力去完成事关全局的工作,抓大事、顾全局是领导、理事艺术的重点。

（2）工作要有计划性、系统性,注意上下左右的配合协作,即善于"弹钢琴"。

（3）领导要超脱,善于用骨干去做业务工作。

（4）要监控、督促、检查、考核、评估、抓落实。

七、领导变革的艺术

组织在发展过程中不断革新技术、改进管理,必然引起人们思想认识和组织行为的变革。要求管理者因势利导,正确处理变革过程中革新与守旧的矛盾,达到既促进变革又稳定局面的目的。

八、讲话艺术

领导经常抛头露面,经常成为各种场合和各种活动的焦点和中心,人们也希望能经常听听领导的意见和声音,看看领导的水平和表现,领导讲话在很多时候成了一种难以推脱和不可缺少的惯例。讲话艺术欠佳、讲话水平低劣,就会使领导在大庭广众前丢面子、掉链子,甚至偏了路子、跑了调子。如果是普通民众,一两句话说漏了嘴,说走了题,可能无关紧要、无关大体;但作为领导可不会这么轻松和简单,搞不好会失责、失职、失身份,会产生严重的影响,会犯领导错误,甚至还要为此承担领导责任。从这一意义上说,领导讲话与一般人讲话是不可同日而语的。所以,作为领导者,有意修炼自己的身心对提高自己的讲话水平就显得至关重要。领导讲话艺术包括动员报告艺术、即席讲话艺术、沟通谈话艺术、表扬或批评下级的艺术等。

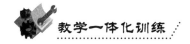

【思考题】

1. 领导的含义和作用是什么?
2. 构成领导影响力的主要因素有哪些方面?
3. 领导行为四分图和管理方格理论的含义是什么?
4. 领导的权变理论的要点是什么?
5. 领导的生命周期理论的含义是什么?
6. 途径-目标理论主要内容是什么?
7. 你是否认为大多数领导者在实践中都运用权变观点来提高领导力?
8. 领导者应具备哪些素质?领导集体构成应注意什么?

【案例分析】

【案例1】

如何进行管理

在一个管理经验交流会上,有两个厂的厂长分别论述了他们各自对如何进行有效管理的看法。

A厂长认为,企业首要的资产是员工,只有员工们都把企业当成自己的家,都把个人的命运与企业的命运紧密联系在一起,才能充分发挥他们的智慧和力量为企业服务。因此,管理者有什么问题,都应该与员工们商量解决。平时要十分注重对员工需求的分析,有针对性地给员工提供学习、娱乐的机会和条件;每月的黑板报上应公布出当月过生日的员工的姓名,并祝他们生日快乐;如果哪位员工生儿育女了,厂里应派车接送,厂长应亲自送上贺礼。在A厂长厂里,员工们都普遍地把企业当作自己的家,全心全意地为企业服务,工厂日益兴旺发达。

B厂长则认为,只有实行严格的管理才能保证实现企业目标所必须开展的各项活动的顺利进行。因此,企业要制定严格的规章制度和岗位责任制,建立严格的控制体系;注重上岗培训;实行计件工资制等。在B厂长厂里,员工们都非常注意遵守规章制度,努力工作以完成任务,工厂发展迅速。

【案例讨论】
这两个厂长谁的观点正确,为什么?

【案例2】

领导方式的确定

某厂的供销部由供应科、销售科、车队、仓库、广告制作科组成。当A调任该部的经理时,听到不少人反映广告制作科、仓库管理科迟到早退现象严重,劳动纪律差、工作效率低。虽然经过多次批评教育,成效仍不大,群众反映强烈。为了做好领导工作,A经理对这两个科室进行了调查分析,情况如下。

文化水平及修养:广告制作科的员工全是大专以上文化程度,平时工作认真,干劲大,但较散漫;仓库管理科的员工文化程度普遍较低,思想素质较差。

工作性质:广告制作是创造性工作,工作具有独立性,好坏的伸缩性也较大,难以定量考核工作量;仓库管理是程序化工作,内容固定,且必须严格按规章制度执行,工作量可以定量考核。

工作时间:广告制作工作有较强的连续性,不能以八小时来衡量,有时完成一项工作光靠上班是远远不够的;而仓库管理八小时内的工作是关键,上下班的准时性、工作时间不能随意离开岗位是十分重要的,否则就会影响正常地收发货物,有的还会直接影响车间的正常生产。

广告制作科的员工工作责任心强,有强烈的创新意识、有实现自我价值和获得成功的欲望，工作热情较高；仓库管理科的员工由于工作环境分散，工作单调，所以员工积极性不高。

【案例讨论】

根据以上情况，你认为A经理对这两个部门应如何实施领导？

【案例3】

有效的授权

刘民和王东分别是一个公司中两个不同部门的经理，在某一天同车上班的路上，他们彼此讨论自己的管理工作。在交谈中发现，刘民特别为两个助手伤脑筋。他抱怨说："这两个人在刚进公司时，我一直耐心地告诉他们，在刚开始工作时，凡是涉及报销和订货的事都要事先与我商量一下，并叮嘱他们，在未了解情况之前，不要对下属人品指手画脚。但是，到现在都快一年了，他们还是什么事情都来问我。例如，王大同上星期又拿一笔不到1 000元的报账单来问询，这完全是他可以自行处理的嘛！两周前，交给孙文国一项较大的任务，叫他召集一些下属人员一起搞，而他却一个人闷头搞，根本不叫下属人员来帮忙。他们老是这样大小事情都来找我，真没办法。"

几乎与此同时，刘民的两位助手也在谈论着自己的工作。王大同说："上周，我找刘民，要他签发一张报账单。他说不用找他，我自己有权决定。但在一个月前，我因找不到他曾自己签发过一张报账单，结果被财务部退了回来，原因是我的签字没有被授权认可。为此，我上个月曾专门写了一个关于授权我签字的报告，但他一直没有批下来，我敢说我给他的报告他恐怕还锁在抽屉里没看过呢！"

孙文国接着说："你说他的工作毫无章法，我也有同感。两周前，他交给我一项任务，并要我立即做好。为此我想得到一些人的帮助，去找了一些人，但他们却不肯帮忙。他们说除非得到刘民的同意，否则他们不会来帮助我。今天是完成任务的最后日期，我却还没有完成。他又要抓我的辫子了，又要把责任推给我了。我认为，刘民是存心这样的，他怕我们搞得太好抢他的位子……"

【案例讨论】

请就本例中的授权问题谈谈你的看法，你认为刘民与他的两个助手应如何改进他们之间的关系？

学习情境 7
管理者的沟通能力

 知识目标

1. 了解沟通的含义、意义与过程。
2. 了解沟通的类型。
3. 熟悉沟通的障碍。
4. 掌握口头沟通的技巧。
5. 掌握书面沟通的技巧。
6. 掌握非语言沟通的技巧。

 能力目标

1. 培养良好倾听的能力。
2. 培养良好表达的能力。
3. 培养基本的书面沟通的能力。
4. 培养运用非语言沟通的能力。

 引导案例

小孙是一家公司的人力资源部经理,最近他准备举办一个培训班,需要从各个车间抽调员工参加,为了争取车间的支持,他到各车间里去说服车间主任。第一位车间主任是他师兄,见面后小孙上去就是一拳:"我告诉你啊,下礼拜给我派两个人参加培训班,如若不派,从今晚开始我就到你家吃、到你家住、到你家闹去!你派不派人?"旁观者皆大乐,车间主任哭笑不得,赶快答应。第二位车间主任是他师父,他换了个说法:"师父,您不能把我扶上墙之后就撤梯子,您一定得帮我这个忙,派俩人在下周参加培训班,帮我圆上这个场。"师父只好同意。第三、第四、第五、第六车间均随机应变取得了各位主任的支持。第七个部门是设计科室,小孙说:"张工,这是今年上半年职工培训计划,您看看,第四次课还得麻烦您上。"张工表示坚决支持。他又接着说:"这第一次还得您派两人参加,您看派谁去?"张工也答应了并当场定下人选。小孙顺利地获得了各车间的支持。

思考： 小孙为什么能够获得车间主任们的支持？

任何一个组织的运行和有效管理都离不开组织成员的分工与合作，离不开协调，离不开经常性地与外界进行信息交流与互动。因此，无论是员工还是管理者，作为组织的成员，在日常工作中都必须要进行有效的信息沟通。沟通是我们实现目标、满足需要的重要工具，也是使组织的活动统一起来的重要手段。因此，管理者和员工都要认识沟通的重要性，掌握沟通的有效方法，否则就会陷入无穷的问题与困境之中。那么，究竟什么是沟通呢？

7.1 沟通概述

一、沟通的概念

沟通是指为达到某种目的，通过一定的载体将信息在个人和群体间进行传递与交流的过程。

沟通由以下四个主要因素构成。

（一）信息

在沟通过程中，需要传递一定的信息内容，它包括事实、情感、价值观、意见、个人观点等。信息需要被转化为信号形式才能发送出去。

（二）发送者

发送者，即信息源，它是信息发送的主动方，代表了沟通的主体意图。

（三）沟通渠道

沟通渠道，即沟通载体，它是信息传递的媒介物，是由发送者主动选择的。不同的沟通渠道会产生不同的沟通效果。

（四）接收者

作为信息的接收者，在沟通过程中，一方面需要接收发送过来的信息，并将其转化理解；另一方面也要及时将信息反馈给发送者，从而实现双向交流，最终使理解达成一致。

二、沟通的意义

（一）沟通是实现组织目标的重要手段

组织中的个体、群体为了实现一定的目标，在完成各项具体工作的时候需要相互交流、统一思想、自觉地协调。信息沟通使组织成员团结起来，把抽象的组织目标转化为组织中每个成员的具体行动，从而实现组织目标。

（二）沟通是正确决策的必要前提

正确地收集、处理、传递和使用信息是科学决策的前提。在决策过程中利用信息传递的规律，选择一定的信息传播方式，可以避免延误决策时间而导致的失败。管理者通过一定的方式推行决策方案，赢得上级的支持和下级的合作，没有有效的沟通是不会达到这一目标的。

(三) 沟通是组织协调的重要途径

由于现代组织是建立在职能分工基础上的,不同职能部门之间不易相互了解和协调配合。通过有效的沟通,可以使组织内部分工合作更为协调一致,从而保证整个组织体系的统一指挥、统一行动,实现高效率的管理。

(四) 沟通是改善人际关系的重要条件

组织中每个成员都有受人尊重、社交和关爱的需要,人与人之间的沟通和交流可以使这些需要得到满足。经常性的沟通和交流也可以使人们彼此了解,消除彼此的隔阂和误会,消除和解决矛盾和纠纷,从而有利于良好人际关系的形成。

三、沟通的过程

沟通实际上是信息从发送者到接收者的传递和理解的过程。沟通过程中,发送者首先选择需要发送的信息,然后将信息编码,并选择一定的渠道发送给接收者,接收者将收到的信息解码理解后,将反馈信息传递给发送者,再由发送者组织下一次的传递。信息的发送和接收过程都可能受到一定的干扰。这是一个不断持续的过程,如图7-1所示。

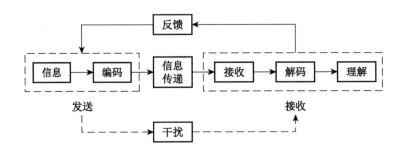

图 7-1 信息沟通的基本过程

四、沟通的类型

按照不同的分类标准,沟通可以分为不同的类型,并且不同的沟通类型具有不同的功能和特点。在管理过程中,选择合适的沟通类型,将有助于增加沟通的有效性。

(一) 按照沟通的方法划分,沟通可以分为口头沟通、书面沟通、非语言沟通等

这是组织中使用最普遍的沟通方式,它们之间的比较,如表7-1所示。

表 7-1 沟通方式比较

沟通方式	举 例	优 点	缺 点
口头	演讲、讨论、会谈	快速传递、快速反馈、信息量大	不易保存、不易核实、易失真
书面	报告、备忘录、信件、文件、内部期刊、布告	严肃、准确、不易歪曲、长久、可核实	效率低、缺乏反馈
非语言	声、光、体态、语调	信息意义明确、内涵丰富、含义隐含灵活	传递距离有限、界限模糊,只能意会不可言传

1. 口头沟通

借助口头语言进行的沟通称为口头沟通,如演讲、讨论、会谈等。在一个管理者的工作中,与下属谈话、向上司请示及汇报工作、与外单位谈判等,是再常见不过的沟通。口头沟通是一个极为普遍但又十分重要的管理技巧和沟通活动。

口头沟通的优点:快速传递、快速反馈和信息量大。在这种方式下,信息可以在最短的时间内被传递,并在最短的时间内得到对方的回复。如果接收者有疑问,也可以通过迅速反馈使发送者对发送的信息进行及时的修正和明确,避免误解的产生。

但是,这种方式也有局限性:信息在传递的过程中不易保存,转瞬即逝,不易核实。另外,每个人在传递信息的过程中会对信息进行不同的解释和加工,其最终的内容常常与最初大相径庭。

2. 书面沟通

书面沟通是指采用各种书面文字形式进行的沟通,如报告、备忘录、信件、文件、内部期刊、布告等。

书面沟通的优点:严肃、准确、不易歪曲、长久、可核实。信息发送者对要传递的信息内容可以认真推敲,并用最好的方式表达出来,信息接收者也可反复阅读以增强理解。书面沟通的信息可以长期保存,以便核实信息。

但是,书面沟通也有其不足之处:书面沟通方式更为精确,但耗费了更多的时间,效率较低。缺乏反馈,无法保证所发出的信息能被接收到;即使被接收到,也无法保证接收者能够理解发送者的本意。一旦误解,其影响的时间更为长远。

3. 非语言沟通

一些沟通既非口头形式也非书面形式,而是通过非语言的形式加以传递。当与人沟通时,特别是面对面交流时,会伴随大量的非语言形式,这些非语言比语言本身更有意义,甚至有时无需语言就可以从对方的表情、姿势、态度、动作等非语言信号中得到很多有价值的信息并作出评价。但是,非语言信息传递距离有限,而且"只可意会,不可言传"的特点也易造成误解。

(二) 按照沟通的组织系统划分,沟通可以分为正式沟通和非正式沟通

1. 正式沟通

正式沟通是通过组织机构明文规定的渠道而进行的沟通,如组织之间人员的往来、请示性汇报制度、会议制度等,都属于正式沟通。正式沟通所传递的信息一般具有计划性、目的性、系统性和权威性。其基本目的在于有效确立和实施组织目标,实现组织的经济效益和社会效益。

正式沟通的优点是:沟通效果好、严肃可靠、约束力强、易于保密、沟通信息量大、具有权威性。

其缺点是:对组织机构依赖性较强而造成速度迟缓,沟通形式刻板,如果组织管理层次多,沟通渠道长,容易形成信息损失。

2. 非正式沟通

非正式沟通是指以组织中的非正式系统或个人为渠道的信息沟通。这类沟通不受组织监督,是由组织成员自行选择途径进行的,比较灵活方便。员工中的人情交流、生日聚会、工会组织的文娱活动、走访、议论某人某事、传播小道消息等都属于非正式沟通。

非正式沟通的优点是:传递信息的速度快,形式不拘一格,并能提供一些正式沟通所不能传递的内幕消息。

其缺点是:传递的信息容易失真,容易在组织内引起矛盾,且较难控制。

(三) 按照信息传递的方向划分,沟通可以分为下行、上行、平行和斜向沟通

1. 下行沟通

它是指信息从上级管理者流向下级成员的沟通。例如,组织和群体的领导者对职工进行的信息沟通。下行沟通可以使下级明确工作任务、目标和要求,增强其责任感和归属感,协调企业各层次的活动,增强上下级之间的联系等。但在逐层向下传达信息时应注意防止信息误解、歪曲和损失,以保持信息的准确性和完整性。

2. 上行沟通

它是指信息从下级成员流向上级管理者的沟通。例如,下级主动向上级传递信息、汇报思想、反映意见、提出建议等。上行沟通是管理者了解下属和一般员工意见和想法的重要途径。上行沟通畅通无阻,各层次管理者才能及时了解工作进展的真实情况、了解员工的需要、体察员工的不满和怨言,从而加强针对性的管理。

3. 平行沟通

它是指同级成员之间的沟通。平行沟通是组织中更为大众化的沟通形式。通过平行沟通,有助于加强成员间的相互了解,有利于各种关系的平衡和协调,能够和谐群体成员的心理气氛,促使成员提高工作效率、改善工作态度。

4. 斜向沟通

它是指处于不同层次的没有直接隶属关系的成员之间的沟通。这种沟通方式有利于加强信息的流动,促进理解,并为实现组织的目标而协调各方面的努力。

7.2 沟通障碍及克服

完美的沟通,如果其存在的话,应是经过传递之后接收者感知到的信息和发送者发出的信息完全一致。然而,无论是进行个人之间的沟通还是组织沟通,都会遇到障碍,沟通的有效性都会受到影响。这些障碍有来自信息沟通过程中内部方面的因素,也有来自信息沟通过程中所遇到外部环境方面的因素(政治、经济、社会、文化因素等)。

一、信息沟通过程中的障碍

沟通过程中的障碍主要是指信息在从发送者到接收者的传递和理解过程中遇到的干扰和问题,使信息丢失或发生曲解,从而影响了沟通的整体效果。这种沟通过程中的障碍主要体现在以下方面。

（一）来自信息发送者的障碍

1. 表达能力不佳

信息发送者如果表达能力不佳、词不达意,或者逻辑混乱、艰深晦涩,将可能使人无法对其准确解码。

2. 形象因素不良

假如信息发送者给人以不良印象,如外表邋遢、办事拖拉、办事不力、不守信用等。那么,即使他发送的信息是真的,接收者也极可能先入为主地认为信息不重要或者不真实。

3. 从个人利益出发

发送者在选择发送的信息时,可能会出于自身利益的考虑,选择发送对自己有利的信息,隐瞒对自己不利的信息,因而影响信息的完整度和可信度。

（二）来自信息传递过程中的障碍

1. 没有利用恰当的沟通渠道

信息沟通有多种渠道,各种渠道又有各自的优缺点,如果不考虑本组织机构的实际情况和具体要求,随便选择沟通方式和渠道,将会造成信息沟通的障碍。例如,用口头的方式布置一个意义重大、内容庞杂的促销计划将使实际效果大打折扣,用书面的方式就会取得较好的效果。

2. 传递环节过多

信息在传递过程中,同其他物体的运动一样,会发生损耗。通常,信息通过的层次越多,它到达目的地的时间就越长,信息失真率则越大。一项研究表明,企业董事会的决定经过五个层次后,信息损失平均达80%。其中,副总裁这一层的保真率为63%,高级主管为56%,车间主任为40%,班组长为30%,工人为20%。

3. 外界环境的干扰

环境的干扰也是导致信息沟通障碍的重要原因。例如,噪声大、注意力难以集中、信号突然中断、讨论问题的场合不适宜、相互传递信息被打岔,以及室内的布置、房间的颜色、空间距离的远近等,都会对传递信息和相互沟通产生影响,造成信息在传递中的损失和遗漏,甚至扭曲变形,从而造成了错误的或不完整的信息传递。

（三）来自信息接收者的障碍

1. 选择性知觉

由于受个人主观因素的影响,人们在接收信息时会根据自己的需要、动机、经验、背景及其他个人特质而选择性地接收传递给他的信息。符合自己需要的又与自身利益有关的内容容易接收,认为不重要或对自己无利的则不容易接收。这样就会在不经意中产生选择性知觉,造成沟通障碍。

2. 解码和理解偏差

由于个人所处社会环境不同,在团队中角色、地位、阅历各异,兴趣爱好也不尽相同,因此,在解码的时候,接收者往往会从自己的角度来理解信息,从而造成偏差。即便同一个人,由于接收信息的心情、氛围不同,也会对信息有不同的解释。

3. 拒绝倾听

在沟通过程中,有些信息的接收者或是自高自大,或是漫不经心,拒绝接听他人的意见。这种态度阻碍了有效的沟通。

4. 信息过量

信息并不是越多越好,重要的是有用的、优质的信息。信息过量会造成沟通的障碍。当人们负载的信息过度时,就会无法分清主次,整天埋在信息堆里,浪费了大量时间,却没有办法达到良好的沟通效果。

二、信息沟通环境方面的障碍

信息沟通环境方面的障碍主要体现在不同文化之间的差异上,大至社会文化,小至企业文化,不同文化价值观影响下的沟通行为有很大的不同。

例如,在强调个人主义的美国,沟通类型倾向于以个人为中心,而且语义明确。美国的管理者喜欢用备忘录、通报、职务报告及其他正式的沟通手段来阐明他对某一问题的看法。美国企业主管人员可能会隐瞒某些信息,为的是让自己看起来比别人懂得更多,而且将之作为说服员工接受其决策和计划的一种工具。为了保护自己,低层的员工们也如法炮制,采取类似的行为。

在强调集体主义的国家(如日本),沟通时有更多的相互间的互动关系,而且人与人之间的接触更倾向于非正式的。日本管理者在有关问题上更多的是先以口头协商方式与下属们沟通,然后再起草一份正式的文件说明已达成的共识。日本人看重协商一致的决策,因而开放式的沟通是其工作环境氛围的一个内在构成要素。同时,他们更多地采用面对面的沟通。

7.3 沟通能力技巧与培养

沟通能力是重要的管理能力。要实现有效的沟通,需要管理者具备较高的沟通能力。沟通能力培养必须遵循有效沟通的原则,掌握各种沟通技巧。遵循有效沟通的原则有以下五个原则。

(一) 目的性原则

目的性原则是指在沟通过程中,必须是出于一定的目的而进行沟通。沟通是为了解决某个问题,或是为了达成某种共识,抑或是为了交流感情等,都是为了实现某种目的。因此,在沟通前必须明确沟通的内容是什么、渠道是什么,是为了哪项工作、实现哪个目的。在沟通的过程中,也应围绕目的进行,避免出现与沟通目的相违背的行为。

(二) 清晰性原则

清晰性原则是指沟通时必须将沟通的各项事宜,进行明确、清晰的告示,要尽量避免含糊不清。其目的在于使全体沟通成员准确理解其沟通要求,明白他们在沟通中所担当的角色,即他们所应当履行的沟通职责和义务,从而最大限度地排除沟通成员对沟通要求的模糊和误解,保证沟通能够顺畅高效地进行,顺利达到沟通的预期目标。

（三）简明性原则

沟通的简明性原则包括:一是指沟通的具体方式、方法设计应当尽量简单明了,以便所有沟通成员掌握和运用。只要是利用简单沟通方式、方法能够沟通良好,并有效达到沟通目标的沟通过程,就不应当采用复杂、烦琐、迂回的沟通方式、方法进行沟通。一两句话就完全能有效地达到沟通效果的,更应该采取口头通知的方式,而不应该闲聊一两小时来沟通。二是管理沟通应当采用最短沟通渠道或路径进行沟通,如能面谈就无需叫人转告。渠道简捷性的目的在于提高信息传递速度,通过减少渠道环节降低信息损耗或变形的可能性。

（四）连续性原则

管理沟通的连续性原则是指大多数管理沟通行为过程,尤其是例行日常管理沟通活动,并非一次沟通就可以一劳永逸地完成沟通工作任务,而是要通过反反复复多次沟通,才能较好地履行和完成管理沟通的工作职责。

连续性原则要求企业在进行管理沟通时注意三大方面:①管理沟通在时间上的连续性。因为组织内外的情况在不断地变化,组织成员的想法也在不断改变,所以沟通是一个没有终点的过程,要达到始终协调一致的目的就必须进行反复沟通,这一过程一定要持续地坚持下去。②管理沟通在方式、方法、渠道等,即沟通模式上的连续性。沟通模式上的连续性则一方面要求企业要慎重选择适合企业管理沟通的高效简捷模式,另一方面要求企业要在使用和改变企业管理沟通模式时考虑到人们的习惯,尽量使其具备操作上的连续性。③沟通内容上的连续性。内容上的连续性与模式上的连续性均是从提高管理沟通的熟练与效率角度出发考虑问题。

（五）反馈性原则

沟通的反馈性原则是指信息接收者在接收信息的过程中或收到信息之后,应该及时地回应对方,以便澄清"表达"和"倾听"过程中可能造成的误解。

很多沟通问题是由于误解或信息传递不准确造成的。如果沟通双方在沟通过程中使用反馈,及时交流,则会减少沟通障碍。反馈可以是言语的,也可以是非言语的。

二、掌握口头语言沟通的技巧

一家著名的公司在面试员工的过程中,经常会让10个应聘者在一个空荡荡的会议室里一起做一个小游戏,很多应聘者在这个时候都感到不知所措。在一起做游戏的时候主考官就在旁边看,他不在乎你说的是什么,也不在乎你说的是否正确,他是看应聘者说、听、问这三种行为是否都出现,并且这三种行为是以何种比例出现的。如果一个人要表现自己,他的话会非常多,始终在喋喋不休地说。可想而知,这个人将是第一个被请出考场或者被淘汰的人。如果他坐在那只是听,不说也不问,那么,他也将很快被淘汰。只有在游戏的过程中又说又听,同时还会问,这样才意味着他具备一个良好的沟通技巧。

所以每一个人在沟通的时候,一定要养成一个良好的沟通习惯:说、听、问三种行为都要出现,并且这三者之间的比例要协调,如果具备了这些,将是一个良好的沟通。

(一) 倾听的技巧

一个善于沟通的人,首先必须善于倾听,倾听是有效沟通的关键性环节。美国公关大师卡内基曾给予倾听极高的评价:倾听是"我们对任何人的一种最高的恭维"。懂得如何倾听的人最有可能做对事情、取悦上司、赢得友谊,并且把握别人错过的机会。但是,大多数人却并不善于倾听。

美国知名主持人林克莱特一天访问一名小朋友,问他:"你长大后想当什么呀?"小朋友天真地说:"我想当飞机的驾驶员!"林克莱特接着问:"如果有一天,你的飞机飞到太平洋上空,所有引擎都熄火了,你会怎么办?"小朋友想了一想说:"我会先告诉坐在飞机上的人都绑好安全带,然后我穿上我的降落伞跳出去。"当在现场的观众笑得东倒西歪的时候,林克莱特继续注视着这孩子,认真地问他:"你为什么要这样做?"孩子的答案透露出一个孩子真挚单纯的想法:"我要去拿燃料,我还要回来!我还要再回来!"

作为管理者,更要特别注意运用好沟通的技巧。

1. 全神贯注

在倾听的过程中,必须把注意力集中到说话人的身上,要心无二用,忌"左耳进、右耳出",任何可能导致分心的想法和念头都有可能使对方产生不必要的误解,从而产生不利的影响。

2. 鼓励对方先开口

一方面,倾听别人说话是一种礼貌,愿意倾听表示愿意客观地考虑别人的看法,这会让说话的人觉得自己受到尊重,有助于建立融洽的关系,彼此接纳。

另一方面,对方先提出看法,你就有机会在表达自己的意见之前,掌握双方意见的一致之处,可以使沟通更加顺畅。

因此,在沟通过程中,可以鼓励对方先开口。

3. 不要随意打断别人

当对方说话时,随意打断对方或随便插入其他话题都是很不礼貌的,听别人讲完完整的话后再作出反应,表明你很重视沟通的内容。人们总是把打断别人说话解释为对自己思想的尊重,但这却是对对方的不尊重。如果有特殊原因必须要打断的,要适时示意,并先致歉再插话。

4. 客观公正地听

客观公正地听,就是全面理解说话者想要表达的意思和观点。如何做到呢?

(1) 要区别话语中的观点与事实。说话者在陈述事实时,往往会加入自己的观点。而且在表述时,已将观点变成了事实。尤其是人们在表述偏见或喜爱时,就好像在谈论事实。例如,有个人常这样说:"我不具备文学方面的天赋,我永远也不可能成为一个作家,这是众所周知的。"显然,说话者将其作为一个事实在陈述。其实,这只是说话者心中的不满,是一种信念而已。

(2) 要控制自己的感情,以免曲解对方的话语。保持客观理智的感情,将有助于获取正确的信息。尤其是当我们听到涉及感情的令人不愉快的消息时,更要先独立于信息之外,来仔细检查事实。因为当我们把听到的话加上自己的感情色彩时,我们就失去了正确理解别人话语的能力了。

(3) 听出对方话语中的真实含义。有些人说话时,其表面意思和真实含义相距甚远,因此作为听众,需要听出其真实的想法。

5. 站在对方立场

有一位学者说:"为了让自己成为受人欢迎的人,我们必须培养一种'设身处地'的能力,也就是抛开自己的立场置身于对方立场的能力。"

站在对方立场就是考虑对方的需要,从他的角度去思考问题,帮助他解决实际问题。但在实际生活中,我们常常以为站在了对方立场,而事实证明很多时候我们并不是站在了对方立场。例如,有人要自杀,打电话来求助,你说:"你不要自杀,这个世界不是很好吗?人活着应该很愉快。"这句话看似站在对方的立场,其实不然。想一想,一个要自杀的人怎么可能体会到这个世界的美好呢?如果体会得到,他就不会产生自杀念头了。可见上一句中"这个世界很好"只是我们自己的立场而已。

6. 善于捕捉要点

捕捉到有用的信息,是倾听的基本目的之一。当自己还不能摸透对方意图时,切不可随意附和赞同,最好能得到对方的确认。例如,可以问:"我理解你的意思是……"与此同时,还要善于从说话人的语气、手势变化中捕捉到信息。如说话人会通过放慢语速、提高声调、突然停顿、重复等方式来强调某些重点。

7. 恰当地反馈

倾听时,如果能给予说话者恰当的反馈,将会鼓励他多说,这在一定程度上是使说话顺利进行下去的关键。反馈的方法有以下四种。

(1) 运用诚恳适宜的身体语言予以回应。用点头、微笑、手势、体态等方法作出积极的反应,让对方感到你愿意听他说话。例如,身体上与说话者保持同盟者的姿态,说话者站你则站,说话者坐你则坐。

(2) 复述说话者的话,你就会看上去和他们更亲近。不要把说话拉回至你身上,相反,提出一些"附和性"的问题。

(3) 对精辟的见解、有意义的陈述或有价值的信息,要以诚心地赞美来夸奖说话的人。例如,"这个故事真棒!""你的想法真好!"真诚的赞美可以鼓励别人多说。

(4) 适时的恰当的提问让说话者进一步知道你很关注,说话者会深受鼓舞的。

(二) 说话的技巧

说话是沟通中应用最多、最基本的语言形式,说话的技巧是管理者必备的素质和基本功。

1. 了解听话者

西班牙作家塞万提斯说过:"说话不考虑等于射击不瞄准。"所以在说话前,必须要有充分的准备,凡事预则立。那么,如何做说话前的准备呢?古人云:"知己知彼,百战不殆。"

(1) 了解听话者的需求情况。人们有各种各样的需求,听话者的需求情况决定着他们的兴趣和爱好,选择听话者喜欢的内容将有助于形成良好的沟通。

(2) 了解听话者的个性。俗话说:"见什么人说什么话",就其积极意义而言,就是想要与他人对话,必要时要事先把握对方的个性,随机应变地采用不同的说话方法。

2. 决定恰当的话题

每一个人都应该知道,让听话者感兴趣的不仅是说话者本身,更重要的是话题。双方都感兴趣的话题,才是沟通得以进行的关键。如果不能适当地与听话者说话,那么就不会达到有效的沟通效果。

决定恰当话题的前提是寻找共同点。尽管社会生活是多姿多彩的、内容丰富的,但是想要找到一个合适的共同话题,与人交流却依然艰难。通常说话者可以利用一些常见的话题,与对方亲近,打开沟通的局面。

例如:适合制造话题的字眼,主要有:收藏品、兴趣、小孩、交通、机器(汽车、电脑)、金钱、经营管理、交际(网络消息)、食物、酒、饮料、时事、新闻、热门话题、天气状况、气候、流行信息、旅游、休闲娱乐、异性、运动、体育比赛、电影、录像、电视剧、音乐等。

选择话题时的注意事项:对于不知道的事,不要冒充内行;不要向陌生人夸耀自己的成绩;不要在公共场合谈论朋友的失败、缺陷和隐私;不要谈容易引起争执的话题;不要到处诉苦和发牢骚,这不是获取同情的正确方法。

3. 恰当地表达

格拉西安说过:"说得恰当要比说得漂亮更好。"在说话技巧中,表达则是更为重要的一步。如何恰当地表达呢?

(1) 注意说话的具体场合。

鲁迅先生曾讲过这样一个故事:一户人家生了一个男孩,全家非常高兴,满月的时候,抱出来给客人看——大概自然是想得到一点好兆头。

一个说:"这孩子将来要发财的。"他于是得到一番感谢。

一个说:"这孩子将来要做官的。"他于是收回几句恭维。

一个说:"这孩子将来是要死的。"他于是得到一顿大家合力的痛打。

前两个客人明显说的是假话,后一个客人说的是客观事实,但为什么待遇不同呢?因为后一个客人说话不注意场合,在人家欢庆时说出不吉利的话。

所以,说话时无论是话题的选择、内容的安排,还是言语形式的采用,都应该根据特定场合的表达需要来决定取舍,做到灵活自如。要注意场合的庄重与否、亲密与否、正式与否、喜庆与否。

(2) 说话必须清楚明确,避免产生歧义。

说话者应该谨慎地选择说话的内容,语义要清晰,避免产生歧义,以免引起不必要的误会。

(3) 充分利用说话的时机。

对于说话人来说,要想达到预期的目的,取得好的效果,说话不仅要符合时代背景,与彼时彼地的情景相适应,还要巧妙地利用说话时机,灵活把握时间因素。

(4) 说话时要情理相融,以情动人,以理服人。

以情动人、以理服人,这是说话的两个方面,两者有机统一,互相交融,可以使说话取得良好的效果。说话者应该具有真诚的态度,取得听话者的好感,融洽感情,消除隔膜,缩短距离。说理充分透彻,有的放矢。利用已有材料进行分析说理,抓住事物的本质,一切问题都可迎刃而解。

(5) 说话时要言简意赅,有强烈的吸引力。

在说话时要抓住重点,理清思路。这是说话的基本要求,也是说好话的前提。作为一个高明的说话者,应时刻把主题牢记在心,不管怎样加插,不管转了多少个话题,都不偏离说话的中心。话语的结构要求明了,善于提出问题、分析问题、解决问题。观点和材料的排列,要便于理解、记忆和思考,所以要较多地采用由近及远、由浅入深、由已知到未知的顺序安排。当然,时间顺序最好按过去、现在、未来进行安排,这样容易被听者记住。同时,要言简意赅,以少胜多。听话者感兴趣,才便于理解、容易记住。那种与主题无关的废话、言之无物的空话、装腔作势的假话,听话者极为厌烦。

(三) 提问的技巧

善于提出问题是一项重要的沟通技能,有效的提问能够直击所需要的信息,而无效的提问不仅浪费时间,还容易把对方引向错误的方向。如何提高提问的能力呢?

1. 保持目标清晰

提问前必须要确定提问的目的是什么。也许是想组织一次讨论,或了解具体信息,或达到一定的目的,或者以提问的形式下达命令。不管是出于何种目的,在弄清了提问要实现的目标之后,就必须紧紧围绕目标来组织提问的内容和方式。

2. 选择恰当的提问方式

一般来说,提问的方式可以分为两种:开放式问题和封闭式问题。

开放式问题无法以简单的"是"或"不是"来回答。例如,你今天过得如何、这为什么是个好计划、你从这件事学到什么、这会有什么问题,这类问题可以鼓励回答问题的人说话,提供更多的信息,强调更多的要点,让听众更加容易理解。但如果使用过度会导致信息太多,话题混杂和浪费时间;也会因为太多的资讯而使问题失去特点、优先顺序或关联性。

封闭式问题一般用"是"或"不是"来回答。例如,你今天过得好吗、这计划可行吗、你还要犯错误吗,它使回答者的答复被严格限定,没有机会展开其想法,能为发问者提供特定信息;它有利于人们以问题来控制谈话内容,更加节省时间。但使用这类问题可能会错过最重要的资料,也可能抑制开放的讨论。

总之,作为提问者,应该根据实际情况,挑选合适的提问方式,从而实现沟通的目的。

3. 使用简明的语言,注意语气语调

提问是为了更好地沟通,所以应尽量使用简明的语言,让对方更好地理解问题。提问时要注意语气和语调的自然大方,如无必要就不要过于咄咄逼人。以免引起对方的反感,不利于沟通的正常进行。

三、掌握书面语言沟通的技巧

书面语言是一种通过文字形式达成沟通的重要形式。通过书面语言的沟通,可以起到传送信息、澄清事实、表达观点、说服他人、交流感情的作用。

(一)书面沟通的原则

1. 书写目的明确

从书写的角度来看,书面沟通的主要目的包括提出问题、分析问题、给出定义、提供解释、说明情况和说服他人,因而,书写者必须明确自己书写的目的,在此基础上确定书写的内容和形式以及发送的对象。

2. 信息传递正确、完整

正确书写是书面沟通的重要原则,也就是说,写出的文章材料要真实、可靠,观点要正确无误,语言要恰如其分。文字表述上要概念明确、判断恰当、推理合乎逻辑、避免错别字。

书写时应该完整地表达想要表达的思想、观点,完整地描述事实。因此在书写时就必须反复检查、思考,不断填补重要的事项,避免遗漏。

3. 内容表达简洁

书面沟通中在正确传递信息的同时,应力求简洁。"简洁"与"完整"似乎是一对矛盾,这其实是一个度的把握问题。"完整"是为了表达想要沟通的重要方面,但并不意味着要把所有的事实、观点都罗列在纸上。可以通过排序的方法,把不太重要的事项删除,也可以进行总结,把琐碎的、没有太大价值的文字精简掉,使得文章言简意赅。

4. 书写格式清晰

在正确表达的基础上,应该力求清晰。清晰的文章能引起读者的兴趣,更能使读者正确领会作者的意图。要做到清晰,除了要选用符合文章的样式外,还应注意文章的整体布局,包括标题、大小写、字体、页边距等,尤其是要留下适当的空白,若是把所有的文字都挤在一起,则很难阅读;如果是手写的,则不能潦草,因为这不仅影响到阅读速度,还影响到读者对文章的理解。

管理工作使用到的书面沟通形式多样,这里仅列举信函和报告的写作方法。

(二)信函的写作技巧

书信是人们日常生活、工作中不可缺少的交际沟通、交流思想的工具。管理所使用的文书中,使用最多的也是信函。信函可以用于各种主题,也可用任何正式程序的形式写成。对很多管理人员而言,书写信函是理性、经常而又频繁的工作。作为一名管理者,应当具备信函书写的一般知识,掌握信函书写的技巧,努力写好各种信函,这将有助于事业的成功。常见的信函的结构包括以下三个方面。

1. 开头

"良好的开端是成功的一半",商务信函写作也不例外。因为,开头的好坏决定了能否吸引读者阅读、能否满足读者需求、能否实现信函的目的。开头应遵循以下原则：①符合信函的目的和读者的需求。在肯定性的信函中应以主题和好消息开始，在负面性的信函中应以主题缓冲的表述开始，在劝说性的信函中应以主题和容易激发兴趣的陈述开始；②给人以周到、礼貌、简洁明了的感觉，信函开头段比较短，以积极的口吻，运用礼貌且谈话式的语言，避免不必要的重复；③检查信函的完整性，必须从复函日期及事宜的准确性上，从句子的结构、段落本身的逻辑性上来检查开头段是否完整。

2. 中间

中间段是在开头所提及的主要内容的基础上，对有关信函中涵盖的资料、数据进行富有逻辑性的、简要而清晰地描述，如投诉的准确程度、在销产品的益处、支付程度等。此外，也可以提供表格或图片以支持有关表述。

3. 结尾

除了对整篇信函作全面归纳之外，也可提出期望读者采取的行动。最后应表示真诚的赞美并以友善的口吻结束。

为了写出好的信函以便适应管理需要，实现沟通的目的，在写作信函时应注意如下技巧。

（1）想好了再写。下笔之前先想好如何措辞、写些什么内容，下笔之后一气呵成，使行文流畅、自然。

（2）书写字体应该整洁干净、工工整整。另外，若需手写信函，则应使用钢笔，以示尊重，一般不用圆珠笔，更不要用铅笔。

（3）应注意礼貌。收到来信后要及时回复。写完信后要仔细检查一遍，不要有错字、漏句。若同时写多封信函，则一定要避免张冠李戴、错放或漏放信函。

（4）信封有一定的格式，一般应按规定格式写。信封地址要写得工整、清楚。字迹潦草模糊、涂涂改改，不仅影响信件的投递，对于收信人来说也是不礼貌的。书写信封一般应写明收信人的详细地址，收信人的姓名或公司、企业、团体的全名，寄信人的详细地址和姓名。

（三）报告的写作技巧

对于管理人员来说，撰写报告是一项基本的工作。所谓报告是下级向上级汇报工作、反映情况、提出意见和建议、答复咨询、报送材料等使用的公文形式，是上下级之间一种重要的交流方式。报告有多种形式，有调查报告、计划报告、可行性报告、工作报告、进展报告、设计报告等。这里以调查报告和工作报告为例，讲述其写作技巧。

1. 调查报告

调查报告是为解决某些问题而调查分析实际情况、研究对策，然后向有关部门和上级领导所作的报告。一般有两种：一是主动报告，某项工作进展得如何，以及一个企业、一个部门发生了什么事件需要有关部门掌握、了解，都需要及时写出情况报告；二是被动报告，组织因工作需要，安排人员就某个方面、某个问题进行调查研究，事后提交的报告即为被动报告。调查报告的意义在于总结经验，发现、研究、解决问题。

调查报告的内容大体有:标题、导语、概况介绍、资料统计、理性分析、总结和结论或对策、建议,以及所附的材料等。由此形成的调查报告结构,就包括标题、导语、正文、结尾和落款。

(1) 标题。调查报告的标题有单标题和双标题两类。所谓单标题,就是一个标题,其中又有公文式标题和文章式标题两种。公文标题由"事由＋文种"构成,如《××省农村中学语文教学情况的调查报告》;文章式标题,如《××市的校办企业》。所谓双标题,就是两个标题,即一个正题、一个副题,如《为了造福子孙后代——××县封山育林调查报告》。

(2) 导语。导语是调查报告的开头部分,通常是简要地叙述为什么对这个问题(工作、事件、人物等)进行调查;调查的时间、地点、对象、范围、经过以及采用什么方法;调查对象的基本情况、历史背景;调查后的结论等。这些方面的侧重点由调查人根据调查目的来确定,不必面面俱到。前言部分常见的写法有说明式、概述式、提问式、结论式等,写作时不论采用何种方法,都要简明扼要,具有吸引力,便于引出下文。

(3) 主体。主体是调查报告的核心部分,是导语的引申展开,是结论的根据所在。主体的内容包括三个方面:①调查到的事实情况,包括事情产生的前因后果、发展经过、具体做法等。②研究、分析事实材料所揭示的事物本质及其特点、规律。③提出具体建议或应采取的一些具体措施。主体部分内容丰富,结构安排力求条理清晰、简洁明快。调查报告主体部分的结构框架有两种分类方法:①根据逻辑关系安排结构,如纵式结构、横式结构、纵横式结构。这三种结构,以纵横式结构常为人们采用。②按照内容安排结构如:"情况—成果—问题建议"式结构,多用于反映基本情况的调查报告;"成果—具体做法—经验"式结构,多用于介绍经验的调查报告;"问题原因—意见或建议"式结构,多用于揭露问题的调查报告;"事件过程—事件性质结论—处理意见"式结构,多用于揭示案件是非的调查报告。

(4) 结尾和落款。调查报告可以有结尾部分,也可以不写结尾部分。一般而言,结尾也叫结论。有四种情况需要写结尾:①主体报告情况、介绍经验,需要结论。②主体中没有提到的问题、希望、要求、建议等,需在结尾中提及。③附带说明有关情况,如调查过程中遇到的一些情况,主体中没有提及,需在末尾加以说明。④有附带材料需要加以说明的,如一些典型材料、专题报告、统计图表等。无论采用哪种形式,都必须简洁有力,切忌拖泥带水、画蛇添足。调查报告的落款部分需要写上报告单位以及时间。

调查报告容量较大,而且要对事物进行全面的分析、研究,从而提高人们的认识,指导实际工作,这就要求写作时不仅要具有科学的世界观和方法论,而且要深入实际,掌握第一手资料,同时还要具有驾驭题材、组织材料的能力。在具体写作时应注意以下三点。

① 实事求是。在调查所得的全部材料中找出能揭示事物规律的结论,不论是成绩还是问题,不论是经验还是教训,不论是建议还是对策,都应是实事求是的结果,并据此来选用比较恰当的报告结构方式。决不能先入为主地用事先拟好的结论来套用或改造事实,或者为了采用某种熟知的结构方式对号入座地去找材料甚至迁就某些材料。

② 突出本质。要在众多的由材料得出的观点中选用最能突出事物本质的观点来说明问题,并据此选择恰当的、具有代表性的材料来作为论据。

③ 要在观点和材料的表述上下功夫,做到既要有观点,又要多提供客观的依据。比如,运用一组材料来说明一个观点;或者运用一种方法来说明一个观点;或者运用统计数据来说明一个观点。

2. 工作报告

工作报告,就是将最近发生、发展与变动的各种工作情况写出来反映给有关部门和上级领导的一种文体,属于组织内部反映情况的一种公文。工作报告的显著特点之一是时间要求比一般公文要求要高。这是因为工作报告强调的是工作动态,工作报告如果不能及时将工作情况反映出来,上级就不能及时捕捉与工作状况有关的信息,这样的工作报告也就失去了意义。工作报告一般是就一个事件或事情的某一个侧面、某一个部分进行及时反映,主要强调单一事项的进程。常见的工作报告的结构包括以下三个方面。

(1)标题。标题一般采用两种形式:①事由加文种,如《关于2009年下半年工作情况的报告》。②报告单位、事由加文种,如《××市人民政府关于2009年度工作情况的报告》。

(2)正文。可采用"三段式"结构法。以反映情况为主的工作报告主要写情况、存在的问题、今后的打算和意见;以总结经验为主的工作报告主要写情况、经验,有的还可略写不足之处和改进措施;因工作失误向上级写的工作报告主要写错误的事实、产生错误的主客观原因、造成错误的责任、处理意见及改进措施等。

(3)结尾。通常以"请审核""请审示""特此报告"等语作结。书写工作报告应注意以下四点:①工作报告以发布信息为主。②工作报告一般是一事一报,目的是将事件的进展情况说清楚,因此,文字越简单越好。③工作报告一般采用开门见山的写法,不对细节作过多描述,不加撰写者的认识和评论。④工作报告强调动态性,书写中一般多用动词。

四、掌握非语言沟通的技巧

据有关研究发现,口头沟通的效果来自语言文字的只有7%,来自声调的有38%,而来自身体语言的有55%。也就是说,人们吸收信息的来源,说话者的谈话内容占7%,声音的语调、速度、分贝占38%,身体的动作表达占55%。

非语言沟通是指通过某些非语言或文字的媒介来传递信息的沟通形式。在沟通过程中,人们常常通过身体动作、体态、语气语调、空间距离等方式交流信息、传达各种情绪或意图。例如,在交谈过程中,一方不断变换姿势,那可能就是在暗示对方"我很忙,你该离开了"。非语言的沟通内涵十分丰富,例如身体语言沟通、副语言沟通等。

(一) 身体语言沟通的技巧

身体语言在沟通中的作用是丰富多彩的,它能使有声语言表达得更生动、更形象,也更能真实地体现心理活动状态。

首先,许多用有声语言所不能传递的信息,身体语言却可以有效地传递。在传递和交流的过程中,既省去过多的"颇多言辞"的解释和介绍,又能达到"只可意会,不可言传"的效果。其次,身体语言还能强化有声语言的传递效果。在利用有声语言进行沟通的过程中,配合一定的手势、动作、眼神等可以使说话者的意图更加明确,提高沟通的效果。

最后，身体语言往往是人们的非自觉行为，它们所承载的信息往往都是人们不知不觉中显现出来的。因而，通过对身体语言的观察，可以印证有声语言所传递信息的真实与否。

身体语言包括具有传递信息功能的眼神、面部表情、手势、身体姿势、身体空间距离、服饰等。作为一个管理者，要学会将身体语言作为沟通的工具。

1. 眼神

"眼睛是心灵的窗户"，眼神在沟通中的作用是巨大而强烈的，往往能给人留下深刻的印象。眼神是最明确的感情表达方式。一个人的眼神可以表现他的喜、怒、哀、乐，反映他的心灵中蕴含的一切内容。

研究表明，人们眼神相互接触的时间，占整个沟通过程时间的 30%～60%。在这个范围内，对方可以明显地感觉到对他的尊重和重视，同时也不会感到拘谨和不自然。如果眼神接触的时间超过 60%，则表示彼此对对方本身的兴趣可能大于交谈的话题。如果眼神交往的时间低于 30%，则表明一方对另一方的谈话根本不感兴趣。

下面是四种常用的注视方式所代表的含义。

（1）凝视。凝视对方的额心和双眼之间一块正三角形区域会产生一种严肃的气氛，是经济谈判中常用的凝视行为。凝视对方双眼和嘴巴之间形成的倒三角形区域便会产生社交气氛。这种方式在酒会、餐会、茶会等场合中使用较多。

（2）扫视和侧视。扫视常用来表示好奇的态度，侧视表示轻蔑的态度。在交际中过多使用扫视，会让对方觉得你心不在焉，对讨论的问题没兴趣；过多地使用侧视则会给对方造成敌意。

（3）睐视。睐视，通常被认为是一种不太友好的眼神，它除了给人有睥睨与傲视的感觉外，也是一种漠然的语态。

（4）闭眼。长时间的闭眼会给对方以孤傲自居的感觉。如果闭眼的同时，还伴有双臂交叉、仰头等动作，就会给对方以故意拉长脸，目中无人的感觉。

2. 面部表情

脸部是视觉的重心，它在沟通的肢体语言中具有举足轻重的地位，是最容易表达也是最快引发回应的部分。

脸上的表情包括口形、嘴巴的律动、口角上下、眼睛的转动、眼神正邪、正眼或斜眼看人、眉毛的角度、眉毛的扬抑、鼻子的动静等，通过各种组合和排列，就能传递出一个人的情绪。同样，通过观察一个人的面部表情也可以判断出他当时的情绪状态。

经研究发现，在全世界范围内至少有六种常见的面部表情是人类与生俱有的，分别是：快乐、悲伤、惊奇、恐惧、生气和厌恶。

（1）快乐：两眉舒展，眼睛、鼻子、口角上扬，脸颊上升、鼓胀。

（2）悲伤：面孔拉长，面部肌肉松弛，嘴角下垂。

（3）惊奇：眉毛上翘，双眼睁大，露出更多的眼白，下颌下垂，嘴张开。

（4）恐惧：眉梢上扬，眼睛和嘴巴张大，眼球突出，瞳孔放大。

(5) 生气:脸部发红,眉头紧锁,眼睛瞪大,双唇紧闭。

(6) 厌恶:下眼睑上扬,皱起鼻子,脸颊上移,嘴巴微微翘起。

3. 手势

手势是身体动作中最重要、最明显的部分。手势动作完全可以代替一句话、一个字,或表示一个完整的意思。聋哑人使用手语,体育运动中、消防队员和潜水员作业的时候以及舞蹈动作中,手语都被广泛应用。这些手语,总是能够很好地表达我们要说的意思,总是更能直接地起到沟通的作用。恰当的手势不仅有助于表达感情,而且有很大的包容量,往往能起到"无声胜有声"的效果。

下面是六种常用的手势所代表的含义。

(1) 掌心向上,表示顺从或请求。

(2) 掌心向下,表示权威或优势。

(3) 高举单手或竖起手指,示意你想说话或在会议中发表意见。

(4) 用食指按着嘴巴,示意"肃静、不要吵"。

(5) 手指着手表或壁钟,示意停止工作或时间到了。

(6) 把手做成杯状放在耳后,手掌微向前,示意"请大声一点,我听不清楚"。

4. 身体姿势

一个人的身体姿势能够表达出是否有信心、是否精力充沛。一个优秀的有信心的身体语言标准是:讲话时姿态要端正,稳重而又自然,让人看着顺眼、舒服;避免紧张、慌乱,要给人以认真而又轻松的感觉。站着讲话时,身体要站正站直,但又不要僵硬,要略向前倾,头抬起,目光平视;坐着讲话时,两腿自然平放,必要时可跷二郎腿,切不可抖腿摆脚,以免给人不稳重的感觉。在大会上讲话时,不能只顾自己,举止高傲、目中无人;更不能怕见听众,讲话声音低、语调平直,显得拘谨、胆小。另外,在公共场所,无所顾忌地打哈欠、伸懒腰等不文明行为会大大影响管理者的形象,阻碍正常的交流和沟通。

5. 空间距离

在人们相互沟通交流时,沟通主体间的距离对进行良好的沟通具有重要影响。"距离"既是心理距离,也是空间距离。心理距离与空间距离有着相应的关系。心理距离越近,空间距离也就越近。反之,心理距离越远,交际时的空间距离也就越远。人类学家豪尔将空间距离分为以下四种。

(1) 亲密距离。亲密距离在45 cm以内,属于私下情境,多用于情侣或夫妻间,也可以用于父母与子女之间或知心朋友间。两位成年男子间一般不采用此距离,但两位女性知己间往往喜欢以这种距离交往。亲密距离属于很敏感的领域,交往时要特别注意,不要轻易地采用亲密距离。

(2) 私人距离。私人距离在45~120 cm,表现为伸手可以握到对方的手,但不易接触到对方的身体,这一距离对讨论个人问题是很合适的,一般的朋友交谈多采用这一距离。

(3) 社交距离。社交距离大约在120~360 cm,属于礼节上较正式的交往关系。办公室里的工作人员多采用这种距离交谈。在小型招待会上,与没有过多交往的人打招呼可采用此距离。

(4) 公共距离。公共距离指大于360 cm的空间距离,是人们管不到,也是可以不理会的地方。适用于演讲者与听众,或者具有明显级别界限的场合。

在沟通活动中,根据沟通活动的对象和目的,选择和保持合适的距离是极为重要的。

6. 服饰

穿着打扮与社会交往活动能否顺利进行、能否取得成功有很大关系,服饰在沟通中往往扮演着信息发送源的角色。管理者要清醒地认识到服饰在管理沟通中的重要性,要认真搭配服饰。故在社交活动中应注意以下四点。

(1) 管理者的服饰要符合自己的年龄、职业和身份。

(2) 管理者的服饰要符合个人的脸形、肤色和身材。

(3) 管理者的服饰要符合时代、时令、场合。

(4) 管理者的服饰要注意颜色的搭配协调。

(二) 副语言沟通的技巧

副语言沟通是通过非语言的声音来实现的。音质、音幅、声调及言语中的停顿、速度快慢,附加的干咳、哭或笑等,都能强化信息的语义分量,具有强调、迷惑、引诱的功能。副语言可以表达言语本身不能表达的意思,在许多场合下需要利用副语言

表达同一语词的不同意义。例如,"谢谢"一词,可以感动地、喃喃地说出,表示真诚的谢意;也可以冷冷地、缓慢地吐出每一个字,表示轻蔑或不耐烦。据研究,表示气愤的声音特征是声大、音高、节奏不规则、发音清晰而短促;表示爱慕的声音是柔和、低音、共鸣音色、慢速、均衡而微向上升的声调、有规则的节奏和含混的发音。通过注意一个人的说话音调,还可以辨别他是否在说谎。通常,当一个人说谎时,他的语言平均音调比说真话时要高一些。因此,管理者在与他人交谈时,一方面要注意自身的语音、语调,避免给他人传递错误信息;另一方面,管理者也要注意他人的副语言信息,以便获得更多的信息。

【思考题】

1. 什么是沟通?沟通的要素有哪些?
2. 沟通的形式有哪些?
3. 沟通的障碍有哪些?
4. 如何做到有效地倾听?
5. 如何进行有效的表达?
6. 书面沟通的原则有哪些?
7. 请分析说明你所经历过的最成功的沟通和最不成功的沟通。
8. 请回忆一下最近在与老师或同学的一次交谈中,你的非语言沟通行为是怎样的。列

出哪些是对谈话有利的,哪些是不利的,然后在小组中进行交流。

【案例分析】

联合制造公司总经理奥斯特曼对随时把本公司经济上的问题告诉雇员们的重要性非常了解。她知道,由于市场价格不断跌落,公司正在进入一个困难的竞争时期。同时她也清楚,为了保住她的市场份额,必须降低本公司产品的出售价格。

奥斯特曼每月向所有雇员发出一次定名为"来自总经理部"的信,她认为这是传递信息的一种好方式。然而,一旦出现了重要情况,她还要把各部门负责人召集到那个简朴的橡木镶板的会议室里,在她看来,这样做会使这些负责人确实感到他们是管理部门的成员并参与了重大决策的制定。根据会议的礼仪规定,所有与会人员都要在预定时间之前就座,当奥斯特曼夫人进来时要起立致意,直至得到允许后再坐下。这次会议,奥斯特曼进来后只简单地点了点头,示意他们坐下。

"我叫你们都来,是想向你们说明我们所面临的可怕的经济形势。我们面对的是一群正在咬我们脚后跟的恶狼一样的对手。他们正在迫使我们以非常低的价格出售我们的产品,并且要我们按根本不可能实现的日期交货。如果我们这个大公司——自由企业的一个堡垒——还打算继续存在下去,我们所有的人就都要全力投入工作,齐心协力地干。下面我具体地谈谈我的意见。"

在她发表完意见以后,奥斯特曼用严厉的目光向在座的人扫视了一下,似乎在看是否有人敢讲什么。没有一个人说话,因为他们都知道,发表任何意见都会被奥斯特曼夫人看成持有不同意见。

"首先,我们这里需要想象学。我们需要积极思想的人,而且所有的人都应当通力合作。我们必须要使生产最优化,在考虑降低成本时,不能对任何一个方面有所疏忽。为了实现降低成本的应急计划,我在公司外聘请了一个最高级的生产经理。

我们要做的第二件事是最大限度地提高产品质量。在我们这个企业里,质量就是一切。每部机器都必须由本部门的监督员按计划进行定期检验。只有经过监督员盖章批准后,机器才能开始运转,投入生产。在质量问题上,再小的事情也不能忽视。

在我的清单上所列的值得认真考虑的第三个问题是增强我们的推销员的力量。顾客是我们这个企业的生命线,尽管他们有时不对,我们还是要态度和气地、灵活地对待他们。我们的推销员必须学会做生意,使每一次推销都有成效。公司对推销员的酬报办法是非常公正的,即使如此,我们还打算通过提高滞销货的佣金率来增加他们的奖金数额。我们想使这个意见在董事会上得到通过。但是,我们必须保住成本,这是不能改变的。

最后,我要谈谈相互配合的问题。这对我们来说比其他任何问题都更加重要。要做到这一点,非齐心不可。领导就是配合,配合就是为同一目标共同努力。你们是管理部门的代表,是领导人,我们的目标你们是知道的。现在让我们一起努力工作,并迅速地把我们的这项复杂的事情搞好吧!要记住,我们是一个愉快的大家庭。"

奥斯特曼结束了她的讲话,参加会议的人都站了起来,静立在各自的椅子旁边。奥斯特曼收起文件,离开会议室朝她的办公室走去。

【案例讨论】

1. 在这个案例中,构成沟通障碍的除了语言因素之外,还有什么因素?
2. 假若这次会议由你安排,你打算怎样来保证双向的沟通?

倾听能力测试

1. 本测验的目的是评价一个人的倾听能力,对下面 30 个题目进行真实的选择,"一贯"选 A,"多数情况下"选 B,"偶而"选 C,"几乎从来没有"选 D

（1）力求听对方讲话的实质而不是它的字面意义。

（2）以全身的姿势表达你在入神地听对方说话。

（3）别人讲话时不急于插话,不打断对方的话。

（4）不会一边听对方说话一边考虑自己的事。

（5）做到听到批评意见时不激动,耐心地听人家把话说完。

（6）即使对别人的话不感兴趣,也耐心地听别人把话说完。

（7）不因为对说话者有偏见而拒绝听他说话:

（8）即使对方地位低,也要对他持称赞态度,认真地听她说话。

（9）因某事而情绪激动或心情不好时,避免把自己的情绪发泄在他人身上。

（10）听不懂对方所说的意见时,利用有反馈地听的方法来核实他的思想。

（11）你经常能够正确地理解对方的思想。

（12）利用有反馈地听的方法鼓励对方表达出他自己的思想。

（13）利用归纳法重述对方的思想,以免曲解或漏掉对方所传达的信息。

（14）避免只听你想听的地方,注意对方的全部思想。

（15）以恰当的姿势鼓励对方把心里话都说出来。

（16）与对方保持适度的目光接触。

（17）既听对方的口头信息,也注意对方所表达的情感。

（18）与人交谈时,选用最合适的位置,使对方感到舒适。

（19）能观察出对方的言语和心理是否一致。

（20）注意对方的非语言符号所表达的思想。

（21）向讲话者表达出你理解了他的感情。

（22）不匆忙下结论,不轻易判断或批评对方的话。

（23）听话时把周围的干扰因素排除到最低限度。

（24）不向讲话者提太多的问题,以免对方产生防御反应。

（25）对方表达能力差时不急躁,积极引导对方把思想准确地表达出来。

（26）在必要时边听边做笔记。

(27) 对方讲话速度慢时,抓住空隙整理出对方的主要思想。

(28) 不指手画脚地替讲话者出主意,而是帮助对方确信自己有解决问题的办法。

(29) 不伪装,认真听人家讲话。

(30) 经常锻炼自己的倾听能力。

2. 评分标准

A. 4分;B. 3务;C. 2分;D. 1分。

3. 结果分析

(1) 总分在105～120分,说明你的倾听能力为"优"。

(2) 总分在89～104分为"良"。

(3) 总分在73～88分为"一般"。

(4) 总分在72分以下为"劣"。

学习情境 8
管理者的激励能力

 **知识目标**

1. 了解激励的含义、意义与过程。
2. 熟悉激励的原则。
3. 熟悉激励的技巧。
4. 掌握激励的理论。
5. 掌握激励的方式。
6. 掌握激励的技巧。

 **能力目标**

1. 培养运用激励理论的能力。
2. 培养激励员工的能力。

 **引导案例**

美国得克萨斯州电视机厂因经营不善,濒临倒闭,老板聘请山田耕夫来管理工厂。山田不负众望,上任伊始就用"三把火"成功融合了他与员工的感情。

第一把火。山田刚到工厂就发现这里的生产环境非常糟糕,于是他在厂区内组织了一个集体活动,召集员工聚到一起喝咖啡、谈心事,同时还赠送给每位员工一台半导体收音机。在融洽的气氛中,山田说:"你们看,这么脏的环境怎么搞生产?"于是大家一起动手清理垃圾,使工厂面貌焕然一新。第二把火。当时美国资方与工会长期对立,山田却主动登门拜访工会负责人,希望"多多关照",使工人很快消除了戒备心理,在感情上与山田靠近了。第三把火。山田请回部分被解雇的老工人,这更加拉近了员工和工厂的感情。

"三把火"使工人们感恩之心油然而生,工人们为了工厂忘我劳动,不久工厂便起死回生。

思考: 山田的"三把火"为什么有用?

企业管理的重要问题之一就是要调动员工的工作积极性,激励能力是管理者的一个重要能力。激励,简单地讲就是调动员工的积极性。作为组织的管理者,为实现组织的既定目标,就必须通过有效的激励,激发全体成员的斗志,充分调动人的工作积极性,最大限度地利用人力资源,为管理工作服务。

8.1 激励概述

一、激励的概念

激励是心理学的一个重要术语,是指激发人的行为动机的心理过程。激励的概念用于管理,是指激发员工的工作动机,也就是说用各种有效的方法去调动员工的积极性和创造性,使员工努力去完成组织的任务,实现组织的目标。

激励通常由以下四个主要因素构成。

(一) 需要

需要是人们在个体生活和社会生活中感到某种缺乏或不平衡状态而力求获得满足的一种心理状态。需要是人一切行为的起点和基础,需要促使人的活动向着一定的目标方向努力,追求一定的对象,以行动获得自身的满足。

(二) 动机

动机是引起、维持和推动个体行为朝着一定方向、达到一定目标的内部动力。个体的需要是动机形成的内因,动机是需要的表现形式。人的行为受到动机的驱使,有什么样的动机就有什么样的行为。激励的关键就在于使被激励者产生自己所希望的动机,以产生有助于组织目标实现的行为。

(三) 外部刺激

这是激励的条件。外部刺激主要是指管理者为实现组织目标而被管理者所采取的种种管理手段及相应形成的管理环境。

(四) 行为

这是激励的目的,是指在激励状态下,人们为动机驱使所采取的实现一系列动作。激励的目的就是使被管理者产生预期的行为,从而实现组织目标。

二、激励的意义

激励是一项重要的管理职能,对于组织目标的实现、提高组织的绩效水平、增强组织的凝聚力、提高员工的积极性等都有十分重要的作用。

(一) 激励有助于实现组织的目标

管理是通过他人达到目标的行为,所以管理的效益就取决于"他人"的行为。有效的激励能提供员工的自觉性、主动性、创造性,从而使员工积极主动而不是消极被动地向目标努力,因此有助于组织目标的实现。

(二) 激励有助于凝聚人心

通过适当的激励,可以吸纳组织所需要的人才,它既可以使员工自愿参加组织,也可以使员工愿意留在组织中,激励可以使员工忠于组织目标从而增加组织的凝聚力与向心力。

(三) 激励有助于调动员工的积极性和创造性

员工工作的目的,是为了满足自己的各种需要。通过激励可以激发人的需求欲望,想要获得满足的强烈动机,就会激励员工积极的行为。这种动机作用到事业上就是工作积极性。激励是努力工作的"发动机"。

(四) 激励有助于引导和规范员工的行为

提倡什么,反对什么,可以通过奖、惩这两种手段体现出来,这样可以引导员工向提倡、奖励的方向努力,从而达到规范员工行为的目的。

(五) 激励有助于提高员工的绩效水平

美国哈佛大学的威廉·詹姆斯教授在对员工激励的研究中发现,按时计酬的分配制度仅能让员工发挥20%~30%的能力,如果受到充分激励的话,员工的能力可以发挥出80%~90%,两种情况之间60%的差距就是有效激励的结果。管理学家的研究表明,员工的工作绩效是员工能力和受激励程度的函数。如果把激励制度对员工创造性、革新精神和主动提高自身素质的意愿的影响考虑进去的话,激励对工作绩效的影响就更大了。

三、激励的过程

激励的过程,就是调动人的积极性的过程,即激发人的动机,努力实现目标的心理过程。人由于某种不满足而产生需要,需要引起动机,动机促使人产生一定的行为,从而达成一定的目标,当目标实现后,又会引起新的不满足和需要。人的需要、动机、行为和目标相互作用、相互联系、相互制约,这个过程是一个不断循环的过程,使人不断实现新的目标(见图8-1)。

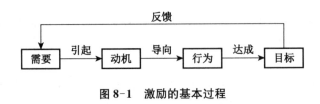

图 8-1 激励的基本过程

8.2 激励理论

自二十世纪二三十年代以来,国外许多管理学家、心理学家和社会学家从不同的角度对怎样激励人的问题进行了研究,并提出了相应的激励理论。这些研究成果为我们实施有效激励提供了坚实的理论基础。通常,我们把激励理论分为三大类,即内容型激励理论、过程型激励理论和行为改造型激励理论。

一、内容型激励理论

内容型激励理论也可以称为需要激励理论。需要是激励人们进取的基础和源泉,内容型激励理论就是研究究竟是何种需要激励人们从事自己的工作。比较有代表性的内容型激励理论包括需要层次理论、ERG理论、成就需要理论、双因素理论等。

(一) 需要层次理论

亚伯拉罕·马斯洛是一位人本主义心理学家,他在1943年出版的《人的动机理论》中提出了需要层次理论,随后在1954年出版的《动机与人格》中又作了进一步阐述。经过不断地补充和修正,该理论成为西方最有名的激励理论。

1. 需要层次理论的主要内容

马斯洛把人的需要归纳为五个层次,由低到高依次为生理需要、安全需要、社交需要、尊重需要和自我实现需要(见图8-2)。

图8-2 马斯洛的需要层次理论

(1) 生理需要,是指一个人对维持生存所需的衣、食、住等基本生活条件以及性、生育等延续后代的需求。这是任何动物都有的需要。在一切需要中,生理需要是最基本、最优先的,人类的这种需要如果得不到满足,生命都可能受到威胁,也就谈不上别的需要了。因此,生理需要是最强烈而且是必须得到满足的需要。

(2) 安全需要,是指对人身安全、就业保障、工作和生活的环境安全、经济保障等的需求。它包含两方面的内容:一类是现在的安全需要,即希望自己目前生活的各个方面都可以得到满足,要求自己在目前社会生活的各方面均有所保障,如人身安全、职业安全、劳动安全、生活稳定等;另一类是未来的安全需要,希望未来的生活得到保障,如职业稳定、老有所养等。

(3) 社交需要,是指人希望获得友谊、爱情及归属的需要,希望得到别人的关心和爱护,希望成为社会的一员,在他所处的群体中占有一个位置。社交需要得不到满足,人就会感到孤独,郁郁寡欢。

(4) 尊重需要,是指自尊和受人尊重的需要。自尊是在自己取得成功时获得的一种自豪感,受人尊重是指当自己获得成功,取得成绩时,希望受到别人的认可和赞赏。尊重需要的满足,能使人对自己充满信心,对社会满腔热情,体会到人生的社会价值。

(5) 自我实现需要,是指促使自己的潜在能力得以实现的愿望,即希望成为自己所期望的人。这是最高层次的需要。当人的其他需要得到基本满足以后,就会产生自我实现的需要,它会产生巨大的动力,使人尽可能地去实现自己的愿望。

马斯洛需要层次理论的基本观点可归纳为以下三个。

(1) 人的需要是分层次等级的,一般按照由低层次到高层次的按顺序发展。生理需要是人最基本、最优先的需要,自我实现是最高层次的需要。大多数情况下,人们首先追求满足较低层次的需要,只有在低层次的需要基本满足以后,才会进一步追求较高层次的需要,而且低层次需要满足的程度越高,对高层次需要的追求就越强烈。

(2) 人在不同时期和不同发展阶段的需要结构不同,但总有一种需要发挥主导作用。因此,管理者必须注意当前对员工起主要作用的需要,以便有效地加以激励。

(3) 各种需要相对满足的程度不同。实际上,绝大多数人的需要只有部分得到满足,同时也有部分得不到满足,而且随着需要层次的升高,满足的难度相对增大,满足的程度逐渐减小。

2. 相关评价及启示

(1) 相关评价。马斯洛的需要层次理论对激励理论的发展作出了突出的贡献,在理论界得到了普遍认可。该理论在一定程度上反映了人类行为和心理活动的共同规律,指出了人的需要是由低级向高级不断发展的,这一趋势基本上符合需要发展规律,对管理工作具有重要的指导作用。

该理论也存在着一些不足之处,如对人类需要层次的划分缺乏实证的基础,五种需要的高低排序只是揭示了人类行为的大致规律,忽视了其中的复杂性。

(2) 管理启示。在实际管理中,马斯洛的需要层次理论具有一定的指导意义。管理者要了解员工的需要层次,采取不同的管理措施来满足员工的需要,从而调动员工的积极性,实现组织的目标。表 8-1 显示了需要的层次与其相应的激励因素和组织管理制度措施之间的关系。

表 8-1 员工需要层次与管理制度措施

需要层次	激励因素	管理制度措施
生理需要	薪水、福利、住房、食物	基本工资、福利设备、住宅设施、食堂等
安全需要	安全、保障、稳定	安全工作条件、退休金制度、稳定的工作等
社交需要	友谊、团体的接纳、与组织的一致	团体活动制度、对话制度、娱乐制度、教育训练等
尊重需要	承认、地位、自尊、自重	职称、奖励、同事与上级认可、选拔进修制度等
自我实现需要	成长、成就、提升	有挑战性的工作、创造性、组织中的提升、决策参与等

(二) ERG 理论

ERG 理论是美国耶鲁大学教授克雷顿·奥德弗在马斯洛需要层次理论基础上提出的。奥德弗认为,在管理实践中将员工的需要分为三类较为合理,即生存需要(existence needs)、相互关系需要(relatedness needs)和成长需要(growth needs),因此这一理论也被称为 ERG 理论。

1. ERG 理论的主要内容

(1) 生存需要,是指人生理和安全方面的需要,也是最基本的需要,如衣、食、住、行等各个方面。组织中的报酬、工作环境和工作条件等都和这种需要有关。这一类需要相当于马斯洛需要层次中的生理需要和部分安全需要。

(2) 相互关系需要,是指在工作环境中对人与人之间的相互关系和交往的需要。在人的生存需要得到满足之后,自然就会要求通过与他人分享和交流感情来满足相互关系的需要,这种需要类似于马斯洛需要层次中的部分安全需要、全部社交需要和部分尊重需要。

(3) 成长需要,是指人要求得到提高和发展的内在欲望。成长需要的满足要求充分发挥个人的潜能,有所作为和成就,并不断地创新和前进。这类需要的满足要求个人所从事的工作能充分发挥他的才能,以及通过工作能培养新的才能。成长需要相当于马斯洛需要层次中的部分尊重需要和全部自我实现需要。

ERG 理论的基本观点可归纳如下三个。

(1) 某个层次的需要得到的满足越少,则这种需要就越为人们所渴望。例如,满足生存需要的工资越低,人们就越渴望得到更高的工资。

(2) 较低层次的需要越是能够得到较多的满足,对较高层次的需要就越渴望。例如,满足生存需要的工资越是得到满足,人们对人与人之间关系的需要和工作成就的需要就越强烈。

(3) 较高层次的需要越是满足得少,对较低层次需要的渴求也就越多。例如,成长需要得到的满足越少,则对人与人的关系需要渴求就越大。

2. 相关评价及启示

(1) 相关评价。ERG 理论的观点,实际上有很多与马斯洛的需要层次理论相同,并未超出马斯洛理论的范畴。通常人们认为,马斯洛理论带有普遍性,而 ERG 理论侧重于带有特殊性的个体差异,因此,有不少人认为 ERG 理论比马斯洛需要层次理论更符合实际。

ERG 理论最大的贡献在于它不仅体现了需要层次"满足—上升"的趋势,还体现出了"挫折—倒退"的趋势,从而更加符合实际情况,在管理中很有启发意义。

(2) 管理启示。①找准员工的需要。员工在生存、相互关系和成长需要上是不相同的,不同文化层次、不同年龄和不同职位层次的员工需要的重点不一样,作为管理者要找准员工的需要。②要重视员工高层次的需要。一般来说,员工低层次的需要容易得到满足,对他们而言,生存的需要已无大碍。对于管理者而言,满足员工高层次需要将会产生持久的激励动力,应该尽可能地满足员工相互关系和成长的需要。要让员工多与外界接触交往,创造活泼和谐的群体气氛,允许某些非正式组织的存在,为员工创造进修、培训的机会,给有贡献的员工晋职、加薪等。③要注意员工需要的转化。员工的需要不仅会由低到高上升,还会逐层由高向低下降,甚至还会出现跳跃。管理者要防止需要倒退,并依据需要转化原理分析员工行为发生变化的原因，找到解决员工受挫折的办法，使员工避免挫折和后退性行为。

（三）成就需要理论

20世纪50年代，美国著名心理学教授戴维·麦克利兰通过试验发现，人类的许多需要都不是生理性的，而是社会性的，而且人的社会性需求不是先天的，而是后天的，其来自环境、经历和培养教育等。因此，他提出在生理需要基本满足的条件下，人还具有三大社会性需要：成就需要、交往需要和权力需要。

1. 成就需要理论的主要内容

（1）成就需要，是指人们渴望卓有成效地完成任务或达到目标。麦克利兰认为，具有强烈成就需要的人往往会谨慎地设定挑战性的目标，喜欢通过自己的努力解决问题，希望尽快得到工作绩效的反馈。

（2）交往需要，是指寻求被他人喜爱和接纳的一种愿望。在工作中，高交往需求的人希望在平静、和谐的组织而不是竞争激烈的组织中工作，他们希望彼此沟通与理解，对环境中的人际关系更为敏感。

（3）权力需要，是指影响和控制别人的一种愿望或驱动力。具有较高权力欲望的人，希望影响他人，希望控制向下、向上的信息渠道，以便施加影响、掌握权力，他们从施加影响和控制他人中得到极大的满足感，热衷于追求领导者的地位。对于高权力需要者来说，他们更关心的是自己在组织中的威信和影响力，而不是工作绩效。

成就需要理论的基本观点可归纳如以下三点。

① 不同的人对成就需要、交往需要和权力需要的排列次序和所占比重是不同的。对于一个组织来说，偏好某一方面需要的人都是有价值的，应该合理搭配。

② 具有高成就需要的人对组织、国家都具有重要作用。组织中拥有高成就需要者越多，组织就发展得越快；国家中拥有高成就需要的人越多，国家就越兴旺发达。

③ 人的成就需要是可以通过后天培养而得到加强的，成就需要可以创造出富有创业精神的人物，他们会促进社会经济的发展，因此全社会都应当认识到这一问题的重要性，鼓励人们努力建功立业，取得成就。

2. 相关评价及启示

（1）相关评价。麦克利兰指出了各种社会需要往往会对人们的行为共同起作用，而且会有一种需要对行为起主要作用，这是对马斯洛需要层次理论的重要发展和补充，对指导组织的激励工作更具有现实意义。

但是，麦克利兰强调人的成就动机是后天形成的，是可以改变并加以培养的，还缺乏严密的理论证明。同时，他的理论在运用上存在一定的局限性，三种社会性需要是在生理需要基本满足的条件下产生的，因此，这一理论在衣食基本无忧的发达国家比较适用，对许多仍处于贫困线附近的发展中国家而言并不特别实用。

（2）管理启示。①尽可能为高成就需要的人提供具有挑战性的工作环境，且对其工作成果及时反馈。②注意培养员工的成就需要。由于成就需要可以后天培养，因此组织应当为员工创造良好的工作环境,培养员工的成就需要。③高成就需要的人未必会成为优秀的管理者。由于高成就需要者的注意力主要放在工作本身,而不是如何去影响他人的工作,因此,优秀的管理者应当是高权力需要和低交往需要的人。

(四) 双因素理论

双因素理论也称激励-保健因素理论,是美国的行为科学家弗雷德里克·赫茨伯格提出来的。20世纪50年代末期,赫茨伯格在企业中进行了广泛的调查,调查对象主要是工程师、会计师等"白领"。赫茨伯格设计了很多问题,如"什么时候你对工作特别满意""什么时候你对工作特别不满意""满意与否的原因是什么"等。调查发现职工感到不满意的因素大多与工作环境或工作关系有关,使职工感到满意的因素主要与工作内容或工作成果有关。赫茨伯格提出"双因素理论",认为应从人的内部、用工作本身来调动人的积极性,工作对人的吸引力才是主要的激励因素。

1. 双因素理论的主要内容

(1) 保健因素,是指与工作环境有关的因素,包括工资水平、工作环境、福利、安全和适当的政策等。这类因素不具备或强度太低,容易导致员工不满意,但即使充分具备、强度很高也很难使员工感到满意,因此赫茨伯格将这类因素称为"保健因素",又称作"维持因素"。因为这些因素类似卫生保健对身体健康所起的作用:卫生保健不能直接提高健康状况,但有预防效果。同样,保健因素不能直接起激励员工的作用,但能预防员工的不满情绪。

(2) 激励因素,是指与工作本身或工作内容有关的因素,包括成就、赞赏、工作所带来的挑战性、责任和进步等。这类因素具备后,可使员工感到满意,但员工感到不满时却很少是因为缺少这些因素,因此赫茨伯格将这类因素称为"激励因素",因为只有这些因素才能激发起人们在工作中的积极性和创造性,产生使员工满意的积极效果。激励因素和保健因素,如表8-2所示。

表8-2 保健因素和激励因素的内容

保健因素	激励因素
公司政策与管理 上级监督 工作环境 工资 与同事的关系 个人生活 个人职务地位安全	成就 赞赏、认可 工作本身 责任 进步 成长

双因素理论的基本观点可归纳如下两个。

(1) 保健因素不能直接起到激励人们的作用,但能防止人们产生不满的情绪。保健因素改善后,人们的不满情绪会消除,但并不会导致积极后果。只有激励因素才能产生使职工满意的积极效果。

(2) 和传统观点不同,满意的对立面不是不满意,而是没有满意;不满意的对立面也不是满意,而是没有不满意(见图8-3)。也就是说,有了激励因素,就会产生满意;而没有激励因素,则没有满意,但也没有不满意。有了保健因素,不会产生满意;但没有保健因素,则会产生不满意。

满意	不满意

传统观点

激励因素		保健因素	
满意	没有满意	没有不满意	不满意

图 8-3　双因素理论的观点

2. 相关评价及启示

(1) 相关评价。

赫茨伯格的双因素理论同马斯洛的需要层次论有相似之处。他提出的保健因素相当于马斯洛提出的生理需要、安全需要、社交需要等较低级的需要;激励因素则相当于尊重需要、自我实现需要等较高级的需要。当然,他们的具体分析和解释是不同的。

双因素理论在西方行为科学界颇有影响,有关双因素理论的研究著作也相当多,并且有一些实验也证实了这一理论的实用价值。

但是,双因素理论也存在一些不足之处,如被调查对象的代表性不够。事实上,不同职业和不同阶层的人对激励因素和保健因素的反应是各不相同的。实践还证明,高度的工作满足不一定就产生高度的激励。许多行为科学家认为,无论是有关工作环境的因素还是工作内容的因素,都可能产生激励作用,这取决于环境和职工心理方面的许多条件。

(2) 管理启示。

双因素理论为管理者的激励工作提供了新的视角和观点,因此在实际工作中得到了广泛的应用。①管理者要重视保健因素的作用。赫茨伯格告诉我们,物质需要的满足是必要的,没有它会导致不满。因此,管理者要注意创造良好的工作环境和条件,以防止人们对工作产生不满意的情绪,保持职工的积极性,这对提高劳动效率和管理效率有重要作用。②在保健因素的基础上,管理者还要重视激励因素的作用。保健因素固然重要,但更重要的是要注意工作的安排,量才录用,各得其所,注意对人进行精神鼓励,给予表扬和认可,注意给人以成长、发展、晋升的机会。这些措施将给人带来更大和更持久的激励作用。

二、过程型激励理论

过程型激励理论,着重研究从动机的产生到采取行动的心理过程,其中包括弗鲁姆的期望理论和亚当斯的公平理论。

(一) 期望理论

美国心理学家弗鲁姆于 1964 年在他的著作《工作与激励》一书中首先提出了比较完备

的期望理论,成为这一领域的主要理论之一。这一理论通过建立人们的努力行为与预期奖酬之间的因果关系来研究激励的过程。

1. 期望理论的主要内容

弗鲁姆认为,一种激励因素(或目标),其激励作用的大小,受到个人从组织中所取得的报酬(或诱因)的价值判断以及对取得该报酬可能性的预期双重因素的影响,可用以下公式表示:

$$激励力 = 效价 \times 期望值 \quad (M = V \times E)$$

(1) 激励力,是指受激励动机的强度,即激励作用的大小。它表示人们为达到目的而努力的程度。

(2) 效价,是指目标对于满足个人需要的价值,即某一个人对某一结果偏爱的程度。个人对达到某种目标或成果漠不关心,效价为0;个人宁愿不要出现这种结果,效价为负值;个人希望达到某种结果时,效价为正值。只有效价为正值时才有激励力量。

(3) 期望值,是指个人对实现某一目标的可能性的判断,即实现目标的概率。在日常生活中,一个人往往根据过去的经验来判断一定行为能够导致某种结果或满足某种需要的概率。期望值一般在0~1。对某个目标,如果个体估计完全可能实现,这时概率为最大,也就是1;反之,如果他估计完全不可能实现时,那么概率为最小,就是0。

从公式中我们可以看出,目标对个人的价值越大,估计实现目标的概率越高,激励力量也就越大;反之,实现目标的可能性很大而效价很小,或效价很大但期望值很小,或效价和期望值都很小,那么,激发力量就会很小。弗鲁姆认为,根据期望理论,要调动人们工作的积极性,在进行激励时,必须处理好以下三个关系。

(1) 努力—绩效关系。人们总是希望通过一定的努力达到预期的目标,如果个人主观认为达到目标的概率很高,就会有信心,并激发出很强的工作力量;反之,如果他认为目标太高,通过努力也不会有很好的绩效时就失去了内在的动力,导致工作消极。

(2) 绩效—奖励关系。即指个体经过努力取得良好工作绩效所带来的对绩效的奖赏性回报的期望。人们总是希望取得成绩后能够得到奖励,当然这个奖励也是综合的,既包括物质上的,也包括精神上的。如果他认为取得绩效后能得到合理的奖励,就可能产生工作热情,否则就可能没有积极性。

(3) 奖励—个人需要关系。任何结果对个体的激励影响的程度,取决于个体对结果的评价,即奖励与满足个人需要的关系。人们总是希望自己所获得的奖励能满足自己某方面的需要。然而由于人们在年龄、性别、资历、社会地位和经济条件等方面都存在着差异,他们对各种需要要求得到满足的程度就不同。因此,对于不同的人,采用同一种奖励办法能满足的需要程度不同,能激发出的工作动力也就不同(见图8-4)。

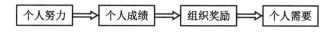

图8-4 弗罗姆的期望模式

2. 相关评价及启示

（1）相关评价。

期望理论的最大贡献在于指出人受激励的程度不仅受到目标价值的影响，同时也受到目标实现可能性的影响，它提醒管理者在设置目标时应兼顾目标价值大小和实现的可能性两个问题。同时，期望理论是激励理论中为数极少的量化分析理论。这一理论并不满足于对问题的定性说明，还非常重视定量分析。它通过对各种权变因素的分析，正确说明了人们在多种可能性中所作出的选择。也就是说，人们选择的行为通常是激励力量最大的。这不仅是激励理论的重要发展，同时在实践中也更具操作性。

但是，期望理论是一个理想模式，它关注的是个人努力、个人绩效与奖励关系，没有考虑到人与人之间的相互作用关系，并且效价、期望值的精确测量有待发展。

（2）管理启示。

期望理论提醒管理者在管理过程中：①选择激励手段，一定要选择员工感兴趣、评价高，即认为效价大的项目或手段。只有这样，才能产生较大的激励作用。②确定的目标要适宜，标准不宜过高。凡是想起广泛激励作用的工作项目，都应是大多数人经过努力能实现的。这样，通过增大目标实现的可能性来增强激励作用。

（二）公平理论

公平理论是由美国心理学家斯戴西·亚当斯于1956年提出的，又称为社会比较理论，其目的是研究在社会比较中个人所作出的贡献与他所得到的报酬之间如何平衡的问题，研究报酬的公平性对人们工作积极性的影响。

1. 公平理论的主要内容

公平理论认为，当一个人作出了成绩并取得报酬以后，他不仅关心自己所得报酬的绝对量，而且关心自己所得报酬的相对量。也就是说，每个人都会自觉不自觉地把自己所获的报酬与投入的比率同他人的收支比率或本人过去的收支比率相比较。其中，报酬是指如工资、奖金、提升、赏识、受人尊敬等，包括物质方面和精神方面的所得；投入是指如工作的数量和质量、技术水平、努力程度、能力、精力、时间等。参照对象通常是自己的同事、同行、邻居、亲朋好友（一般是与自己状况相当的人）等，也可能是自己的过去。

通常将员工将自己的所得、付出比与他人的所得、付出比的比较为横向比较。由表8-3可知，如果员工感觉自己在工作中的所得、付出比，与其他人是等同的，则为公平状态，他的积极性和努力程度一般不变。如果员工感觉自己在工作中的所得、付出比，较其他人高，员工一般不会要求减少报酬，而有可能会自觉地增加自己的付出，但过一段时间他就会因重新过高估计自己的付出而对高报酬心安理得，于是付出又会回落到以前的水平；还有另外一种情形，当事人可能担心这种不公平会影响工作伙伴对自己的评价，从而影响自己在正式组织或非正式组织中的人际关系，因此会在以后的工作中谨慎小心，同样不利于调动其积极性。如果自己所得/付出比比其他人要低，员工则会要求加薪，或减少付出以达到心理上的平衡。

表 8-3 公平理论横向比较

感知到的比率比较	员工的评价
$\dfrac{A\text{所得}}{A\text{付出}} < \dfrac{B\text{所得}}{B\text{付出}}$	不公平（报酬过低）
$\dfrac{A\text{所得}}{A\text{付出}} = \dfrac{B\text{所得}}{B\text{付出}}$	公平
$\dfrac{A\text{所得}}{A\text{付出}} > \dfrac{B\text{所得}}{B\text{付出}}$	不公平（报酬过高）

同样地，员工也会将自己目前所得/付出比与自己的过去进行比较，这种比较称为纵向比较。由表 8-4 可知，如果目前与过去的所得/付出比相等，则员工会感到公平，他可能会因此而保持工作的积极性和努力程度。如果目前所得/付出比比过去高，一般来讲当事人不会觉得所获报酬过高，因为他可能会认为自己的能力和经验有了进一步的提高，其工作积极性不会因此而提高多少。如果员工认为自己的所得/付出比比以往低，他会感到不公平，其工作积极性会下降，投入减少，除非给他增加报酬。

表 8-4 公平理论纵向比较

感知到的比率比较	员工的评价
$\dfrac{\text{自己目前的所得}}{\text{自己目前的付出}} < \dfrac{\text{自己过去的所得}}{\text{自己过去的付出}}$	不公平（报酬过低）
$\dfrac{\text{自己目前的所得}}{\text{自己目前的付出}} = \dfrac{\text{所得自己过去的所得}}{\text{自己过去的付出}}$	公平
$\dfrac{\text{自己目前的所得}}{\text{付出自己目前的付出}} > \dfrac{\text{自己过去的所得}}{\text{自己过去的付出}}$	不公平（报酬过高）

总之，当事人会采取多种方法来减小和消除与参照对象比较的差异，使之相等。

2. 相关评价及启示

（1）相关评价。

大量研究支持了公平理论的观点：员工的积极性不仅受其绝对收入的影响，而且受其相对收入的影响。一旦员工感觉到不公平，他们将会采取行动纠正这种景况，其结果可能会降低或提高生产率，改善或降低产出质量，缺勤率或自动离职率提高或降低。因此，西方许多企业依据公平理论，为了避免职工产生不公平感，往往采取各种手段，在企业中造成一种公平合理的气氛，使职工产生一种主观上的公平感；或采用秘密的单独发奖金的办法，使职工相互不了解彼此的收支比率，以免职工互相比较而产生不公平感。

尽管公平理论的基本观点是普遍存在的，但在实际运用中却很难把握。因为个人的主观判断对此有很大的影响，人们总是倾向于过高估计自己的投入，而过低估计自己所得的报酬，对别人的投入和所得报酬的估计则与此相反。这对管理者施加了较大的压力。

（2）管理启示。

公平理论对我们有着重要的启示：①影响激励效果的不仅有报酬的绝对值，还有报酬的相对值。②激励时应力求公平,使等式在客观上成立,尽管有主观判断的误差,也不致造成严重的不公平感。③在激励过程中应注意对被激励者公平心理的引导,使其树立正确的公平观:一是要认识到绝对的公平是不存在的;二是不要盲目攀比;三是不要按酬付劳,按酬付劳是公平问题造成恶性循环的主要杀手。

三、行为改造型激励理论

行为改造理论,是着重研究如何改造和转化他人的行为,变消极行为为积极行为的一种理论,包括斯金纳的强化理论、挫折理论、归因理论等,这里主要介绍强化理论。

强化理论由美国心理学家斯金纳于20世纪50年代提出。斯金纳通过试验研究得出结论,认为人或动物为了达到某个目标,会采取一定的行为作用于环境。当这种行为的后果对他有利时,这种行为就会在以后重复出现;不利时,这种行为就会消失或减弱。这种状况称为强化。人们可以利用这一现象来修正他人的行为,这就是强化理论,也称为行为修正理论。

(一)强化理论的主要内容

强化一般有以下四种形式。

1. 正强化

正强化是指通过给予被僵化者适当报酬的方式借以肯定某种行为,使其重复此种行为。报酬的内容可以多种多样,如增加薪金、提升职位、对其工作成果的承认和赞赏等。正强化既能起到加强被强化者积极行为的作用,也能使其他人出现积极行为的可能性加大。

2. 负强化

负强化是指预先告知人们某种不符合要求的行为可能引起的不良后果,以使人们采取符合要求的行为或回避不符合要求的行为,从而避免或消除不良后果。例如,管理者事先告知员工,如果不遵守安全生产管理规定,就会受到批评甚至扣奖金,员工为了避免这种情况出现就会认真遵守规定。通过这种强化方式能从反面促使人们重复符合要求的行为,达到与正强化同样的目的。

3. 自然消退

自然消退是指对某种行为取消正强化,不采取任何奖励措施,以表示对该种行为的某种程度的否定。人的行为都是有目的性的,一种行为如果长期得不到正强化,个人的目的实现不了,就会逐渐自然消退。

4. 惩罚

惩罚是指以某种强制性和威胁性的后果来表示对某种行为的否定,借以消除此种行为重复发生的可能性。惩罚的方式也是多种多样的,如批评、降职、降薪、解雇等。

强化理论还认为,正强化会影响人们重复这种行为的倾向,起着重要的激励作用。正强化可以分为连续强化和间断强化两种不同的形式。连续强化是指对每次发生的行为都进行强化。间断强化是非连续性的强化,不是对每次发生的行为都进行强化。连续强化与间断强化相比,连续强化具有快速的效果,但缺点是一旦停止强化后其行为将很快消失;间断强化的效果虽不如连续强化快速,但保持得较久。

(二) 相关评价及启示

1. 相关评价

强化理论有助于对人们行为的理解和引导。因为,一种行为必然会有后果,而这些后果在一定程度上会决定这种行为在将来是否重复发生。那么,与其对这种行为和后果的关系采取一种碰运气的态度,还不如加以分析和控制,使大家都知道什么后果最好。这并不是对职工进行操纵,而是使职工有一个最好的机会在各种明确规定的备选方案中进行选择。因而,强化理论已被广泛地应用在激励和人的行为的改造上。

但是,强化理论只讨论外部因素或环境刺激对行为的影响,忽略了人的内在因素和主观能动性对环境的反作用,具有机械论的色彩。从管理的角度来看,它忽视了员工自身的个体要素,只强调某种行为的后果。研究证明,强化对工作行为有着重大影响,但强化并不是员工工作积极性高低的唯一决定因素,对工作目标、成就需要、公平感的感知等因素都影响员工的工作行为。

2. 管理启示

在管理工作中运用强化理论时,应遵循以下四个原则。

(1) 要明确强化的目的或目标,明确预期的行为方向,使被强化者的行为符合组织的要求。

(2) 要选准强化物。每个人的需要不同,因而对同一种强化物的反应也各不相同。这就要求具体分析强化对象的情况,针对他们的不同需要采用不同的强化措施。可以说,选准强化物是使组织目标同个人目标统一起来,以实现强化预期要求的中心环节。

(3) 要及时反馈。为了实现强化的目的,必须通过反馈的作用,使被强化者及时了解自己的行为后果,并及时兑现相应的报酬或惩罚,使有利于组织的行为得到及时肯定,促使其重复,而不利于组织的行为能得到及时的制止。

(4) 要尽量运用正强化的方式,避免运用惩罚的方式。斯金纳发现,"惩罚不能简单地改变一个人按原来想法去做的念头,至多只能教会他们如何避免惩罚。"事实上,过多的运用惩罚往往会造成被惩罚者心理上的创伤,引起对抗情绪,乃至采取欺骗、隐瞒等手段来逃避惩罚。

但是,有时又必须运用惩罚的方式。为了尽可能避免惩罚所引起的消极作用,应把惩罚同正强化结合起来。在执行惩罚时,应使被惩罚者了解受到惩罚的原因和改正的办法,而当其一旦有所改正时即应给予正强化,使其符合要求的行为得到巩固。

8.3 激励能力的培养

激励是一门学问,科学地运用激励理论可以提高员工的工作积极性,发挥其潜能,使组织目标和个人目标在实践中达到统一,进而提高组织的经营效率。管理者应具备较高的激励能力。激励能力的培养可以从三方面着手,即掌握有效激励的原则、了解激励的方式和运用激励的技巧。

一、掌握有效激励的原则

(一) 目标结合原则

在组织中,组织目标和个人目标应该是相互依存的,员工投入自身的资源,使组织的目标得以实现,员工再从中实现个人的目标。因此,目标设置必须以体现组织目标为要求,否则激励将偏离组织目标的实现方向。同时,目标设置还必须要能满足员工个人的需要,否则将无法提高员工的目标效价,达不到满意的激励强度。只有将组织目标与个人目标相互协调,才能收到良好的激励效果。

(二) 明确性原则

激励的明确性包括三层含义。其一,明确激励的目的,让员工清楚需要做什么和必须怎样做;其二,公开有关的制度和措施,特别是对于分配奖金等大量员工关心的问题;其三,表达直观,在实施物质奖励和精神奖励时都需要直观地表达它们的指标。

(三) 按需激励原则

满足需要是激励员工的起点和基础,而不同的员工由于自身或者环境的影响有不同的需要,同一个员工在不同的阶段也有不同的需要。只有满足了员工的优势需要,激励的效果才好。因此,管理者必须找准员工的需要,采取相应的管理措施,满足员工的不同需要,从而调动员工的积极性,有效实现组织的目标。在管理中,管理者还要探索出准确测量员工需要的方法,并在组织中建立起一套满足员工不同需要的方法体系。

(四) 物质激励和精神激励相结合原则

员工存在物质需要和精神需要,因此,相应地,激励方式也应该是物质激励与精神激励相结合。没有物质激励,精神激励就没有基础,员工的积极性就难以长期保持;没有精神激励,就不能激发员工的精神力量,就不能使物质激励得到升华和发展,就不可能真正调动员工的积极性。在管理中,物质激励和精神激励各有侧重,应因时、因事、因人制宜。在两种激励结合时,必有主有辅,对此要灵活掌握,不可机械地、固定地予以规定。同时,也要注意人们对物质奖励和精神奖励的新要求,不断改变和发展激励的内容和形式。

(五) 正激励与负激励相结合原则

所谓正激励,是指对员工的符合组织目标的期望行为进行奖励。所谓负激励,是指对员工违背组织目标的非期望行为进行惩罚。对于一个组织而言,正激励和负激励都是行之有效的。通过树立正面的榜样和反面的典型,扶正祛邪,形成一种良好的风气,产生无形的压力,使整个组织行为更积极向上。但是,负激励具有一定的消极作用,容易产生挫折心理和挫折行为。因此,管理者应将正激励和负激励结合起来,以正激励为主,以负激励为辅。

(六) 公平合理原则

在激励中,如果出现奖不当奖、罚不当罚的现象,就不能收到真正意义上的激励效果,反而还会产生消极作用,造成不良后果。因此,在进行激励时,一定要认真、客观、科学地对员工进行业绩考核,做到赏罚分明,不论亲疏,一视同仁,使受奖者心安理得,受罚者心服口服。

(七)时效性原则

企业领导在激励过程中要善于捕捉时机。古人曰:"机不可失,时不再来。"敏锐地察觉、巧妙地运用"时机"进行激励,往往能收到事半功倍之效;否则,反应迟缓,优柔寡断,将会错失良机,起不到激发人们积极性的作用。企业领导要善于利用激励的时机,运用适当的激励方式和手段,调动员工的积极情绪,并努力将其积极的情绪转化为行动,实现其预定的控制目标。因此说,当员工面临新的组织环境、对过错有悔过之意、处于某种生理或心理困境、对某种需求有着强烈愿望、在物质或精神方面得到某种程度的满足、"举棋不定"等,都是非常有效的激励时机。

(八)适度原则

企业领导在激励操作过程中,必须掌握适度原则,追求最佳适度,也就是我们常说的"掌握火候""恰到好处""注意分寸"等。例如,尊重职工的自尊,从正反两方面鼓励他们,让他们看到自己的重要性,并在他们表现良好时给予鼓励,这些都是很重要的。不过虽然不吝于夸奖下级,但是却不能让他们陶醉在荣誉里,也不能让他们觉得只要这一次表现得很好,就可以不必在乎以后的工作成绩。有时候你可以指出下级的一些小缺点,泼点冷水,要求他们达到更高的水平,借此鼓励他们更上一层楼。比如说某位同志犯错误,他已有所认识,企业领导如能对其正确地批评鼓励,他就会乐意检查改正,发挥自己的积极作用。假如企业领导对他批评激励不当,分寸注意不够,"火候"没把握住,要么无限上纲,使其无法接受,要么轻描淡写,使之不能引以为训,都不能达到批评激励的目的。

二、了解激励的方式

有效的激励必须通过适当的激励方式才能实现。管理者应该在激励理论的指导下选择有效的激励方式,提高员工接受和执行目标的自觉程度,激发被管理者实现组织目标的热情,最终达到提高员工行为效率的目的。常用的激励方式可以归纳为如下九种。

(一)目标激励

所谓目标激励,是指通过建立一定的目标来激发人的动机,指导人的行为。一个振奋人心、切实可行的奋斗目标,可以起到鼓舞和激励的作用。当人们受到富有挑战性目标的刺激时,就会迸发出极大的工作热情,尤其是事业心强的人。所以,一个管理者要学会适时、恰当地提出目标,有效地行使目标激励行为,从而极大地激发被管理者的工作热情和积极性、创造性,统一大家的思想行为,向着同一个目标努力进取。

运用目标激励时应注意:目标设置要与员工的个人利益密切相关;目标要合理、可行,难度要适当;目标内容要具体明确,有定量要求;目标要分层次,短期目标和长期目标要结合,总目标和子目标要结合。

(二)物质激励

物质利益是每一个人生存和发展的前提和基础。物质利益激励一般分为物质奖励激励和物质惩罚激励两种。物质奖励激励通常是从正面对员工进行引导。组织首先根据组织工作的需要，规定员工的行为，如果符合一定的行为规范，员工可以获得一定的奖励。员工对奖励追求的欲望，促使他的行为必须符合组织的行为规范，同时给组织带来有益的活动成果。物质惩罚激励是指组织利用惩罚手段，诱导员工采取符合组织需要的行为的一种激励。在惩罚激励中，组织要制定一系列的员工行为规范，并规定逾越了行为规范的行为的不同的惩罚标准，如扣发工资、奖金、罚款、赔偿等。人们避免惩罚的需求和愿望促使其行为符合特定的规范。

运用物质激励时应注意：物质激励应与制度结合起来，即在事前就制定好相应的奖惩制度并在组织内公示；物质激励必须保持相对公正。

（三）信任激励

能唤起人们最宝贵、最有价值的忠诚度和创新动力的是信任。信任激励是激励主体用自己的信任、鼓励、尊重、支持等情感对激励对象进行激励的一种方式。它被认为是最持久、最"廉价"和最深刻的激励方式之一。

管理者一个期待的目光，一句信任的话语，一次真诚的帮助，能够使被管理者产生尊重感、亲密感、荣誉感和责任感，能使人自觉地将自己的个人目标和组织目标紧紧联系在一起，从而产生为组织努力工作的积极性。

运用信任激励时应注意：管理者的信任必须发自内心，必须是真诚的。否则，员工一旦发现管理者的信任是虚假的，那么，员工的积极性就会受到打击，从而产生重大的不利后果。

（四）情感激励

情感激励是通过建立起一种人与人之间和谐良好的感情关系来调动员工的积极性。情感是影响人的行为的直接因素之一，任何人都有各种情感诉求。管理者要及时了解并主动关心员工的需求以建立起正常、良好、健康的人际关系、工作关系，从而营造出一种相互信任、相互关心、相互支持、团结融洽的工作氛围，使被管理者处处感到自己得到了重视和尊重，以增强员工对本企业的归属感。

运用情感激励时应注意：管理者对被管理者应一视同仁、平等对待；管理者应主动与被管理者沟通，增进感情；同时，管理者仍应和被管理者之间保持一定的等级差别，以保证管理者的权威性。

（五）兴趣激励

兴趣对人的工作态度、钻研程度、创新精神的影响是巨大的，往往与求知、求美、自我实现密切联系。在管理中只要能重视员工的兴趣，就有可能实现预期的激励效果。国内外都有一些企业允许员工在企业内部双向选择，合理流动，直到员工找到自己最感兴趣的工作。兴趣可以导致专注，甚至于入迷，而这正是员工获得突出成就的重要动力。

业余文化活动是员工兴趣得以施展的另一个舞台。许多企业组织并形成了摄影、戏曲、舞蹈、书画等兴趣小组，使员工的业余爱好得到满足，增进了员工之间的感情交流，使员工感受到企业的温暖和生活的丰富多彩，大大增强了员工的归属感，满足了社交的需要，有效地提高了企业的凝聚力。

运用兴趣激励时应注意：要尽量使个人的兴趣爱好与企业的整体目标保持一致。

(六) 榜样激励

榜样激励的核心是在组织中树立正面典型和标兵，以他们良好的行为鼓舞员工创造业绩。从心理学的观点看，任何人(特别是青少年)都有强烈的模仿心理，榜样的力量是无穷的。20世纪50年代以来，我国在各条战线上树立过像雷锋、李向群等一大批英模人物，产生过巨大的影响，对精神文明与物质文明的建设都作出了巨大的贡献。

运用榜样激励时应注意："榜样"的树立应当坚持实事求是，不要"虚构"和"夸张"，以免引起员工的逆反心理。

(七) 竞争激励

竞争是市场经济的重要特点之一，组织中经常开展必要的评比、竞赛、竞争，能使员工的情绪保持紧张，提高士气，克服惰性。同时，通过评比竞赛，能使劳动者的业绩得到公正合理的评价，促使他们为企业作出更大的贡献。

运用竞争激励时应注意：管理者要学会建立科学的竞争机制，在组织内部形成一种竞争的氛围，让员工之间主动开展竞争；竞争结果的评定必须客观公正。

(八) 荣誉激励

荣誉是员工贡献社会并得到社会承认的标志。荣誉激励可以调动员工的积极性，形成一种内在的精神力量。它可以分为个人荣誉激励和集体荣誉激励两种。个人荣誉激励是对个人授予一定的荣誉称号，并在一定范围内加以表彰和奖励。集体荣誉激励是指通过表扬、奖励集体来激发人们的集体意识，使集体成员产生强烈的集体荣誉感、归属感和责任感，从而形成维护集体荣誉和向心力量。

运用荣誉激励，要注意：要引导人们建立正确的荣辱观；要学会用正当手段获得荣誉；对榜样的宣传要实事求是；要把物质奖励与精神奖励结合起来。

(九) 企业文化激励

企业文化是指一个企业全体成员所共有的信念和期望模式。一方面，企业文化有助于建立员工共同的价值观和企业精神，树立团队意识；另一方面，企业文化能够满足员工的精神需要，调动员工的精神力量，使他们产生归属感、自尊感和成就感，从而充分发挥他们的巨大潜力。美国、日本有许多企业全面推行企业文化，取得了非常成功的经验，不但增加了员工对企业的凝聚力和自豪感，而且提高了企业素质和整体实力。优良的企业文化也是组织必不可少的激励手段。

运用企业文化激励时应注意：虽然培植企业文化需要的时间较长，但是健康的企业文化一旦培植成功，将会对企业产生长久而深远的影响。因此，要坚定地推行企业文化建设。

三、运用激励的技巧

(一) 激励的基本技巧

从管理学的角度分析，人的行为都是受到一定的激励而产生的。激励中有一些基本的技巧,学会科学地运用这些技巧,可以更好地管理下属。那么有哪些基本的激励技巧呢?

1. 即使是再小的成就也一定要赞许

简单的一句"谢谢"就可以让下属更加卖力。即使是再小的努力、再微不足道的成就,如果上司注意到下属的认真,就一定得给予适当的赞美。人类这种不重经济报酬、重视精神上荣耀的想法还是相当普遍的。就算是一句简单的"谢谢你了",如果下属感受到来自上司的赞许和诚意,也许当天下班时他的心情会较平常快乐些,脚步会轻快些。

2. 在责备下属之前一定得给他辩白的机会

部属也有"不得已"的苦衷。任何一个人都会有情绪低落、提不起劲、无法完成上司交代的任务的时候。而且,同样一件工作,有时候也会因时机、负责人的不同而砸锅。作为上司,如果不仔细找出真正的原因,那么是没有办法采取最有效的措施来解决部属的问题的。

3. 千万别话中带刺

当下属遭遇挫折情绪低落时,有些上司可能想用嘲讽、开玩笑的方式刺激他振作,但这可能会起到反作用。

例如,对自我观念极强的人(即自信心过剩型)采用开玩笑、戏谑的方式反倒容易引起对方反感。对这种人最好还是直截了当地告诉他做了错事,直接告诉他你对他的不满。对凡事依赖的人(即自信心丧失型)采用嘲谑的口吻会让他跌入沮丧的谷底,不停地指责只会让他缩回自己的壳里。对这种人,嘲谑的口吻、直截了当地指责都不甚妥当,最好是用建议或劝导的方式。

上司在与下属交往过程中,一定要注意说话的方式和方法,千万别话中带刺,伤害下属的自尊心。

4. "一律平等"不是真平等

作为上司,在面对不同的员工、处理不同的事情时态度应该公正。但是态度公正并不等于待遇相同,有时看似公平的待遇其实却是最不公平的。例如,有些企业在部门全体员工接受表扬时都是把所得奖金平均分配,每个人分得的钱都是一样的。但是仔细一推敲,难道每个人出的力都一样吗?显然,这种做法看似平等,但实际上是不公平的。真正的公平是必须依每个人的差异订立标准。虽然制定标准难度较大,但还是不能省掉这重要的一环。在不平等的现实情况中透过给予每个个体公正的评价之后再决定其应得的报酬,这种立足点的平等才能达到真正的平等。

5. 身为上司绝对不可以暗地说人坏话

身为上司,不能暗地里说人坏话,否则会被人轻视、批评,有百害而无一利。上司绝对不能在公事以外(如酒席中)的场合说下属的坏话,要说的话也只能和当事人一对一地说,不能让别人听到;否则的话,下属们就会一个一个地背弃你。最值得下属信赖的上司,首先必须做到不说别人的坏话。尤其要注意,千万不要说自己的上司或部下的坏话。

6. 上司和下属之间要保持适当的距离

上司与下属保持距离,不要太亲近,留给下属一个庄严的形象,下属就会对其产生敬畏感、服从感。与下属保持一定距离,可以避免在下属之间引起嫉妒、紧张的情绪,可以减少下属对自己的恭维、奉承、行贿等行为。与下属保持一定距离，可以避免上司的认识失之公正，从而可以客观公正地识人、用人。

（二）不同类型员工的激励技巧

在现实中，企业内的员工类型可以分为指挥型、关系型、智力型和工兵型。针对不同类型的员工，领导者应该分析其类型特点，采取不同的激励技巧，这样才能取得良好的激励效果。

1. 指挥型员工的激励技巧

指挥型的员工喜欢命令别人去做事情，面对这一层次的员工，领导者在选取激励方式和方法的时候应该注意以下九点。

（1）支持他们的目标，赞扬他们的效率。

（2）领导者要在能力上胜过他们，使他们服气。

（3）帮助他们搞好人际关系。

（4）让他们在工作中自己弥补自己的不足，而不要指责他们。

（5）避免让效率低和优柔寡断的人与他们合作。

（6）容忍他们不请自来的帮忙。

（7）巧妙地安排他们的工作，使他们觉得是自己安排自己的工作。

（8）别试图告诉他们怎么做。

（9）当他们抱怨别人不能干的时候，问他们的想法。

2. 关系型员工的激励技巧

关系型的员工关注的对象不是目标，而是人的因素，他们的工作目标就是打通人际关系线。对于这种类型的员工，领导者应该考虑采取类似下列八种激励技巧。

（1）对他们的私人生活表示兴趣，让他们感到尊重。

（2）与他们谈话时要注意沟通技巧，使他们感到受尊重。

（3）由于他们比较缺乏责任心，因此应承诺为他们负一定的责任。

（4）给他们安全感。

（5）给他们机会充分地和他人分享感受。

（6）别让他们感觉受到了拒绝，他们会因此而不安。

（7）把关系视为团体的利益来建设，将会受到他们的欢迎。

（8）安排工作时，强调工作的重要性，指明不完成工作对他人的影响，他们会因此为关系而努力地拼搏。

3. 智力型员工的激励技巧

智力型的员工擅长思考，分析能力一般很强，常常有自己的想法。这类员工喜欢事实，喜欢用数字说话。领导者在激励这部分员工的时候，应该注意到以下八点。

（1）肯定他们的思考能力，对他们的分析表示兴趣。

（2）提醒他们完成工作目标，别过高追求完美。

（3）避免直接批评他们，而是给他们一个思路，让他们觉得是自己发现了错误。

(4) 不要用突袭的方法打扰他们,他们不喜欢惊奇。
(5) 多表达诚意比运用沟通技巧更重要,他们能够立即分析出别人诚意的水平。
(6) 必须懂得和他们一样多的事实和数据。
(7) 别指望说服他们,除非他们的想法与你一样。
(8) 赞美他们的一些发现,因为他们努力思考得到的结论并不希望别人泼冷水。

4. 工兵型员工的激励技巧

工兵型的员工主要特征是喜欢埋头苦干。这类员工做事谨慎细致,处理程序性的工作表现得尤为出色。对于这样的员工,领导者要采用以下三种激励技巧。

(1) 支持他们的工作,因为他们谨慎小心,一定不会出大错。
(2) 给他们适当的报酬,奖励他们的勤勉,保持管理的规范性。
(3) 多给他们出主意、想办法。

(三)激励禁区

1. 激励不可采用运动方式

许多人喜欢用运动的方式来激励,就像一阵风,吹过就算了。无论什么礼貌运动、清洁运动以及作家运动、意见建议运动、品质改善运动,都是形式。一番热闹光景,转瞬成空。凡是运动,多半是上司倡导。上司密切注意,大家不得不热烈响应;上司注意力转移,运动就将停息。运动不可能持久,也不可能屡试不爽,只有在平常状态中去激励,使大家养成习惯,才能成为风气并保持下去。

2. 激励不可任意树立先例

激励固然不可墨守成规,却应该权宜应变,以求制宜。然而,激励最怕任意树立先例,所谓善门难开,恐怕以后大家跟进,招致无以为继,那就悔不当初了。

上司为了表示自己有魄力,未经深思熟虑就慨然应允。话说出口,又碍于情面,认为不便失信于人,因此明知有些不对也会将错就错,因而铸成更大的错误。

有魄力并非信口胡说,有魄力是指既然决定了就要坚持到底。所以决定之前,必须慎思明辨,才不会弄得自己下不了台。上司喜欢任意开例,下属就会制造一些情况,让上司在不知不觉中落入圈套。兴奋中满口答应,事后悔恨不已。任何人都不可以任意树立先例,这是培养制度化观念、确立守法精神的第一步。求新求变,应该遵守合法程序。

3. 激励不可趁机大张旗鼓

好不容易拿一些钱出来激励,就要弄得热热闹闹,让大家全都知道,花钱才有代价,这种大张旗鼓的心理,常常造成激励的反效果。

被当作大张旗鼓的对象,固然有扮演猴子让人耍的感觉。看耍猴子的观众,有高兴凑热闹的,就有不高兴如此造作的。一部分人被激励了,另一部分人则适得其反。对整个组织而言,得失参半。

4. 激励不可偏离团体目标

目标是激励的共同标准,这样才有公正可言。所有激励都不偏离目标,至少证明上司并无私心,不是由于个人的喜爱而给予激励,而是根据组织的需要,尽量做到人尽其才。偏离目标的行为不但不予激励,反而应该促其改变,亦即努力导向团体目标,以期群策群力。

凡是偏离团体目标的行为不可给予激励,以免这种偏向力或离心力愈来愈大。上司激励部属,必须促使部属自我调适,把自己的心力朝向团体目标,做好应做的工作。

上司若是激励偏离目标,大家就会认为上司喜欢为所欲为,因而用心揣摩上司的心意,全力讨好,以期获取若干好处。一旦形成风气,便是小人得志的局面,对整体目标的达成必定有所伤害。

5. 激励不可忽略有效沟通

沟通时最好顾虑第三者的心情,不要无意触怒其他的人。例如,对张三表示太多关心,可能会引起李四、王五的不平。所以个别或集体沟通要仔细选定方式,并且考虑适当的人介入,以免节外生枝,引出一些不必要的后遗症。降低了激励的效果。

激励必须透过适当沟通才能互通心声,产生良好的感应。例如公司有意奖赏张三,若是不征求张三的意见便决定送他一台手提电脑。不料一周前张三刚好买了一台,虽然说好可以向指定厂商交换其他家电用品,但也造成张三许多不便。公司如果事先透过适当人员征询张三的意见,或许他正需要一个电动刮胡刀,那么公司顺着他的希望给予奖品,张三必然更加振奋。

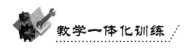

【思考题】

1. 谈谈你对需要层次的看法。
2. 你认为企业在实践中应该如何运用双因素理论?
3. 比较需要层次理论、双因素理论、ERCJ 理论和成就需要理论之间的内在联系与不同。
4. 企业针对高层管理者、技术人员、流水线上工人应该如何激励?
5. 你最欣赏哪个企业的激励政策(方法),为什么?
6. 学习受哪些因素的影响?如何用激励理论对学习行为进行管理?
7. 结合工作实际,谈谈如何实行强化管理。
8. 在激励过程中,我们应该尽量避免哪些做法?

【案例分析】

明春计算机公司的激励制度

明春计算机公司是一家中外合资公司,地处南方某一个开放城市。该公司成立于1988年。董事长由中方的方丽小姐担任,她曾在原联邦德国学习计算机多年,并获得博士学位。1985年回国后,曾任光明计算机厂总工程师,1988年该厂与外方合作时调任明春计算机公司董事长。该公司的总经理由大卫·陈担任,他原是美国斯坦福大学的博士生,曾在美国

"硅谷"的坦丁姆计算机公司担任过生产部经理。

明春公司地处开放城市,受到各方面有力的竞争。由于激烈的竞争环境,也由于方丽和大卫·陈这两位在中国长大的洋博士的管理天才,他们两人紧密合作,创造了一套有效而独特的管理自己职工的方法。

他们为职工创造了良好的工作环境。在公司专门设有健身房、游泳池,还有供职工娱乐活动的图书馆和文化活动房,还专门辟有供职工休息的小花园和宁静的散步小道等。他们规定在工作日免费给职工提供午餐,还定期地在每周五晚上举办各种酒会和男女职工舞会等社会活动。

他们也很注意用经济因素来激励职工,他们每年都根据职工在本公司的工龄和工作表现情况赠送公司的股票作为奖励,每个职工都持有本公司的股票,这样就大大激励了大家为公司努力工作的热情。

大卫·陈要求每个职工都要制定出具体的了解公司、学会和操作公司内各种工、作技能的五年自我发展计划。这样,每个人都可以逐渐了解公司,并能根据个人的发展和公司的需要调动工作。

方丽和大卫·陈都是极随和的人,他们喜欢以非正式的身份进行管理,他们除了每月举行一次各部门经理的例会外,还经常深入各个部门与各部门经理共同商讨问题。但关于各部门之事,他们总是让部门经理自己拿主意、做决策。这样,各部门乃至各室和班组长都能积极为本部门的工作负责,都能发挥自己的积极性。

当然,他们知道,要维持住这样一批为公司倾心工作的职工确实不是一件容易的事。人才竞争极为激烈,已有一些公司以更高的薪金试图挖他们的人才。公司在飞速地发展。随着公司的扩大,它的生产速度自然会放慢,也会出现一个更为正式而庞大的管理机构。在这种情况下,如何才能招聘到新的人才,如何才能更有效地激励职工呢?

【案例讨论】
1. 明春计算机公司采取了哪些有效的激励方法?
2. 请剖析该公司的报酬制度,说明该制度能起作用的原因。

哪种需要对你最为重要?

1. 说明:把你对下面问题的反应做个排列,将你认为最为重要或最为真实的反应列为5,其次列为4,由此类推,对你来说最不重要或最不真实的反应列为1

例:我最爱从事的工作是:
A. __4__ 独自一人工作。
B. __3__ 有时与其他人共同工作,有时独自一人工作。
C. __1__ 作演讲。
D. __2__ 与他人共同讨论。

E. ___5___ 从事室外工作。

(1) 总的来说,一项工作对我最为重要的是:

A. 工资是否足够满足我的需要。

B. 是否提供建立伙伴关系或良好人际关系的机会。

C. 是否有良好的福利待遇,且工作安全。

D. 是否给我足够的自由和展示自己的机会。

E. 是否根据我的业绩而有晋升的机会。

(2) 如果我打算辞去一项工作,很可能是因为:

A. 这项工作很危险,比如没有足够的工作设备或安全设施极差。

B. 由于企业不景气或筹措资金困难,因而能否继续被聘用是个未知数。

C. 这是个被人瞧不起的职业。

D. 这工作只能独自一人来做,无法与他人进行讨论和沟通。

E. 对我来说这项工作缺乏个人意义。

(3) 对我来说,工作中最为重要的奖赏是:

A. 来自工作本身,即这是一项重要而具有挑战性的工作。

B. 满足人们从事工作的基本原因,如丰厚的工资、宽敞的居室以及其他经济需求。

C. 提供了多种福利待遇,如医疗保险、旅游休养假期、退休保险等。

D. 体现了我的能力,比如我所做的工作得到了承认,我知道自己是本公司或本专业中最优秀的工作者之一。

E. 来自工作中的人际因素,也就是说,有结交朋友的机会和成为群体中重要一员的机会。

(4) 我的工作士气受到下面因素的极大干扰:

A. 前途不可预知。

B. 工作成绩相同,但其他人得到了承认,我却没有。

C. 我的同事对我不友好或怀有敌意。

D. 我感到压抑,无法发展自己。

E. 工作环境很差,没有空调,停车不方便,空间和照明不充足,卫生设施太差。

(5) 决定是否接受一项提升时,我最为关心的是:

A. 这是否是一项让人感到自豪的工作,并受人羡慕尊敬。

B. 接受这项工作对我来说是否是场赌博,我是否失去的可能比我得到的要多。

C. 经济上的待遇是否令人满意。

D. 我是否喜欢那些我将与之共事的新同事,并且能够与他们和睦相处。

E. 我是否可以开拓新领域并作出更有创造性的工作。

(6) 能发挥我最大潜力的工作是这样的:

A. 员工之间有种亲情关系,大家相处得很愉快。

B. 工作条件(包括设备、原材料以及基础设施)安全可靠。

C. 管理层善解人意,我的工作也很有保障,不太可能被解聘。

D. 我可以从个人价值被承认中感受到工作的回报。

E. 对我所做的成绩能得到承认。

(7) 如果我目前职位出现下面情况,我将考虑另换工作:

A. 不能提供安全保障和福利待遇。

B. 不能提供学习和发展的机会。

C. 我所作出的成绩得不到承认。

D. 无法提供亲密的人际交往。

E. 不能提供充分的经济报酬。

(8) 令我感到压力最大的工作环境是:

A. 与同事之间有严重的分歧。

B. 工作环境很不安全。

C. 上司喜怒无常、捉摸不定。

D. 不能充分展示自己。

E. 没有人认可我的工作质量。

(9) 我将接受一项新工作,如果:

A. 这项工作是对我潜力的考验。

B. 这项工作能提供更丰厚的工资和良好的环境。

C. 工作有安全保障,且能长期提供多种福利待遇。

D. 新工作被其他人尊重。

E. 可能与同事建立良好的人际关系。

(10) 我将加班工作,如果:

A. 工作具有挑战性。

B. 我需要额外收入。

C. 我的同事们也加班加点。

D. 只有这样做才能保住我的工作。

E. 公司能承认我的贡献。

2. 评分标准

把你对每个问题的 A、B、C、D 和 E 的选择的相应分数填入下列评分表的对应项目中。注意,评分表中的字母并不总是按字母顺序排列的。然后合计每一列的分数得到每种动机水平的总分。

问题 1	A	C	B	E	D
问题 2	A	B	D	C	E

续表

问题3	B	C	E	D	A
问题4	E	A	C	B	D
问题5	C	B	D	A	E
问题6	B	C	A	E	D
问题7	E	A	D	C	B
问题8	B	C	A	E	D
问题9	B	C	E	D	A
问题10	B	D	C	E	A
总分					
	Ⅰ	Ⅱ	Ⅲ	Ⅳ	Ⅴ
	动机水平				

3. 结果分析

5种动机水平如下。

(1) 水平Ⅰ——生理需要。

(2) 水平Ⅱ——安全需要。

(3) 水平Ⅲ——社会需要。

(4) 水平Ⅳ——尊重需要。

(5) 水平Ⅴ——自我实现需要。

那些得分最高的需要是你在你的工作中识别出的最重要的需要,得分最低的需要表明已经得到较好的满足或此时你不再强调它的重要性。

学习情境 9
管理者的控制能力

1. 理解控制的概念和必要性。
2. 了解控制的主要内容。
3. 掌握控制的基本原则和方法。
4. 了解控制的类型。
5. 掌握控制的基本程序。

1. 掌握控制的方法。
2. 掌握控制的基本程序。

弹性时间

凯西是华盛顿某政府机关办公室的管理员。最近她下属的职工们士气低落,原因是他们原先实行了弹性工作制,现又恢复了上午 8 时至下午 4 时半的传统工作制。

上级批准她的办公室实行弹性时间时,她慎重地宣布了弹性时间制度。上午 10 时至下午 2 时半为核心时间,每个人均需上班;上午 6 时至下午 6 时可由个人自行选择上下班时间补足 8 小时。她相信职工是诚实的并且已经被激励,因此没有制订新的控制系统。

一切工作进行顺利,士气旺盛。两年后,从总会计办公室来了位审计员,调查发现凯西的职工平均每日每人工作 7 小时,有两位雇员只在核心时间来工作达两个月之久。凯西的部门经理看到审计员的报告后,命令凯西的办公室仍恢复一般工作制。凯西极为不安,对她的下属很失望,她认为自己信任的人使她下不了台。

思考:

1. 凯西为了避免发生上述问题应采取什么样的控制,是否应该从开始时就进行监视或岗位控制?并说明理由。

2. 凯西应对她的下属感到失望吗？为什么？

实现组织目标一靠科学的决策、周密的计划,二靠有效的组织领导。但是,在实现组织目标的过程中,管理者面临着诸多不确定性因素。这些不确定性因素可能是机遇,也可能是挑战。无论出现哪一种不确定性因素,都需要组织领导者高度重视,及时采取有效措施,或调整组织目标,或调整组织机构,或调整组织策略——管理学上把组织为实现其目标所做的上述工作统称为控制工作。那么,什么是控制职能呢？怎样实施控制？控制过程应坚持哪些基本原则？分为哪几个阶段？这是本章要回答的问题。

9.1 控制概述

一、控制的概念与控制的客观性

（一）控制论和控制职能的概念

控制论是继相对论和量子力学之后,又一次彻底地改变了世界的科学图景和当代科学的思维方式。其创立者是美国数学家、生物学家、通信工程师诺伯特·维纳。控制论为其他领域的科学工作者提供了一套思想和技术,如工程控制论、生物控制论、社会控制论等。管理更是控制论应用的一个重要领域。用控制论的概念和方法分析管理控制过程,便于揭示和描述其内在机制。

电冰箱的工作原理是常见的控制系统的应用。在接通电源后,电冰箱的制冷系统就会启动。当达到一定温度后,制冷系统自动关闭。随着机内温度的回升,制冷系统再次启动,把温度降到一定范围内。可见,控制系统有如下特征。

（1）控制系统要求有一个预定的控制标准,这个标准是维持系统稳定的基础。

（2）控制系统所处的环境是动态的、多变的,它影响着系统的稳定性,以致系统的运行不断地偏离其控制标准。

（3）控制系统内部存在信息反馈系统,它的功能是将系统内外部的各种信息收集、加工、处理,为系统的自我调节提供依据。

（4）控制系统内部有一个调节系统,它根据接收到的各种信息,不断地发挥其调节功能,使系统符合预设的标准,正常运行。

管理控制的原理与电冰箱的控制原理相似。

控制职能是指管理者为了保证组织目标的实现,按照既定标准,对组织的各项工作进行检查、监督和调节的一系列管理活动的总称。在这里,"控制"含有核对、验证、调节、比较、行使职权、抑制、限制、协调等意思。控制职能是管理活动的主要职能之一,是管理活动不可分割的一部分。

（二）控制职能存在的客观性和控制职能的地位

1. 进行控制的原因

（1）环境变化。组织内外部环境的不确定性,客观上要求组织按照所处环境的变化,及时调整组织目标的实现程度、实现方式和实现标准。

（2）人类认识上的局限性。对事物认识的局限性，决定了人们不可能制定出"天衣无缝"的计划和决策，在组织、领导、指挥的过程中也不可能尽善尽美，总会出现这样或那样的失误和问题。这一切都为组织目标的实现增加了不确定性因素。

（3）人的变化。组织是由众多的人组成的，这些人的思想、态度、知识、技能、生理等的任何变化，都会给组织活动带来种种影响，从而影响着组织目标的实现。

（4）管理权力的分散和管理者能力的差异。组织规模的扩大化趋势，使管理权力的分散成为必要。自上而下的分权，在组织内部形成了若干个管理层次。各级、各部门的主管人员都有相应的职权，但由于各主管人员在管理理念、管理能力等方面存在客观差异，使他们在理解最高领导的决策意图，在执行组织决定、处理内部事务方面不可避免地与组织目标的实现产生一定矛盾，影响组织目标的实现。

2. 控制职能的地位和作用

控制职能在管理活动中具有十分重要的地位和作用。

（1）控制职能是保障性职能，它能保证决策、组织、领导、创新职能的有效发挥。同时控制职能的发挥也需要以决策、组织、领导、创新职能为基础。

（2）控制职能的正常发挥能提高管理工作的应变性，预防和减少管理工作的失误，保证组织运行的秩序和协调。任何组织都需要控制，组织的一切活动都必须经过控制，如人的活动要控制，决策过程及决策的执行过程要控制，领导行为要控制，控制过程本身也需要控制。这是管理的客观要求，是不以人的意志为转移的。

二、控制的主要内容

组织活动中，控制的内容无所不包。下面主要介绍对组织活动基本要素的控制。

（一）人员控制

人员控制是组织控制的重点。对人员的控制首先是要加强对组织成员的思想道德教育，使他们自觉遵守组织的规章制度，树立正确的价值观；其次要加强对组织成员的培训教育，使他们具有做好工作的技能，激发他们的积极性、自觉性、主动性、创造性；再次要对管理人员的管理行为实施控制，要求管理人员有效行使手中的权力，防止滥用权力和消极腐败行为；最后，加强对组织成员人身安全的有效控制，防止各种工伤事故和职业病的发生，保证人员的健康和安全。

（二）信息控制

信息是控制的依据，又是组织的重要资源。信息控制就是要按照及时、准确、经济的原则，搜集、处理、传递信息；要对文件、档案、商业秘密、技术资料等的安全加强控制。

（三）财、物控制

组织管理使用资金必须遵守国家的财经政策和法律制度，一要保证组织活动对资金的需求；二要合理使用资金，防止非法使用和浪费，控制资金运营成本。

对物资的控制，要求保证组织活动的需要；合理使用，防止资产流失；合理储存，防盗、防火、防霉变、防破坏,保证物资安全。

(四) 时间控制

时间是重要的资源。时间控制的目的是:合理安排组织的各项工作,提高时间利用率,高效率地实现组织目标。

时间控制在企业生产管理中表现为对生产周期、生产进度、原材料的投入时间、产品的产出时间、工价定额、交货期、上下班时间等的控制。其控制的目的:一是缩短产品的生产周期,减少制造单位产品的工时消耗;二是使劳动对象在车间之间、班组之间、工地之间的活动在时间上相互衔接和配合,提高工作效率。其意义是提高工时利用率,降低生产成本,保证企业按期交货,维护企业的声誉和正常的组织秩序。

时间控制的关键是确保组织各项活动符合预定的时间表。此外,时间控制需坚持弹性原则。

(五) 数量控制

数量控制,是管理控制的主要内容之一。管理者只有对自己的工作内容心中有"数",才能够把握全局,有的放矢。如组织中的人员数量及各类人员之间的比例关系,企业中客户订货的数量和一定时期的销售数量,生产经营活动中的资金需要量与供应量,财务管理中的成本控制等。

数量控制的关键是要确定合理的数量标准。组织可根据不同的控制对象采用不同的方法来确定相关的数量标准。如企业通常采用的定员方法主要有:劳动效率定员、按设备定员、按岗位定员、按比例定员、按组织机构、职责范围和业务分工定员等;企业在制定产量、成本和价格等标准时,可采用量本利分析法。

(六) 质量控制

质量控制的内容十分丰富,如产品质量、工作质量、服务质量等。质量控制是一项技术性很强的工作,它需要组织成员不断提高质量管理意识,制定科学的质量标准,坚持全面质量管理的原则。质量控制的方法主要有排列图法、直方图法、控制图法等统计方法和全面质量管理的 PDCA 循环法等。

此外,控制的内容还有组织形象控制、组织环境控制等。

三、控制的基本原则

(一) 全面控制的原则

任何组织的活动都是由无数个具体的工作组成,并由许多具体的人来完成的。控制的全面性原则要求对这些具体工作和具体人进行控制,即对涉及组织活动、工作的所有领域的人和事都实施控制。全面性原则包括工作过程的全面性、工作时间的全面性。控制工作的着眼点应该放在事事都可能出错,人人都可能犯错误(包括故意和过失)的基础上,而不是相反。坚持全面控制,要求事事有标准,人人有标准,时时有标准。全面控制是保证管理效果的理想原则,是管理工作的客观要求,但在实践中,由于经济、技术、人力等原因,使全面控制不必要或不可能。

(二) 重点控制的原则

重点控制是指在全面控制的基础上，在控制工作的某一个阶段、某一个时期，抓住影响组织工作的关键工作、关键事项、关键环节、关键人等关键因素进行控制。重点控制要求管理人员具有在复杂的工作环境中善于发现"关键因素"的能力。重点控制有利于节约控制费用，提高控制效率。重点控制的原则是领导工作的一条重要原则。

(三) 适时控制的原则

适时控制是指在适当的时机进行控制。它具有及时控制的含义但又不同于及时控制。

(1) 适时控制要求管理者善于调查研究、科学预测，及时制定对策，做到预先控制，防患于未然。

(2) 适时控制要求管理者在组织活动出现偏差时，能迅速发现并立即判明问题的性质、产生的原因及后果，及时纠正，以防止偏差蔓延为全局性的偏差。

(3) 适时控制要求管理者面对偏差，尤其是例外性的、偶然性的偏差，在无法判别其性质、原因、后果时，不盲目采取纠正措施，而是要在上述问题都明确之后再纠正。

(四) 弹性控制的原则

弹性控制的原则是指控制的标准、控制的方法、控制的程度不应该一成不变，而是应该随着客观环境条件的变化而变化。如组织内部的人员编制定额标准，就应该随着组织规模的扩大而不断增加。公司的销售费用，是随着销售额的增长而提高的，对销售费用应采取具有弹性的费用率标准来控制，而不宜用绝对量标准来控制。弹性控制体现了控制工作的严肃性与灵活性统一。

(五) 人人参与的原则

控制工作不应只是组织内各级管理人员的事，而应是全体组织成员的工作。控制工作要求每个组织成员严格要求自己，自觉遵守组织规章制度，做好本职工作。同时组织应该增强其成员的民主意识，在重大决策、重要政策的制定等方面听取成员的意见和建议。组织应该实行政务公开，如财务公开、人事管理公开、分配方案公开等，自觉接受群众的监督、质询，让群众发现问题，请群众出谋划策解决问题，这样才能真正代表群众利益，提高控制的效果。

(六) 服从全局的原则

组织的全部工作是由不同部门分工完成的，组织的管理工作和控制工作是由许多人来做的。在组织活动中，有时存在各部门、各管理人员为了自己部门或个人利益而各自为政，以个别标准而不是以组织的统一标准衡量、要求部门工作或个人工作的问题，这就是所谓的部门主义、地方保护主义。控制工作服从全局的原则，就是要求组织的各部门、各管理人员应该树立系统观念、全局意识，考虑一切问题都应以是否对社会、对组织的事业有利为原则，坚持国家利益优先、组织利益优先。

(七) 综合控制的原则

任何一种控制方法都有一定的优缺点。为保证控制的效果，就必须进行系统控制，坚持综合控制的原则，"避免头痛医头，脚痛医脚的现象"。

（1）实行连续控制,把事前、事中、事后控制相结合。

（2）多种方法并用,将行政、经济、法律、教育和组织文化建设等手段结合起来,发挥各种手段的优势。

（3）调动各控制主体的积极性,将领导与群众、高层管理者与基层管理者、职能部门与综合部门参与控制的积极性调动起来,同时发挥自我控制与相互监督控制相结合的优势。

9.2 控制的类型与方法

一、控制的类型

（一）按照控制的时机和目的,可将控制分为事前控制、事中控制、事后控制三类

1. 事前控制

事前控制,是指在工作开始之前进行的控制。事前控制包括精心制订计划、确定科学的控制标准;认真落实计划;进行计划执行前的条件准备（资金、技术、舆论）、制度准备、人员培训、人员配备、政策、措施准备等。事前控制要求管理人员重视行动之前的调查研究和可行性分析,并事先对各种可能出现的偏差采取预防或纠正措施,保证工作达到预期效果,它的着眼点是防患于未然。比如在人力控制上,要求按预先确定的用人数量、选拔条件进行人员招聘和使用;在物力投入上,要按照计划所要求的物资数量和质量标准进行投入,防止过多过少购置或把不符合质量标准的物资投入生产过程。财力投入的标准是财务预算所规定的各种数据。

2. 事中控制

事中控制也称为同步控制,是从计划下达开始到计划执行结束的全过程进行的控制。是管理人员对组织活动过程进行观察、检查、监督和纠正的过程。其具体方法有两种:一是对各部门的汇报材料和有关部门业务、会计、统计报表进行分析研究,发现问题,及时纠正。二是现场控制。管理人员深入工作现场,检查指导工作,发现问题,及时解决。现场控制是基层管理人员的主要职责,它要求对于工作执行中出现的偏差即时发现、即时了解、即时解决。现场控制是事中控制的重要方法之一,它体现着领导者的高超领导艺术。现场控制的作用表现在两个方面:首先,管理人员在工作现场,能及时发现下属的工作偏差,了解偏差的原因,以便管理人员当面指导下属的工作,纠正下属不正确的工作方法,培养下属的工作能力;其次,有利于密切上下级关系。提高现场控制的效果,需要解决好以下三个问题。

（1）选择敬业、忠诚、业务精通、有管理能力、应变能力强的基层管理人员。

（2）赋予现场控制人员必要的和足够的权力。

（3）在可能的情况下,现场控制人员应多听取有关人员的意见或直接向上级组织请示,征求上级领导的意见。

3. 事后控制

事后控制也称成果控制,是指在工作完成后所进行的控制。事后控制的主要功能是及时总结经验和教训,指导未来工作。同时,事后控制还具有评价部门、人员工作业绩,确定人员的报酬分配、工作岗位晋升、转换、辞退等的功能。事后控制的关键是要搜集工作过程的全部资料。事后控制的方法多种多样,如工作报告、座谈会、书面总结、经验交流会等。

工作过程的三个阶段的控制,体现了控制工作的全面性和连续性的要求。

(二) 按照控制的性质,可将控制分为预防性控制与纠正性控制两类

1. 预防性控制

预防性控制,是管理者为了防止错误的严生或损失的扩大所进行的预先控制。例如,企业制定规章制度、操作规程,对人员进行上岗培训,在人员招聘中对应聘人员进行笔试、面试以及心理、身体测试等。预防性控制和事前控制有所区别。前者是指在错误发生前、不利因素产生前的控制工作,它强调对组织工作每一个阶段可能产生的错误的预防。后者虽然也具有预防性的功能,但它强调的是在工作开始前的预防。

2. 纠正性控制

纠正性控制,是指当偏差出现时,及时采取有效措施,使工作达到或符合事先确定的标准或符合管理者所希望的结果。纠正性控制在现实工作中的运用比较普遍,如政府部门纠正不正之风和乱占耕地、学校纠正考风考纪等。

(三) 按照控制的方式,可将控制分为集中控制、分散控制、分层控制三类。

1. 集中控制

集中控制是指整个组织建立一个中央控制中心,由这个控制中心对组织所有信息进行统一加工、处理,再由这个中央控制中心发出指令,操纵组织所有管理活动的控制方式。规模小、信息量少的组织,信息处理技术水平高时,采用集中控制有利于提高控制工作的效率,确保组织活动的统一性、协调性。但是,如果由于控制中心的失误而发出了错误的指令,就会造成全局性的影响。

2. 分散控制

分散控制是指将组织控制工作的职权下放到各部门、各工作环节的一种控制方式。规模较大的组织其信息量大而复杂,适宜于采取分散控制。实行分散控制有利于及时控制,同时,实行分散控制,个别部门的控制工作出现失误或发生故障,不会对整个组织的活动造成全局性影响。但分散控制容易在组织内部出现控制标准不一致、控制方法不统一等现象,从而弱化组织的整体功能。

3. 分层控制

分层控制是发挥各管理层次的作用,把集中控制与分散控制相结合起来的一种控制类型。分层控制的要求是控制标准要统一。制定分层控制标准,体现上粗下细的要求,下层控制标准是上层控制标准的具体化;信息分层传递,不同的控制层次需要不同的信息;各管理层次需要足够的对本部门、本层次进行控制的权力。

分层控制有利于调动各方面的积极性,适宜于各类组织的控制活动。

此外,按逻辑发展,控制可划分为试探性控制、经验控制、推理控制和最优控制;按控制信息的性质,控制可分为反馈控制和前馈控制;按控制源,控制可分为正式组织控制、群体控制和自我控制;按照控制的手段,控制可分为直接控制和间接控制两种类型等。

二、控制的方法

控制的方法很多,任何一种方法都有其适用对象,也都存在优点和缺点。管理者要按照控制对象的不同,选择不同的控制方法。下面介绍五种常用的控制方法。

(一)传统预算控制方法

1. 预算控制的含义

预算是指用一系列数据反映组织未来的活动计划,主要是用财务数据的形式预计组织未来一定时期的收入和支出计划。组织按照经批准的预算所规定的收入与支出计划来检查、监督各部门的活动,就是预算控制。

不同组织因各自活动具有不同特点,预算内容也会有所不同。预算主要包括下列内容:收入预算、支出预算、现金预算、资金预算、资产负债预算。

2. 预算控制的作用

(1)预算使控制目标更加明确、清晰、具体。既有利于各部门在执行中自我控制,也有利于组织进行整体控制。

(2)预算反映了组织各部门之间的协调关系。预算是各部门制定的,由组织在进行综合平衡的基础上,经过一定程序进行审批,它体现了集权与分权、部门利益与组织整体利益的协调关系。

(3)组织可根据预算的执行情况,考核相关部门的管理水平和控制能力。

3. 传统预算编制的方法

传统预算法的基础是肯定上年度或以前年度预算及预算执行是正确的,且上年度的每项支出都是必要的,且支出符合成本-效益最大化的原则,所以该项支出在下年度仍有存在的必要。其具体编制方法如下。

(1)以外推法将过去的支出趋势延伸至下一年度。

(2)将上年度的数额的情增加,以适应预算期工资提高和物价上涨引起的组织运营成本的提高。

(3)在上述提高的基础上再提高数额,以满足修改原计划和修改原设计方案所需追加的预算支出。

4. 传统预算的危险倾向

(1)每个预算年度开始,各部门在上年度实际支出的基础上,再增加一些项目、资金,稍加修饰,作为新计划提交上级组织审批。

(2)审批者按照经验明知预算中有"水分",但因不了解全面情况,只能采取一刀切的办法,一律按一定比例压缩,以达到挤"水分"的目的,这对于预算"水分"较大的部门来讲,几乎没有什么影响,而对那些如实编制预算的下级部门是很不公正的,长此以往,使预算的水分越来越多,造成了虚假预算,预算的控制职能丧失。

(3) 预算执行中,各部门把实现预算目标作为重点,而忽视了组织目标。预算"水分"大的部门,资金充裕,容易造成浪费;没有"水分"的部门,资金紧张,影响组织的正常运行。

(二) 零基预算控制方法

为了消除传统预算法存在的弊端,组织可以采用零基预算法进行控制。

1. 零基预算法的含义

零基预算法,即从零开始,重新预算。它是指在每个预算年度开始时,将所有过去进行的管理活动都看作是重新开始,即以零为基础,按照组织目标,重新审查每项活动对实现组织目标的意义和效果,并在成本—效益分析的基础上重新排出各项管理活动的先后次序,并按这一新的次序分配资金和资源。

2. 零基预算法的控制程序

(1) 明确组织目标。审查预算前,在明确组织总目标的基础上,合理规划长远目标和近期目标、定量目标与定性目标之间的关系和次序,建立一套有利于考核的目标体系。

(2) 零起点提交报告。在审查预算初期,把过去的活动都当作重新开始。凡在新年度继续进行的活动或续建的项目,都要提交计划完成情况的报告;凡是新增的项目都必须提交可行性分析报告;所有要继续进行的活动和项目都必须向专门的机构证明自己确有存在的必要;所有申请预算的项目和部门都必须提交下一年度的计划,说明各项活动要达到的目标和效益。

(3) 重新排序。在审查各部门的报告后,按照已定出的目标体系,对各报告进行分析、对比、评价,在此基础上重新排出各项活动的优先次序。

(4) 编制预算。按重新排列的次序分配资金和资源,排在前面的优先分配。

3. 零基预算法的特点

零基预算法的精髓在于把管理控制的重点从传统的现场控制和反馈控制转向了预先控制,从强调提高效率转向强调提高效果。

零基预算法突出了组织目标对全部活动的指导作用,突出了决策在控制职能中的地位和作用,以求更集中地和更有效地使用资源,从而收到事半功倍的控制效果。

4. 零基预算法的优点

零基预算法以各项活动均是从零开始为假设,有利于决策人员对整个组织的各项活动进行重新的、全面的审查,有利于发现组织活动存在的问题,从而提高计划、决策、预算、控制的水平。重新审查,有利于克服机构臃肿的弊端,减少各项随意性的支出;有利于把长远目标和当前目标有机结合起来。零基预算法强调预算的动态性、现实性和科学性,有利于对被审查者造成压力,促使其认真预算、精心控制。

5. 零基预算法的不足

审查工作年年都要进行,存在着大量的重复劳动,需耗费大量的人、财、物、时间资源。

6. 实行零基预算法的要求

(1) 实行主要领导负责制。负责最后审批预算的主要领导人必须亲身参加对活动和项目的评价过程。

(2) 分析、评价各项活动存在的必要性。主持者必须对组织目标有透彻的了解,以明确哪些活动是必要的,哪些活动是可有可无的,哪些活动是不必要的。

(3) 善于创新。零基预算法的核心是一切从零开始,所以突破传统、不断创新是这一方法的客观要求。

(三) 比率控制方法

比率控制法有两种:财务比率和经营比率。

1. 流动比率

流动比率是流动资产与流动负债之比。它反映了企业在短期内用现金方式偿还流动债务的能力。一般来说,企业流动资产越多,偿债能力就越强;反之,偿债能力则弱,这样会影响企业的信誉和短期偿债能力。因此,企业资产应具有足够的流动性。资产若以现金形式表现,其流动性最强。一般地,流动比率为2比较合适。这样即使未来部分流动资产因无法预料的原因未能如期变现,企业也有能力偿还到期的短期债务。但要防止为追求过高的流动性而导致财务资源的闲置,使企业丧失发展机会。

2. 速动比率

速动资产与流动负债之比。速动资产是流动资产扣除存货的余额。速动比率能更准确地反映企业短期偿债能力。速动比率为1比较正常。若低于1,说明企业短期偿债能力低。

3. 负债比率

负债比率是企业负债总额与资产总额之比。该指标反映了企业负债的物资保证程度。负债越高,说明企业在较大程度上是依靠债权人提供的资金来维持其生产经营运转的,这种企业存在着随时可能陷入破产清算的危险性。所以该指标越低,表明企业偿债能力越强、安全性越大。

如果企业投资利润率高于借债利息,投资环境优越,投资回收期短,且外部资金对企业所有权的行使无根本上的威胁,企业就可以充分地向债权人借入资金获取额外的利润。一般来说,在经济迅速发展时期,负债比率可以很高。确定合理的负债比率是企业成功举债经营的关键。

4. 产权比率

产权比率是负债总额与主权资本的比值。产权比率是企业财务结构是否稳健的重要标志。产权比率高,属于高风险、高报酬的财务结构;产权比率低,属于低风险、低报酬的财务结构。产权比率越低,偿还债务的资本保障越大,债权人遭受风险损失的可能性越小。

5. 盈利比率

盈利比率是企业利润与销售额或全部资金等相关因素的比例关系,它们反映了企业在一定时期从事某种经营活动的盈利程度及其变化情况。常用的盈利比率有以下两个。

(1) 销售利润率。销售利润率是销售净利润与销售总额之间的比例关系,它反映企业每销售100元产品所能获得的利润额。将企业不同产品、不同经营单位在不同时期的销售利润率进行比较分析,能为经营控制提供更多的信息。

(2) 资金利润率。资金利润率是指企业在某个经营时期的净利润与该期占用的全部资金之比。它是衡量企业资金利用效果的一个重要指标,反映了企业是否从全部投入资金的利用中实现了足够的净利润。一般来说,企业在进行投资决策时,要进行系统分析,在同等条件下要优先选择资金利润率高的项目进行投资。

6. 库存周转率

库存周转率是销售总额与库存平均价值的比例关系。它反映了与销售收入相比,库存数量是否合理,表明了投入库存的流动资金的使用情况。

7. 固定资产周转率

固定资产周转率是销售总额与固定资产之比。它反映了单位固定资产能够提供的销售收入,表明了企业固定资产的利用程度。

(四) 审计控制方法

审计是控制工作经常采用的一种方法。它包括财务审计和管理审计两大类,其中财务审计按照审计主体不同,可分为外部审计和内部审计。审计工作要坚持独立性原则,执行国家的政策和法律,实事求是,客观公正,走群众路线,并依靠群众,使审计工作经常化、制度化。

1. 外部审计

外部审计是由外部机构如会计师事务所,选派的审计人员对组织的财务报表及其反映的资产状况进行独立的评估。审计人员通过抽查组织的基本财务记录,以验证其真实性和准确性;通过分析这些记录是否符合公认的会计准则和记账程序,以验证其合法性。

外部审计实际上是对组织内部虚假、欺诈行为的重要而系统的检查。

2. 内部审计

内部审计是由组织内部的机构或由财务部门的专职人员独立进行的审计。内部审计兼有许多外部审计的目的。审计内容主要有核实财务报表的真实性和准确性;分析企业的财务结构是否合理;评估财务资源的利用效率,检查和分析企业控制系统的有效性;检查目前的经营状况,并提出改进这种状况的建议。内部审计是组织控制的一个重要手段。

3. 管理审计

管理审计是对组织的所有管理工作及其绩效进行全面系统的评价和鉴定,以评价组织的管理水平和管理成效。审计的范围包括组织结构、科研与开发、市场、内部控制、管理信息系统等,势,全面改善组织的管理工作。

(五) 损益平衡法

计划方法、预算和资源分配、管理决策、其任务是查明真相,明确组织的优势和劣损益平衡法是按照销售量、成本和利润三者之间的关系,对企业的盈亏平衡点和盈亏情况进行分析的方法。一般应用于利润预测、目标成本控制、生产方案的优选、价格控制、投资决策等。

9.3 控制的步骤

控制过程可分为三大步骤:确立标准、衡量对象、纠正偏差。

一、确立控制标准

控制工作必须有标准。标准是衡量工作成效的规范。如果没有一套完整的、科学的标准,就无法判断事物的对与错、好与坏,衡量对象与纠正偏差也就失去了意义。

（一）控制标准的内容

控制标准和控制范围是一致的,所有受控对象都应该有相应的控制标准。每个受控对象也可按照需要与可能设置若干个控制标准,这样就形成了复杂的标准群,即标准体系。标准体系一般包括数量标准、质量标准、综合标准、时间标准、公众评价标准；组织内部标准、组织外部标准（国际标准、国家标准、部门标准等）；强制标准与参考标准；定量标准与定性标准；财务标准、人力标准、产品标准；实物量标准、价值量标准等。这一系列标准都因管理的控制范围不同而有所不同。美国通用电气公司是世界上最大的电器和电子设备制造公司。该公司技术先进,产品品种众多,有 25 万种规格的产品品种。公司把各项工作分为获利能力、市场地位、生产率、产品的领导地位、人员发展、员工态度、公共责任、短期目标与长期目标之间的平衡等八大领域。这八个领域都是与公司目标紧密相关的,并且分别有各种不同的控制标准。这一系列控制标准使通用公司在十年间销售额由 71.77 亿美元增加到 156.97 亿美元,增长了一倍多。按照通用公司的经验,为了使组织顺利发展,应该对影响组织目标实现的所有活动都实施控制。

（二）控制标准的制定

管理控制的标准种类繁多,有的标准是约定俗成的,如有关礼仪规范、风俗习惯和社会道德等标准；有的标准是由国家、政府制定的,如国家的法律、法规；有的标准是组织制定的。不同的标准应该采取不同的制定方法。

1. 直接采用法

对于国家、政府所制定的法律、制度等强制性规范,组织只能严格照章办事,不得更改,更不能违反。

2. 借鉴法

组织向外地、外单位取经、学习,并结合本组织的实际制定相应的控制标准。

3. 统计资料分析法

在对组织相关历史数据进行分析的基础上,结合组织环境、管理水平、技术条件等变化情况制定新的标准。这种方法简便、易行。使用这一方法的关键,一是历史资料要准确可靠；二是要考虑客观环境的变化；三是当依据这一方法制定的标准低于同行业或社会的平均水平时,就要调整这一标准,同时应该采取一定手段,创造实现新标准的相应条件。

如提高技术水平、加强和改善管理等。否则,组织就会因自己制定的标准低而失去竞争优势。

4. 经验估计法

这是对缺乏充分数据资料的管理对象所采用的一种方法,管理者召集有经验的管理人员、技术人员、销售人员等,依据他们的实际工作经验,通过协商的办法来制定相应的标准。

5. 工程标准法

这是以准确的技术参数和实际测量的数据为基础来制定标准的一种方法。例如,企业的生产能力受设备的生产能力的影响。设备的生产能力可分为设计能力、查定能力、计划能力,由此就形成了设计标准、查定标准、计划标准。

(三)制定标准的要求

无论采用什么方法制定标准,都要符合下列要求。

1. 标准要明确

标准是什么、可允许的偏差幅度是多少,这些都要有明确的规定。

2. 标准要具有可操作性

制定的标准要具有实际的操作性。

3. 标准要科学

制定的标准要具有先进性,同时,标准的制定和执行应有利于挖掘组织各方面的潜力,有利于调动组织成员的积极性、创造性。

4. 标准的稳定性与灵活性

如果制定的标准是科学的,且制定标准所依据的内外部条件没有变化或变化不大,则标准应稳定,而不应该朝令夕改。如制定的标准经实践检验不科学、没有可操作性,或制定标准时所依据的组织内外部条件已发生根本变化,就应该及时修改标准或重新制定标准。

5. 标准要具有多元性

单一的标准只能从某一个侧面反映事物的正确或错误,但却不能从整体上对事物作出准确的判断。如某公司的销售额提高了10%,利润总额只提高了0.5%。显然,公司的销售成本没有得到有效的控制。所以仅用销售额标准来说明该公司的管理水平全面提高了是不准确的,也是不科学的。又如,在人才招聘和使用中,不能仅以年龄、性别、才能、品德等其中之一作为选人用人的标准,而是要从上述多个方面来综合评价人才。因此,控制标准应具有多元性,这样才能形成对事物的多角度、全方位控制。

二、衡量控制对象

组织活动的过程就是执行标准的过程,同时也是用标准来衡量实际工作结果并不断纠正偏差的过程。控制工作的第二步就是对实际工作情况与标准进行比较,以衡量工作成效。

(一)建立控制的信息反馈系统

管理者要及时掌握有关衡量结果的准确信息,是这一阶段的关键。为此,组织必须建立有效的信息反馈系统,一方面,使反映实际工作情况的信息适时地传递给主管人员,以便及时与相应标准比较,及时发现问题;另一方面,信息系统应及时将偏差信息传递给予被控制活动有关的部门和个人,让他们及时知道自己的工作状况、查找出现偏差的原因,以及需要采取的措施。建立这样的信息反馈系统,不仅更有利于保证预定计划的实施,而且能防止基层工作人员把衡量和控制单纯地视作上级检查工作、进行奖惩的手段,从而避免产生抵触情绪。

(1) 设置专职的检测人员或机构。例如,商品质量检验机构或人员、工程质量监理人员等。他们可以直接把各自控制范围内的检测结果及时报告给主管领导。

(2) 管理者亲自视察、深入工作现场对重要工作、工程进行直接检查,以获取有关信息。

(3) 管理者通过会议听取汇报。

(4) 组织要鼓励其成员通过不同方式向有关人员反映有关工作结果的信息。

(二) 确定适宜的衡量方式

1. 关于衡量手段

组织要明确衡量手段。如产品检验可采用感官检验和仪器检验等方法。

2. 关于衡量地点

要按照组织的技术条件和衡量目的来确定衡量地点,是现场衡量还是第三地衡量。如对产品质量的检验,有的是在生产现场检验,有的是在仓库检验,有的是送到有关专门机构检验,有的是把不同工人生产的同种产品集中在一个地点检验。

3. 关于衡量数量

确定衡量数量是采取全面衡量、重点衡量还是抽样衡量。这既要考虑到技术上的可能性,也要考虑到节约费用。

4. 关于衡量频度

衡量频度过高,管理人员工作负担重,下属精神高度紧张,控制费用高;衡量频度过低,存在的问题不能及时发现,下属容易松懈。所以,确定衡量频度是十分重要的。如对产品质量,往往每隔一小时或一天就要检查一次。工人在加工产品零件的过程中,一般是随时反复地测量、加工、再测量、再加工,直至产品符合有关技术标准。

5. 关于谁来衡量

是由领导衡量、群众衡量、自我衡量、专家衡量、内部人员衡量还是外部人员衡量,组织应按照实际情况决定。

三、纠正偏差

利用科学的方法、依据科学的标准对工作结果进行衡量,会产生两种不同的结果:一是工作结果与客观标准相吻合,这表明组织活动的运行符合预定的设想。这时组织应该按原来的设想,维持这一运行态势,并继续对这一运行过程进行监测。二是工作结果与客观标准发生偏差。这时,就需要分析形成偏差产生的原因,并做好纠正偏差的准备。

(一) 分析和评估产生偏差的原因

偏差可分为两种:一是正偏差,这是指实际工作结果超过了计划和有关标准的要求。

二是负偏差,这是指实际工作结果未达到计划和有关标准的要求。

对上述两种偏差的产生原因都要高度重视。

产生正偏差的原因可能是制定的计划指标或标准偏低,也可能是客观环境的变化比制定计划、确立标准时预计得更乐观,更有利于组织目标实现。这时,就要求组织及时依据变化了的情况,修改原计划、修订原标准,以抓住有利时机,促进组织的各项工作上一个台阶。产生负偏差的原因也是多方面的。例如,计划指标或标准制定得过高;客观环境发生了不利于目标实现的变化;工作人员能力不足或工作不努力;管理人员的组级、领导工作出现失误;思想不统一,部门之间协调不好等等。

在找出发生偏差的原因后,还需要对这些原因进行正确评估,以确定这些原因对实现组织目标的影响,是严重的,还是一般的;是偶然的、暂时的,还是持久的;是个别性的,还是普遍性的;是主要原因,还是次要原因;偏差是多个原因引起的,还是单一原因所引起的。评估这些原因时,要考虑到社会政治、经济、军事、文化、法律、技术、竞争、自然、国际合作等因素的影响。

(二) 采取措施纠正偏差

在对产生的偏差及其产生原因进行了正确的评估后,管理者就要针对不同偏差、不同原因、不同性质,选择适当的时间,采取不同的纠正措施。纠正偏差是控制工作的关键。其主要的措施有以下六个方面。

(1) 提高领导水平,加强和改善管理。

(2) 做好组织成员的思想工作,统一思想认识,协调部门关系。

(3) 改进工作方法。

(4) 正确评估环境,调整或修改原有计划或标准。

(5) 正确用人,提高工作人员的工作能力和工作积极性。

(6) 提倡自我控制。在组织内部要形成一种风气,即遇到问题不推诿,人人都应该具有承担责任的勇气,尤其是组织领导者、各级管理人员、直接责任人。要善于发现自己工作中的不足,并及时改正。

(三) 再控制

偏差得到纠正后,控制工作并未结束。控制工作要伴随着组织系统的运行继续发挥作用,这就是再控制。因为,事物在发展过程中会产生大量矛盾,旧的矛盾解决了,新的矛盾又会产生。那种以为出现的问题解决了,自己就可以万事大吉的想法是不对的。实际上,只要组织活动在进行,控制工作就无止境。

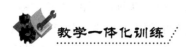
教学一体化训练

【思考题】

1. 控制职能与管理的其他职能是什么关系?

2. 组织成员是被管理者，他们在组织控制活动中处于什么地位？
3. 什么是事前、事中、事后控制？其控制重点和目的是什么？
4. 控制分为哪几个步骤？每一步的基本职能是什么？
5. 管理控制应坚持哪些基本原则？

【案例分析】

在一家避暑胜地停车行业内有一个响当当的名字——郑义。郑义停车公司有雇员100多人，其中大部分是兼职。公司每周至少要为几十个晚会办理停车业务，最忙时，要同时为6~7个晚会提供停车服务，每一个晚会可能需要3~15位服务员。

郑义停车公司虽然是一家小企业，但每年的营业额约100万元。公司业务包含两项内容：一项是晚会停车；另一项是依据经营特许权合同为一个乡村俱乐部办理停车。这个乡村俱乐部要求每天有2~3个服务员。郑义公司的主要业务收入来自私人晚会。郑义每天的工作就是拜访那些富人或名人的家，评价那里的道路和停车设施，并告诉他们需要多少个服务员来处理停车问题。一个小型的晚会可能只要3~4个服务员，花费大约400元。然而，一个特别大型的晚会停车费用可能高达2 000元。

尽管私人晚会和乡村俱乐部都有停车业务，但郑义的收费方式却很不相同。私人晚会是以当时出价的方式收费。郑义首先估计大约需要多少服务员为晚会服务，然后按每人每小时多少钱给出一个总价格。如果顾客接受，郑义就会在晚会结束后寄出一份账单。在乡村俱乐部，郑义按照合同规定，每月要付给俱乐部一定数量的租金以取得停车场的经营权。郑义公司收入的唯一来源是顾客付给服务员的小费。

【案例讨论】

1. 你认为郑义在两种场合的控制方式是否相同？如不同，为什么？
2. 在事前、事中、事后控制三种类型中，郑义应对乡村俱乐部业务采取哪种控制手段？对私人晚会停车业务，又适宜采取何种控制手段？

第三部分

管理方法与绩效

学习情境 10
管 理 方 法

1. 理解管理方法的概念。
2. 了解管理方法的基本构成。

1. 区分管理方法与管理系统、管理过程。
2. 掌握团队管理法、目标管理法、作业管理法、问题管理法。

作为中国领先并享誉全球的科技公司,华为公司已成为中国企业界公认的管理标杆。华为重视管理,并创造性地发展出了很多管理方法,其中的高、中级主管岗位轮换便是非常突出的一条。

为什么要轮换呢?华为创始人任正非有自己的看法,他说:"华为人需要选择做奋斗者,不能太舒服,太舒服了就没有了追求。"任正非希望通过易职、易岗、易地的措施,激励每一位华为人时刻努力工作,不断学习,在工作中积累经验和能力。

华为的每一位主管几乎都有过轮换经历。调换工作职位或者部门,甚至工作地点,对他们来说再平常不过了。毛生江就是华为通过岗位轮换来培养人才的典型例子。从1992年正式进入华为,到2000年成为华为集团执行副总裁。在这8年里,毛生江的职务变动了8次,他自己都不确定下一个小时会被派去哪个部门、哪个城市。对于如此频繁的职位变动,毛生江并没有觉得反感,而是很赞同。他说:"岗位轮换培养了我适应新环境的能力,也加强了我对其他业务工作的全面了解,从而提高了我对全局性问题的分析能力。因此,这种办法不仅开阔了我的眼界,也扩大了我的知识面。"轮岗是培养综合人才、激发团队活力的一种有效管理方法,如今华为的岗位轮换制已成为众多企业效仿的对象。

思考:什么是管理方法?为什么要讲管理方法?管理都有哪些方法?

管理方法是指为实现管理目的而运用的手段、方式、途径和程序等的总称。管理方法之于管理者的工作，就像个人生存能力之于社会生存一样，是至关重要的基础条件。管理过程(管理职能)是对管理者"应该做什么"的回答，管理方法则是解决管理者"应该怎么做""可以怎么做"等问题。管理职能和管理方法相辅相成，共同决定了管理活动的效率和效果。

当然，在现实的管理实践中，一项具体管理任务究竟"应该怎么做""可以怎么做"，取决于该项管理事务的性质、试图达成的目标和行动要求等，其方法可能是多种多样的。管理方法有其共通性和一般性特征，管理学家们曾将管理方法总结为四个显著的大类，即行政方法、经济方法、制度方法和教育方法，本章引导案例中所说的岗位轮换制，就是典型的制度方法；削减预算、罚款则是经济方法；出台政策、命令、发出指令性计划等是行政方法；加强培训、强化沟通、企业文化建设等属于教育方法。

无论何种方法，都应被灵活、综合地运用到管理实务中，而不能仅仅只是抽象的方法论概念和理论。从管理实务角度出发，我们可以将管理方法分为团队管理法、目标管理法、作业管理法和问题管理法。

(1) 团队管理法。团队管理法是指通过对团队中不同人的组合、管理方法相互关系的调节、控制措施的施行，达成管理目的的一种方法。团队管理法关注的是将员工组合成一个群体、团队时的能动性和创造力，是以激发员工的能动性和创造力为突破口，解决组织管理和经营中面临的各类问题。

(2) 目标管理法。目标管理法是 1954 年由彼得·德鲁克提出的。所谓目标管理法，是指通过明确的组织目标以及与此相联系的个人目标，引导组织中的各类人群自我管理，实现管理活动的良性发展。目标管理法关注的是目标结果和目标引导，是以"结果管理"和"产出要求"为突出特征的管理方法。

(3) 作业管理法。作业管理法是指将生产转化过程的科学性、有效性作为重点管理内容的管理方法。企业的生产转化过程是原材料、信息、技术、资本等资源经过生产活动的转化而输出产品或服务的过程。作业管理法即是以这一转化过程为管理中心的管理方法。

(4) 问题管理法。问题管理法是指从问题出发，以问题为中心，以解决问题体现管理成效，同时将问题作为管理驱动力的管理方法。问题管理法是相对常务管理(日常、常规的事务管理)而言的，是在事务管理的基础上以发现问题、挖掘问题、推动问题解决为管理手段和管理重心的管理方法。

以上所列四种管理方法在具体的管理实务中，既可以是相对独立，也可与其他管理方法相融合，形成互为补充、加强的关系。灵活运用各种管理方法，是做好管理工作的基本要求。

10.1 团队管理法

一、团队

团队是相对个体而言的。管理学家斯蒂芬·P. 罗宾斯认为，团队就是由两个或者两个以上相互作用、相互依赖的个体,为了特定目标而按一定规则结合在一起的组织。

(一)团队的性质

那些分散的个体无法称为团队。事实上,即使是同一组织中的个体,如跨国企业在中国的员工和在美国的员工,很多情况下也无法组成团队。

在霍桑试验之前,企业界盛行的是泰罗的科学管理原理。科学管理原理的基本立论点是将人看作机器生产线上不可分割的一部分。换言之,人如同机器,应当尽量降低人的主动性和能动性造成的管理偏差。

能够称为团队的人员群体,必须具备以下三大要素。

1. 共同的目标

既然是一个团队,就应该有一个目标,为团队成员导航,知道要向何处去,没有目标,团队就没有存在的价值。目标不仅是团队成员的行动导航,也是团队之所以成为团队的必要和先决条件。

2. 明确的分工

除了共同的目标,团队内部还必须有明确的分工。这里的分工不是指社会分工,而是任务分工。

3. 人员的强联系

团队至少是由两个及以上的人构成的,人员的强联系也是衡量其是否可以称为团队的重要因素。所谓人员的强联系,是指构成团队的人员之间有明确的联系方式、联系通道以及关系约定。

(二)正式团队与非正式团队

并非所有的团队都是人们能够直观、清晰地判定的。那些从分工上、联系上、目标上能够清晰判定,并被组织制度、文化层面正式承认、赋予职能和权责的团队,称为正式团队。在正式团队之外,由不同的人依据共同的兴趣爱好、价值观和利益联合在一起组成的团队,称为非正式团队。

中国历史上数千年封建政治体制下根治不绝的朋党、企业中普遍存在的各种各样的小团体,都属于非正式团队。非正式团队有其两面性:一方面,非正式团队是对正式团队的消解和隐形抵制;另一方面,非正式团队在不损害正式团队的前提下,也能成为提高团队协作关系和凝聚力的一种途径。

(三)团队的效能

团队是人为的、有意识、有目的地建立起来的,是为组织利益服务的人员集合。但是,并非所有团队都能够发挥团队建立者所预期的效能。例如,为了更好地销售产品,不同的企业都会按区域或产品建立不同的销售团队。这些销售团队的销售成绩可能差异巨大,这体现的就是团队效能,即团队对目标实现所能发挥的功能。近来的一些研究揭示了高效能团队的主要特征。

1. 相关的技能

高效能团队是由一群有能力的成员组成的。他们具备实现理想目标所需的技术和能力,而且相互之间有能够良好合作的个性品质,从而出色地完成任务。

2. 相互的信任

成员间相互信任是高效能团队的显著特征。信任需要花大量的时间去培养而又很容易被破坏。维持团队内部的相互信任,需要引起管理者足够的重视。

3. 一致的承诺

高效能团队的成员对团队表现出高度的忠诚和承诺,为了能使团队获得成功,他们愿意去做任何事情。我们把这种忠诚和奉献称为一致的承诺。

4. 良好的沟通

毋庸置疑,这是高效能团队必不可少的特点。它是指团队成员能够通过畅通的渠道交流信息,包括各种言语和非言语信息。此外,管理层与团队成员之间的信息反馈也是良好沟通的重要表现,它有助于管理者指导团队成员行动,消除误解。

5. 谈判技能

以个体为基础进行工作设计时,员工的角色由工作说明、工作纪律、工作程序及其他一些正式文件明确规定。但对于高效能团队来说,其成员角色具有灵活多变性,总在不断进行调整,并形成各种各样的分歧、冲突,这必然要求团队成员能够相互进行建设性的谈判,以正视和化解分歧。

6. 恰当的领导

有效的领导者能够让团队跟随自己共同渡过最艰难的时期,因为他能为团队指明前途。他们向成员阐明变革的可能性,鼓舞团队成员的自信心,帮助他们更充分地了解自己的潜力。优秀的领导者不一定非得指示或控制,高效能团队的领导者往往担任的是教练和后盾的角色,他们对团队提供指导和支持,而不是试图去控制它。

7. 内部支持和外部支持

要成为高效能团队的最后一个必要条件是它的支持环境,这包括适当的培训、一套易于理解的用以评估员工总体绩效的测量系统,以及一个起支持作用的人力资源系统。恰当的基础结构应能支持并强化成员行为以取得高绩效水平。从外在条件来看,管理层应给团队提供完成工作所需的各种资源。

二、团队模式

以团队为中心的管理方法,相较过去传统的侧重于部门或职位的管理,更具灵活性,反应速度也更快,团队的组建与解散也可以迅速完成。当然,团队中的成员拥有自主权,拥有更大的自觉性,工作满意度也会相应提高。

人们对团队管理的热情至今不减。经过数十年的发展,管理实践领域出现过五种基本的团队模式。

(一)职能型团队

企业中最常见的团队属于职能型团队,负责日常常态化的事务,具有固定的职能。例如,企业的人力资源部、财务部、后勤部等,每一个部门就是一个团队;制造业中比较常见的生产班组,也是职能明确的作业团队。

(二) 问题解决型团队

问题解决型团队的工作重心往往是组织成员就如何改进工作程序、方法等问题交换看法,并就如何减少客户投诉或者提高生产效率、产品质量等问题提供建议,通常由 5~12 名员工组成。

问题解决型团队成员的权力有限,可以提出问题解决的建议,但没有自主实施的权力。这类团队一般是为了解决某个特定问题而成立的。

(三) 自我管理型团队

自我管理型团队是一种独立自主的团队,他们不仅探讨问题解决的方法,并且亲自执行解决问题的方案,并对工作承担全部责任,人数通常有数十人,承担了一些原本由上级承担的责任。

自我管理型团队最早起源于 20 世纪 50 年代的英国和瑞典,强调团队成员的自我管理、自我负责、自我领导、自我学习。其优点是成员的自主性和权限较高,具有较高的工作热情和效率。但是,高权限必然引起纪律的破坏等问题。因此,自我管理型团队要建立在管理成熟度高、员工责任感强的企业或组织中。

(四) 多功能型团队

多功能型团队也称跨职能团队,由来自同一等级、不同工作领域的员工组成,以完成某项任务。多功能型团队能够使组织内(甚至组织之间)的员工交流信息,激发新观点,协调完成复杂项目,但是组建初期需要耗费较长时间,这是因为团队成员要学习不同的工作技能,且相互之间的磨合也需要一定的时间。

多功能型团队一般在开展较复杂或特殊的项目时使用,其组建需要注意三个问题:①注意选拔人员,人员的业务技能和沟通技能应该满足团队需求;②确保团队目标对团队成员具有足够的吸引力;③关注团队的协调,确保成员之间迅速融合。

(五) 虚拟型团队

虚拟型团队是一种"网上"团队,它以现代通信技术为基础,集合分散在不同地域的人共同完成某项任务。虚拟型团队是现代科技革命的产物。虚拟型团队克服了地域、时间等的限制,成员的可选择范围更广泛,也更容易找到合适的成员,适用于时间、地点受限制,或者所需人才无法及时到位的事务。但是,虚拟型团队的稳定性不容易保证,团队成员间的信任构建也需要更多努力。

随着组织的发展,团队类型也有了一定的演变。常见的新型团队还有跨部门与跨组织团队、学习型团队、跨文化团队等。它们都是为了适应新形势、新发展而衍生出的更有效率的团队。

三、团队管理实务

团队管理不是一件轻松的任务。事实上,无论打算建设怎样的团队,采用怎样的团队模式,对管理者都存在挑战。特别是对那些尚没有真正意义上接受过团队管理训练的人来说,尤其如此。概括起来,阶段性管理、角色管理和冲突管理是团队管理者无法回避的问题。当管理者试图采用团队管理法时,他面临的首要任务是把团队建立起来。然而,管理者也必须清楚,员工不会自动了解如何成为团队的一员,如何与团队其他人员合作,这些都是管理者的任务。而且,管理者在这个过程中很快会发现,团队从组建到充分发挥功能,尚需一段时间,不是一蹴而就的。

(一)团队形成过程

团队的形成需要经过一定的发展阶段。

1. 形成阶段

在这一阶段,组织的目标、结构及领导关系等都处于不确定状态。成员通过不断摸索,以确定何种行为能够被接受。当成员开始感觉到自己是团队一部分时,形成阶段就算结束了。

2. 震荡阶段

震荡阶段是团队内部激烈冲突的阶段。成员们接受了团队的存在,但却抑制着自己接受团队施加的控制。在这一阶段,控制权属也存在冲突。

3. 规范阶段

在这一阶段,亲密的团队关系开始形成,成员有了强烈的团队身份感和认同感。当团队结构已固化,并且对什么是正确的成员行为也已达成共识时,规范阶段就告结束。

4. 执行阶段

执行阶段的团队结构完全功能化,并得到认可。团队内部致力于从相互了解和理解到共同完成当前的工作等一系列问题。

5. 解体阶段

对永久性工作团队来说,执行阶段是其发展的最后一个阶段。但对有些团队,比如临时委员会、任务小组等,它们还存在着一个解体阶段。这一阶段中,高水平的工作绩效不再是团队首要关注的问题,而是如何做好善后工作。

(二)阶段性管理

大多数管理者在组织某一团队时都会经历上述每一阶段,管理者必须清晰地识别团队的阶段性特征,并朝着更高效的方向发展,这体现的是管理者的控制力。

就第一阶段所言,人们以"局外人的眼光"来判断此团队能做些什么以及如何去做。随后很快就是对控制权的争夺。一旦这个问题解决了,团队内部对权力等级关系也就达成了共识。此时,团队开始确定工作任务的各具体方面,以及谁、何时来完成任务。每个成员都对团队的共同目标取得了一致意见,这是做好工作的基础。

一旦团队的工作项目完成并报告了上级,团队也就宣告解散。当然,偶尔会有一些团队在第一阶段或第二阶段就驻足不前,一般情况下这导致了令人失望的工作绩效。

根据前面所述是否可以推断:当一个团队所处的阶段越高,就会变得更有效呢?答案并非如此简单。在某些条件下,冲突水平高会导致团队的高绩效,也就是说,当团队处于第二阶段时,要比处于第三或第四阶段时工作干得更好。另外,团队的各个发展阶段之间也并非泾渭分明。有时团队的几个阶段是同时发生的。原则上,应该把这一模式看作是一般性的框架,这样可以提醒管理者注意团队是一个动态的实体,从而有助于理解在团队发展过程中出现的有关问题。

(三)角色管理

团队管理的第二项挑战是角色管理。贝尔宾团队角色理论(Belbin team roles)指出,团队工作有赖于默契协作。团队成员必须清楚其他人所扮演的角色,了解如何相互弥补不足,发挥优势。该理论认为,一支结构合理的团队应该由八种角色组成。在后来的发展中,角色数量被修订为九种(见表10-1)。

表10-1 团队中的九种角色

谋划者	需要具有丰富的想象力,擅长提出新思路和新观念,需要很强的独立性,喜欢按照自己的节奏、方法,并且用自己的时间来进行工作,是团队中的智多星
推进者	更乐于寻求新思路,擅长从智多星那里筛选新想法并寻找可以促进这些新想法生成的资源。但是,他们常常缺少耐心和控制技能,以促进这些想法能够在细节上可行
建议者	建议者是很好的听众,他们并不情愿将自己的观点强加于人,他们更倾向于在决策之前拥有更多的信息。正因如此,他们在鼓励团队决策前尽可能搜寻一些额外信息并在防止团队作出仓促决定方面扮演着重要角色
组织者	愿意建立操作性程序,以使这些想法能够变成现实,并将事情做好,他们确立目标,制订计划,组织人员,并制定相应的措施,以确保任务按期完成
执行者	执行者有点类似于组织者,他们所做的事与结果有关,担当这种角色的团队参与者一直跟踪任务到最后期限,并且确保所有任务最终完成
技术专家	技术专家是指那些具有技术技巧和专业知识的个人,他们的优势集中在坚持专业的标准和推进他们自己的领域发展并为之辩护。技术专家在团队中是不可或缺的,因为他们提供了基于项目的杰出技术
监控者	监控者高度关心有关规章制度的建立和加强,他们擅长检查细节并极力避免发生错误,他们希望通过检查确保所有的事实和数据都完整无误
凝聚者	凝聚者对那些应该做的事情在方法上有着强烈的信念。他们支持团队,在与团队外人员发生矛盾时为团队辩护,同时,他们也大力支持团队内部成员,由此可以看出,这些人为团队的稳定作出了贡献
联络者	联络者与其他人的工作有交叉,该角色可以看作是以上八种角色的结合。联络者试图了解所有人的观点,他们既是协调人又是汇报人,他们不喜欢走极端,尽量在所有团队成员之间建立协作关系,他们也认同其他团队成员对组织的贡献,在团队存在差异的情况他们积极尝试对人员和行动进行调整

在团队中,多数成员只会扮演上述角色中的两个或三个角色。挑战在于,管理者需要了解每位成员能给团队带来的优势,在确保形成一个适合的个人优势组合的基础上来甄选团队成员,并且按照每位成员的个性、能力和兴趣偏好来分配工作。

(四)冲突管理

团队冲突始终存在于团队发展的整个过程中,管理者应成为冲突的控制者、协调者、仲裁者。

1. 团队冲突的诱因

团队冲突可能是团队成员与成员之间的冲突,也可能是成员与团队之间的冲突。诱发冲突的原因可以归纳为六个方面(见表10-2)。

2. 冲突与平衡

冲突可以是消极冲突,也可以是积极冲突。在一个较为保守和士气低落的团队中,一定的冲突反而是激发团队活力的方法。

心理学家布朗在1979年提出了团队冲突管理策略。他认为,冲突过高时,要设法减低;冲突过少时,要设法增加,并从成员态度、成员行为、管理机制三个方面提出了管理冲突的策略(见表10-3)。

表10-2　团队冲突的诱因

资源竞争	因有限的预算、空间、人力资源、辅助服务等资源而展开竞争,产生冲突
目标冲突	个人的目标、兴趣、爱好等与团队分配的角色存在冲突;个人目标发生变化、团队目标发生变化时产生的冲突
相互依赖性	前后相继、上下相连的环节上,一方的工作不当会造成另一方工作的不便、延滞,或者一方的工作质量影响到另一方的工作质量和绩效,进而导致冲突
责任模糊	职责不明造成职责出现缺位,出现谁也不负责的管理"真空",造成团队之间的互相推诿甚至敌视,发生"有好处抢,没好处躲"的情况
地位斗争	团队成员对地位的不公平感也是产生冲突的原因。当一个团队努力提高自己在组织中的地位,而另一个团队视其为对自己地位的威胁时,冲突就会产生
沟通不畅	目标、观念、时间和资源利用等方面的差异是客观存在的,如果沟通不够,或沟通不成功,就会加剧团队成员之间的隔阂和误解,加深团队内部的对立和矛盾

表10-3　冲突的平衡

着眼点	要解决的问题	冲突过多	冲突过少
成员态度	明确成员之间彼此的异同点;增进成员之间关系的了解;改变感情和感觉	强调团队之间相互依赖;明确冲突升级的动态和损失;培养共同的感觉,消除成见	强调成员间的利害冲突;明确独立自主的责任;增强各自的界限意识
成员行为	改变团队内部的行为;培训团队代表的工作能力;监视成员之间的行为	强调内部团队和意见一致;推行内部的坚定性意见;第三方调节	内部分歧的表面化;提供合作共事技术;引入第三方竞争
管理机制	建立调节机制;建立相互信任的接触规则;进一步明确成员职责和目标	建立规章、明确关系、限制冲突;设置统一、共识的领导方式;减少对关系的强调,以工作任务为中心	施加压力,要求改进工作;削减规章约定,促进个人管理;加深彼此之间的差别

3. 管理冲突的原则与方法

有效管理团队之间的冲突,需遵循以下三条原则:①要分清楚冲突的性质,建设性冲突要适当鼓励,破坏性冲突则应该减至最低程度;②要针对不同类型的冲突采取不同的措施;③充满冲突的团队等于一座火山,没有任何冲突的团队等于一潭死水,因此既要预防过大冲突,也要激发适当冲突。

常见的管理团队冲突的方法有以下七种。

(1) 规则。规则分为行为规则和业务规则。行为规则是针对团队成员本身的行为制定的规章制度,主要用以约束员工的日常行为,如考勤、纪律等。业务规则是针对工作事项如何操作制定的规则。明确的规则有助于团队成员各司其职,降低那些因规则不明产生的消极冲突。

(2) 权责对等。权责不对等是引发地位斗争和利益争执的主要原因,因而冲突可以借助权责对等来获得调节。

(3) 谈判。谈判(或交涉)是解决问题的较好方法,因为通过交涉,双方都能了解、体谅对方的问题,交涉也是宣泄各自情感的良好渠道。具体来讲,要将冲突双方召集到一起,让他们把分歧讲出来,辨明是非,找出分歧原因,提出解决办法,最终选择一个双方都能接受的解决方案。

(4) 第三者仲裁。通过交涉与谈判仍无法解决问题时,可以邀请局外的第三者或者较高层的主管调停处理,也可以建立联络小组促进冲突双方交流。

(5) 吸收合并。当冲突双方规模、实力、地位相差悬殊时,实力较强的一方可以接受实力较弱一方的要求,并使其失去继续存在的理由,进而与实力较强的一方完全融为一体。

(6) 强制。即借助或利用组织力量,或是利用领导权力,或是利用来自联合阵线的力量,强制解决冲突。这种解决冲突的方法往往只需花费很少的时间,就可以解决长期积累的矛盾。

(7) 回避。当冲突对团队目标的实现影响不大而又难以解决时,可以采取回避的方法。

10.2 目标管理法

一、目标管理

德鲁克的目标管理具备系统的方法论性质。他认为,目标管理不是简单设置目标、考核目标的管理行为,而是突出强调以目标管理为工具,促进企业中各类人群实现自我控制、企业中各项事务协调发展的一种系统方法。

(一) 目标的特性

在管理领域,"目标"是一个被频繁使用的词汇。关于目标,我们有很多直观的感受,考上名牌大学是目标,找一份期待已久的好工作也是目标。目标制约着我们的行动,但目标究竟是什么呢?它有哪些特性?抛开组织目标的特殊性,仅从一般情况出发,表10-4汇总了目标的特性及其意义。

表 10-4　目标的特性及其意义

目的性	目标是行为活动的目的，促使人们有目的地付诸行动
驱动性	目标是一种欲求，是人们希望满足的某种愿望，因而它必须从内在欲求上驱动个体
约束性	目标对个体行为有约束力，表现为程度不一地专注于目标的实现，抵制目标之外的诱惑
集约性	目标是一种方向性的集中，体现为时间、精力、物质资源最大化地向这一方向的集中
指导性	目标指导人们判断哪些事件是必要的，哪些是不必要的，它增进人们对自身行为结果是有意义和无意义的理解和认识
结果性	目标的实现体现为结果以及结果上的自我满足，结果的可预见性、可感受性、可考核性是目标的重要特质

上述所列的六个特性是目标发挥效用的基础。正是因为目标的这些特性，才使目标管理广受重视。

(二) 组织目标的类型

一般来说，个体目标相对单纯和清晰，仅听凭个人感觉和期望，组织目标要比个人目标复杂、模糊得多，也难以把握得多。

(三) 组织目标的多重性

组织目标通常是多重目标的集合。企业为了生存、盈利，定然会有财务目标，会有业务目标，会有人员目标；也会有长期目标和短期目标等。目标的多重性体现在多样性、层次性和网络化三个方面。

1. 组织目标的多样性

企业总是会存在多种多样的目标，且都是需要管理者去实现的。管理者必须在多种多样的目标中寻找平衡，并保持对各个目标的最佳关注度。

管理学者们提出，一位主管只能同时追求 2～5 个有限的目标。目标过多会导致资源和注意力分散，会使主管人员应接不暇，从而顾此失彼。

2. 目标的纵向层次联系

目标在组织层次上从上自下具有层次结构上的强联系，并构成一个目标体系，包括组织战略目标、分公司目标、部门和单位目标、个人目标等。不同管理者承担着不同的目标责任，但责任不是单纯的，其目标实现水平的影响会涉及各方面。因而，对目标的判断、管理和推进必须进行全局性的考察。

3. 目标的横向网络化

多种目标之间纵横交错、相互关联、相互协调的关系，我们称之为目标网络化。越是复杂的工程、组织任务，目标网络化的现象越严重。

总的来看，目标的多重性是目标必须得到恰当管理的主要原因所在，也是目标管理复杂性的重要体现。

(四) 管理目标与目标管理法

目标管理法的第一要义即是管理目标（对目标加以管理），使之满足企业发展要求。管理者必须决定哪些目标是必要的，哪些是不必要的；必要的目标是如何联系的，应当如何分工实现目标等。但是，管理目标并不简单等同于目标管理法。

目标管理法是以目标为纽带实现全局性管理的系统方法。可以说，目标管理法降低了管理目标的难度以及管理活动的复杂性。这是由目标管理法所蕴含的结果导向、自我管理这两个基本内涵决定的。

1. 结果导向

严格意义上的目标管理法，其实是一种结果管理模式。它最关注的两个节点是目标制定和目标结果。

目标管理法中的目标不像传统的目标设定那样，由上级单向地给下级规定目标，然后分解成子目标，落实到组织的各个层次上，而是用参与的方式制定目标，即通过上下协商逐级制定出整体组织目标、经营单位目标、部门目标，直至个人目标。因此，目标管理法的目标转化过程既是自上而下的，又是自下而上的。

工作成果是评定目标完成程度的标准，也是人事考核和奖评的依据，成为评价管理工作绩效的唯一标志。至于完成目标的具体过程、途径和方法，上级并不过多干预。所以，在目标管理下，监督成分很少，而控制目标实现的能力却很强。

2. 自我管理

德鲁克主张目标管理与自我管理应获得同等重视，必须将两者作为不可分割的两个构成要素。在目标管理实践中，目标管理发展成为一种参与的、民主的、自我控制的管理制度。在这一制度下，下级在承诺目标和被授权之后是自觉、自主和自治的。当目标成为组织每个层次、每个部门和每个成员自己欲达到的结果，且实现可能性相当大时，目标就成为内在激励。特别当这种结果实现，组织给予相应报酬时，目标激励的效用更大。

自我管理也意味着除拟定目标之外，如何实现目标是员工决定的事，从这个意义上看，管理活动的复杂性被大大降低了。

二、目标管理模式

有三种模式可以推动目标管理法在组织中的推行，它们分别是目标配置管理模式、目标协同管理模式、目标价值管理模式。

（一）目标配置管理模式

一般情况下，组织通常有明确的任务和目标要求，这时候，目标管理法侧重于目标的分解和分配管理，这就是目标配置管理模式，体现为自上而下的目标管理路径。目标的分解通常从纵向和横向两个维度进行。

目标的纵向分解是指按照管理层次，将目标从大到小、从上到下逐级分解到每一个管理层次，甚至分解到个人。

目标每分解到一个层次，都需要该层次目标负责人采取必要的保证措施，确保达到目标。实际上，每一层次目标的达成，都需要依靠下一层次目标的达成。

除了纵向的目标分解，还存在横向的目标分解。横向的目标分解是指按照职能部门，将目标分解到有关的部门和个人。例如，要完成某一产品的市场开拓，需要研发部门设计产品,生产部门生产产品,销售部门销售产品,还需要人力资源部门协调人事工作,需要财务部门安排资金使用等。即便是在一个部门内部,目标的实现也需要不同岗位的员工共同配合。目标的横向分解辅助纵向分解,形成目标的空间体系。

(二)目标协同管理模式

目标协同管理体现的是自下而上的目标管理理念,是指通过谈判协商、框架性约定或整合、同步协调的方式,确保各级人员动态进行目标配置。目标分解管理适用于有明确目标要求的情况,在非确定状态下,组织的任务界定模糊,目标界限不清晰,这时候应该使用以目标协同管理为主的目标管理法。

严格来说,并非目标配置管理模式或其他模式中不需要协同,协同在各种目标管理方法中都普遍存在。目标协同管理模式之所以成为一种单独的管理模式,其原因在于具体的目标可能是很难确定的,而且即便有具体的目标,也无法在时间和行动上保持连续性,而呈现出多变的、动态的一面。目标协同管理正是解决这一问题管理模式。更具结果导向,也更具激励性的目标管理模式是目标价值管理模式。目标价值管理是以员工自主设计目标、创造价值为核心,以价值考核为手段的管理方法。这种方法多运用于松散型、创意型或服务型组织中。

(三)目标价值管理模式

在普通的管理体制下,个体的目标来自上级的安排,是一种强加于个体的目标。这种目标对于员工的激励作用不够明显,往往需要各种激励措施辅助。所以,传统的目标管理对于个体的价值创造力的推动作用较小。在目标价值管理模式中,员工获得了自主定位目标的机会,无疑增强了个体行为的积极性,因此,具有更高的价值创造力。

目标价值管理的实施原则是个体具备自主选择目标的权力。当个体选择的目标经过企业的评价,具备价值创造前景时,个体将从企业获得追求目标所需要的一系列资源,企业也将从个体目标的实现中获得价值提升。

企业进行目标管理的根本目的是实现企业价值增长,如果个体目标无法对企业价值产生推动作用,那么这个目标是失败的。原则上,由于个体目标的随意性、实施过程的自主性,目标价值管理通常具有收益回报期限长的特点,显然,并非所有的组织都适合这种方法。

三、目标管理实务

目标管理关注结果,是一种结果导向的管理方法。但即使是采用目标价值管理模式,管理者也不是没有职责的,管理工作仍然是重要且必需的。这些管理工作主要集中于三个方面:目标确定、目标实现、目标评价与反馈。

(一)目标确定

确定的目标是目标管理的基础。

1. 目标是具体的

确认组织分配给本部门的目标是否存在大、空、模糊等现象,在向上确认目标时,应确保目标的具体化，不能模棱两可，也不能笼统。

2. 目标是可衡量的

可衡量的目标有助于对目标实现程度进行评价。一般来说，要达到目标的可衡量，可以从数量、质量、时间、成本等方面进行优化。

3. 目标是可实现的

目标的可实现性即目标在本部门工作能力范围内可以达成。超出部门执行能力的目标，会对部门工作造成障碍，影响部门人员的工作积极性。但是，目标应该具备一定的挑战性，即需要部门全体成员通过一定程度的努力才能够达成，轻而易举能够完成的目标是缺乏激励性的。

4. 目标是必要的

也有人将这一条理解为"相关性"，指目标的实现是否有明确价值，是否对企业的总体目标有帮助。

5. 目标是有期限的

所有目标必须有一定的完成期限，否则无法评价。管理者在认领目标时，需要确认部门目标的完成期限。

（二）目标实现

目标实现是指员工执行目标、达到目标成果的过程。在这一过程中，管理者应当关注目标排程，实行阶段性控制和反馈，以及进行过程纠偏。

1. 排程计划

目标排程主要包括目标内容细分、责任人、工作方式、进度计划、资源配套等。在排程计划中，需要明确细分后的目标内容，注明每一项细分目标的责任人。进度安排要明确每一项细分目标所需要的时间，以及何时开始、何时结束，其紧前和紧后工作各是什么。必要时要安排一定的弹性时间，避免目标延误。

管理者也可以要求员工制订各自的行动计划，并提供意见和指导。在这一阶段，可以形成目标管理卡、行动计划书等指导目标执行的表格或工具。

2. 阶段性控制与反馈

管理者需要通过一系列的措施协助员工实现目标。一种常见的控制方法是里程碑计划。所谓"里程碑计划"，是指通过建立里程碑和检验里程碑的达成情况来控制工作，保证目标实现。

3. 过程纠偏

目标实现过程中会发生各种问题，这时就需要进行纠偏。管理者应该为目标执行设置问题响应机制，确定问题等级、汇报方式、处理方式等。当问题发生时，员工能够按照设定好的程序向上反馈，管理者也能够及时回应，对问题作出处理。

（三）目标评价与反馈

目标评价是检验目标实现程度的过程。管理者通过对目标的实现程度进行评价，可以衡量员工的工作水平和业绩、工作执行的有效性，进行经验总结与学习。

1. 目标实现程度评价

目标实现程度的评价分为以下三个方面。

（1）目标达成程度。评价目标达成程度是目标评价最核心的内容。目标是否完成，是否达到组织要求，主要包括数量是否足够、质量是否达标、时间是否在规定期限内、进度是否合理等内容。

（2）目标资源使用情况。评价目标资源使用情况是对管理活动有效性的评估，主要内容包括资源的配置情况是否妥善、各项资源的使用是否合理等。

（3）目标的经验与改善空间。目标评价的另一个重要方面是对目标可改善程度的评估，主要内容包括目标是否还有改善空间、是否可以更加先进、是否具有可持续性等。

目标评价依赖于科学合理的评价标准，通常需要从上述三个评价角度设置考评指标。一个清晰的目标一般会有各种量化的指标，评价标准就是基于此而确定的。

2. 目标的总结与经验固化

目标总结是目标管理的最后一个阶段。目标完成之后，各级执行者和管理者需反思目标执行过程中的问题和经验，形成书面总结报告。如果目标未能完成，则需要分析失败原因，总结教训。目标总结与原因分析的主要内容包括目标的制定是否合理、目标的分解与落实是否到位、目标的执行情况是否正常、目标的督导是否严格等。目标评价与总结是一个不断超越的过程。目标评价的结果是下一轮目标管理的依据和基准。管理者根据评价结果对新一轮的目标进行修正，为管理活动提供借鉴。

10.3 作业管理法

一、作业

作业是指为完成生产、学习等方面的既定任务而进行的活动。人们很容易将作业理解为车间作业，或者流水线作业，这是作业的制造观念。管理实务领域的作业，并非单指生产制造的流水线作业，而是各种工作共同表现出来的从投入到产出的转化过程。

（一）作业的概念

任何一个企业都是通过一个作业系统将输入转换为输出而创造价值的。系统接受输入（包括人、设备和材料等），然后将其转换成产品或服务。

正如每个企业都产出东西一样，企业中的每个部门也都产出一定的东西。营销、财务、研发、人事和会计等部门都在把输入转换为输出，如销售额、投资回报率、新产品、员工队伍和会计报表等。从这个意义上理解，销售和研发也是一种作业。可以说基本所有工作活动都存在作业过程。也因此，为了更有效地实现管理目标，无论管理的领域是什么，管理者需要熟悉作业的概念。

（二）作业管理要素

作业管理即是对输入、转换过程和输出的系统管理和控制。作业管理是通过对作业要素的管理来实现目的的。

作业管理的要素主要包括五个：人员、机器设备、物料资源、工作方法和作业环境。

1. 人员

人员是作业管理最重要的要素，也是最难管理的。因为人有主观意识，要协调不同特质的人是一件不容易的事。

2. 机器设备

作业管理中，工作能否、顺利完成，产品质量是否过关，作业效率高低等，都受机器设备的影响。对机器设备进行管理是作业管理中的硬件支持。

3. 物料资源

作业要消耗各种物料，因此对物料资源的管理十分必要。

4. 工作方法

作业管理的有效性在很大程度上取决于工作方法的有效性。合适的工作方法能做到事半功倍，用错了方法可能会使作业管理过程受阻，降低效率。

5. 作业环境

作业环境有可能对作业效果产生重大影响，因为有的作业对环境要求很高，环境好坏也会影响作业人员的心情和效率。

（三）管理生产效率

提高生产率是作业管理的核心任务。实际上，生产率问题不仅是作业管理的中心，也是企业的中心。大野耐一推动了日本汽车产业的竞争力，其行动就是从提高生产率开始的。斯蒂芬·P. 罗宾斯认为，更高的生产率意味着"企业拥有一个更具竞争力的成本结构和定出一个更具竞争力的价格的能力"。换言之，更高的生产率，其实质就是降低生产成本，增加产品的价格竞争力。

那么，怎样才能提高生产率？生产率是人和作业变量的复合体。所谓作业变量，包括工作方法、作业环境、机器设备、物料资源等。这些作业变量以及作业人员都必须得到恰当的管理。即使是同样的机器设备，也会表现出不同的生产作业效率。生产作业效率依赖于科学的作业管理。

二、作业管理

作业管理着眼于计划和控制，体现为管理者在计划、控制方面的科学实践。

（一）作业计划

如前所言，计划必须先于控制。作业计划分为战略性作业计划和操作性作业计划。战略性作业计划的四项关键因素是能力、位置、过程和布局，为作业计划确定初期战略方向。它们决定了一个作业系统的合理规模、生产设施的选址、从输入到输出的最佳转换方法，以及最有效的设备与工作中心布局。一旦战略性作业计划明确了，操作性作业计划即随之而来，它由综合计划、主进度计划和物料需求计划组成。

1. 能力计划

当管理者对给定时间内希望生产的产品类型及数量的作业系统能力进行评价时，他就是在制订能力计划。能力计划一般从预测市场需求开始,然后将其转换成对能力的需求。

2. 设施布局计划

当管理者决定需要额外的能力时,就必须设计和选择一种设施,这一种过程称为设施布局计划。选择布局的地点将取决于那些对总的生产和运输成本影响最大的因素,因素包括技术的可获得性、劳动力成本、能源成本、供应商和顾客的接近程度等。这些因素的重要性是不同的,行业特性将决定其中的关键因素,而且关键因素决定了最佳定位点。

3. 过程计划

在过程计划中,管理者决定产品或服务如何产生。过程计划包括评价可利用的生产方法和选择一套能实现作业目标的最优方法。详细的计划应是在最高层管理者的原则指导下,由生产或专业的工程师来完成的。

4. 设备布置计划

战略性作业计划中的最后一项内容是对各种设备和工作中心布置可行方式的评价和选择。设备布置计划的目标是找到一种物理安排,来最好地促进生产率的提高,同时也对雇员有吸引力。

5. 综合计划

一旦战略性作业计划制定出来后,就可以进入战术性作业计划。首先要处理的是计划全部生产活动和与之相关的生产资源,这种计划称为综合计划。综合计划的时间通常是一年。综合计划提供了一张"大图"。综合计划结束后常产生两个基本决策:在计划期内每一阶段可接受的最优总生产率;所需雇佣的全部工人数量。

6. 主进度计划

主进度计划来源于综合计划。它详细说明了生产产品的数量及类型、方式、时间和地点,劳动力水平,库存状况。主进度计划编制的第一个要求就是分解计划,即把综合计划分解成具体、详细的作业计划,这些计划应与主进度计划协调一致。

7. 物料需求计划

当具体的产品确定之后,就应把每件产品进行分解,以确定它需要的材料和零配件数量,物料需求计划是一种用这些数据来指导外购、存货和优先计划工作的系统。

(二) 作业控制

一旦作业系统已经设计并付诸实施,接下来的任务就是作业控制。

1. 成本控制

许多组织已采用了成本中心法来控制成本。工作区、部门或工厂都可以被当作独立的成本中心,其主管人员对作业成本负责。由于组织中所有的成本在某种程度上都是可以控制的,高层管理者应确定在哪些方面进行控制,并使高层管理者对其控制下的所有成本负责。

2. 采购控制

低劣的输入很难产出高质量的产品,管理者必须监控供应商交付的输入品的性能、质量、数量和价格等。采购控制的目标是确保输入可以得到、质量可以接受、来源可靠,同时降低成本。为了便利输入控制,管理者要与供应商建立紧密关系。现在制造业中一个迅速发展的趋势就是使供应商转变为合作伙伴,不是采用 10~12 家供应商,并使它们相互竞争来获得公司生意,而是在现有制造商中选择 2~3 家,与它们密切配合,从而提高效率和质量。

3. 维护控制

要想以有效和高效率的方式提供产品或服务,就需要有高设备利用率和最低限度停工时间的作业系统。因此,管理者需要关心维护控制。维护控制有三种方式:①预防维护是指在故障发生前进行维护;②补救维护是故障发生后对设备进行全部检修、替换或修复;③条件维护是指对设备状态进行检查后进行全部检修或部分修复。

4. 质量控制

质量控制指的是监控质量以确保质量满足预先制定的标准,监控内容包括重量、强度、密度、色泽、味道、可靠性、完整性或其他任何特征。质量控制要从收到输入的加工单之日就开始,在转换过程的中间阶段进行评估,并持续地贯穿整个加工过程,直到最终产品被生产出来,这是质量控制的典型工作。早期就察觉有缺陷的部件或过程,可以节省继续在它上面加工的成本。

三、作业系统管理

作业管理的重点除了计划和控制,还包括对生产节拍、节拍均衡化和整体最优化的管理。

(一) 生产节拍

在实际工作中,作业效率可以通过三个标准来衡量:最佳的作业总时间、最佳的单位作业效率、最佳的工序协调。这三个衡量指标虽然限定的是不同的对象,但彼此之间却存在着一个共性元素——生产节拍。

节拍是衡量节奏的单位,比喻有规律的进程。生产节拍是指产出两个相同产品的时间间隔,或是完成同一工作任务所需的时间。节拍最大值即为整条生产线的效率。管理学界有句话:"调整好了节拍,就控制好了效率。"指的正是节拍与效率的关系。

在企业中,因节拍不和谐而造成的等待浪费数不胜数。如果前一道工序节拍过长,那么后一道工序就需要付出等待时间;如果前一道工序效率过快,那么产成品到了后一道工序又会出现堆积。

节拍管理可以分为以下两种情况。

1. 作业节拍大于作业周期

当作业节拍大于作业周期时,如果按照实际作业节拍安排工作就会造成产出过剩,导致中间产品大量积压、库存成本上升以及场地使用率紧张等问题。而在下一作业环节,又会出现设备大量闲置、人等工作等现象。

2. 作业节拍小于作业周期

当作业节拍小于作业周期时,作业能力无法满足生产需要,这时,作业过程会出现加班、提前安排作业、分段储存加大等问题。

作业周期大于或小于作业节拍都会对工作结果造成不良影响。节拍管理的目的就是尽可能地缩小作业周期和作业节拍之间的差距,通过不断协调,满足工作周期要求,保证稳定而有序的效率状态。

(二) 节拍均衡化

节拍均衡化应该成为作业管理的理想追求。节拍均衡化表现为两种形态:纵向均衡和横向均衡。

1. 纵向均衡

纵向均衡是以作业流程为主线,上下环节之间实现均衡协调。工业生产领域的"一个流"生产模式就是一种纵向均衡。

2. 横向均衡

横向均衡是指职能部门之间的运作效率实现均衡化。它与纵向均衡对应,使得均衡化管理更具有系统性。常见的横向均衡手段有同步策略和延迟策略。

(1) 同步策略。同步是指使概念设计、结构设计、工艺设计、装配设计、检验设计等产品设计过程同步进行,以最广泛的人员利用、最高的效率、最优的质量来完成产品设计,从而最大限度地实现顾客满意。

同步策略除了在生产制造环节内部实现外,还可以使生产与供应和销售相关环节一并实现同步化管理。例如,供应商无法准时提供所需原料导致企业停工待料,销售商无法及时销售产品或者不按时提走货物导致库存等,这就需要内外生产的同步化管理。

(2) 延迟策略。所谓"延迟策略",就是尽量使某一类产品在必须进行差异生产之前的所有流程中,都采用相同的工艺进行在制品的生产,并且使这些差异点都尽可能延迟,以便减少差异点造成的作业无效。

(三) 整体最优化

任何企业的作业生产率都是多方面因素综合作用的结果,每种因素对作业生产率的影响也都是不同的。因而,作业生产率并非提升某一个方面,也不是每个方面都要均等地加以提升,而是要有原则地集中、取舍,实现作业系统的整体最优化。

实际上,整体最优化的背后是平衡与失衡的关系。失衡正是降低生产率的结构性原因,而平衡以及在平衡基础上实现整体最优化则是提高生产率的合理途径。就作业系统而言,高品质的材料、最佳的作业方法、最佳的人员技能、最稳定的生产设备,这些因素必须在一个高水平上获得整体优化,否则生产效率的提高将受到威胁。

10.4 问题管理法

一、问题

问题是指某件事或者人员等已经发生的,或者确定即将发生的,与预期状况不一致的事件。也就是说,问题是现有状况与预期状况之间的差距。

(一) 问题驱动

谈到问题,一些人会认为问题是障碍,一些人认为问题代表较差的状态,另一些人可能把问题视为多余的毒瘤。但正如管理学家斯图尔特-克雷纳说的那样,"管理就是解决问题"。问题可以成为前行的动力或者达到目标的阶石。

1. 问题是一种机会

一项科学决策、缜密计划、严格实施的事项完全出人意料地失败了,这是一个问题吗?当然是。但它除了是问题,也可能是机会。

2. 问题是行动的方向

管理确实可以通过设定目标来推进,我们自己也可以通过设定目标来指引行动方向。但当我们付诸巨大努力而目标没有实现的时候,我们必须自问:"问题出在哪里?"如果无法找到问题,就无法找到下一步行动的正确路径。

3. 问题是一种管理手段

问题还是激发组织成员积极工作、不断发展的活力源,是管理手段或管理工具。将问题作为管理手段和管理工具的设想,必须建立在两个基础之上:①必须是自觉的、有意识的,那些被迫应对问题的管理活动不能称为问题管理;②应当寻求以常务管理的规范化为基础,健全常务管理机制。

(二) 常务与问题

区分常务管理与问题管理的差异是极有必要的。常务管理具备规范化管理的特征,因而可以按照规范的程序、制度来处理。问题管理带有极强的随机性,是常规处理程序无法解决的。从管理的角度看,常务与问题应当区别对待。

1. 常务管理与程序授权

一种观点认为,管理者不应该做那些下属可以做好的事情。管理者的时间和精力是稀缺资源,管理者要做真正产生高价值的管理工作。如果能够最大可能地将常务管理活动授权给下属承担,就可以将管理者解放出来。通过授权,可以激发下属的积极性,在管理实践中培养他们承担更多常务管理工作的能力。

2. 问题管理与管理者

毫无疑问,常务管理范畴外的问题是管理者要重点关注的,是管理者的核心工作。在问题管理方面,管理者承担着三项主要的任务:①发现问题——对问题的挖掘、识别、判断;②解决问题——拟定解决方案,指导员工或亲自解决问题;③问题常务化——尽可能地将越来越多的、新发现的可以常务处理的问题纳入常务管理中。

(三) 问题的直观性

问题管理首先关心的是问题。问题可以分为看得见的问题(又称显性问题、表面问题)和看不见的问题(又称隐性问题、深层问题)。在实践中,看得见的问题是指一些已经发生的、显而易见的问题;看不见的问题是指那些需要抱着怀疑态度深入研究后才能发现的问题。前者多是一些"情况如何"的发生型问题;后者则包括"怎么做才能更好"的探索型问题、"将来会发生什么事情"的预测性问题,以及"如果某项条件改变的话,将来会发生什么事情"的假定型问题。

二、问题管理

在一个由各种各样的问题构成的动态的、充满不确定性的管理活动中,管理者应当寻找怎样的方法去发现问题、解决问题呢?以下三种方法可供管理者借鉴和使用。

(一)走动式管理

1982年,汤姆·彼得斯(Tom Peters)和罗伯特·沃德曼(Robert Wardman)在其出版的《追求卓越》一书中提出了走动式管理的概念。他们认为,很多企业的管理者往往待在办公室,等待下级主动汇报工作。这种管理方式对上下级的沟通是很不利的。因此,管理者应该抽出足够的时间走到员工中间,更好地倾听员工的声音,了解员工遇到的各类问题。

1. 重视问题发生现场

走动式管理要求管理者重视问题发生现场。问题现场是问题发生的特定情境,了解问题现场有助于管理者在具体的环境条件下进行问题分析,有助于获得最真实、有用的信息。

2. 从有效的沟通和交流中发现问题

管理沟通中存在一种"位差效应"。这一效应首先由美国加利福尼亚州立大学研究组提出。他们对管理沟通的效果进行了调查研究,得出的结果是:来自上级领导的信息只有20%~25%被下级知道并正确理解;下级向上级领导反映的信息,理解率不超过10%;而平行沟通的信息理解率则可达到90%以上。走动式管理强调平行交流和沟通,以发现问题,及时处理问题。

(二)参与式管理

参与式管理这个术语有两种意思:①员工参与到管理过程中来,拥有一定的管理权力;②管理好员工的参与,管理者要有意识地促进员工参与到各类管理工作和问题的发现、讨论中来。这两种意思所反应的管理要求,对问题管理都是重要的,而且也是可行的。无论何种意思,参与式管理是针对员工而言的。在一个随时变化的环境中,无论多么勤劳刻苦的管理者,都无法事无巨细地研究生产和经营中的各种问题。走动相参与,对管理者来说,前者是自主的,后者是响应式的,两者必须有机结合。

(三)合理化建议制度

合理化建议制度又称奖励建议制度、改善提案制度、创造性思考制度,是一种规范化的企业内部沟通制度,旨在鼓励广大员工直接参与企业管理,下情上达,让员工与管理者保持经常性沟通。合理化建议制度存在着明显的优越性,它是员工参与公司管理的重要途径,是公司运用集体智慧的重要手段。

推行合理化建议制度的关键在于设计一套制度规则,激励组织成员或者团队成员积极参与到问题发现、问题解决过程中来。实施这一制度,要抓住以下五个关键要求。

1. 广泛性要求

合理化建议制度需要广泛的群众基础。企业的每个成员和每个管理小组都要积极、热情地参加合理化建议活动。现场管理人员和小组负责人对自己部下所发现的问题和改善设想,要给予认真的和及时的考虑与反馈。

2. 规律性要求

合理化建议审查委员会必须定期(每月)审查来自基层的改善建议提案,并迅速公布审查结果,迅速实施被采纳的合理化方案。

3. 相关性要求

在提案审查过程中,提案者与专业技术人员必须保持密切联系。例如,如果提案涉及变更设计的问题,有关设计师会很快与提案者进行共同研究。

4. 激励性要求

倡导和鼓励合理化建议活动,对那些在合理化建议和改善活动中取得成绩和作出贡献的人员和小组给予物质和精神奖励,以激励全公司人员热情。

5. 持续性要求

合理化建议活动不能是一朝一夕、一时一事的,而应当是持久的、连续不断的,必须通过持续的制度设计,确保企业形成针对问题的改善循环。

三、学习型组织

发现问题、识别问题、提出解决方案、解决问题……这一系列工作都需要能力。特别是面对那些不经常出现的、具有偶发性的特殊事件时,能力尤其重要。正因如此,问题管理法常与学习型组织建设紧密联系在一起。

(一)学习型组织的特点

学习型组织是美国学者彼得·圣吉(Peter Senge)在其著作《第五项修炼》中提出的管理理念。他认为,面临多变的外部环境,企业应建立学习型组织,终生学习、不断创造,以维持竞争力。学习型组织要求组织中的每个人都要参与识别和解决问题,这样组织才能进行不断尝试,改善和提高整体能力。

学习型组织的概念是与传统组织设计相比较而提出来的。我们知道,传统组织以效率为着眼点进行设计,无论是层级结构,还是扁平化结构,都是因效率需求而发展起来的。学习型组织则是从学习知识、解决问题的角度进行组织再造,这意味着学习型组织具有以下四个突出的特点。

1. 从问题中成长

学习型组织的管理是一个发现问题、纠正问题、不断成长的过程。

学习型组织通过对问题的分析和经验的总结,将知识传播开来,提升学员思考和解决问题的能力,促进学员和整个组织的成长。

2. 信息共享

无论是管理者之间还是员工之间,必须形成一套信息共享机制。

3. 全员学习

全员学习是学习型组织最关键的特征。企业或组织的管理层和普通员工都要投入学习中,打破部门和层级限制。尤其是管理者的学习,对于组织发展更有裨益。

4. 强调发展

学习型组织不仅要求成员养成学习的良好习惯,还要求成员能够从学习中得到启发,进而进行创造。一味地学习并不一定有效果,思维的激发和创造力的养成才是学习的最终目的。只有通过创新,组织才能持续发展。

(二) 学习型组织的实践

学习型组织是用一种新的思维方式对组织的思考,其目的是让企业或团队获得一种超越个人的集体智慧。即使是作为一种理念,它仍然指明了一些关键的实践要求。

1. 建立共同愿景

愿景即共同的愿望和目标,愿景可以凝聚公司上下的意志力,透过组织共识,大家努力的方向一致,个人也乐于奉献。

2. 团队学习

团队智慧应大于个人智慧的平均值,以作出正确的组织决策,透过集体思考和分析,找出个人弱点,强化团队向心力。

3. 改变心智模式

组织的障碍多来自个人的旧思维,如固执己见、本位主义,可以通过团队学习,或者引进小组学习制度、标杆学习制度,改变心智模式,提高创造性解决问题的能力。

4. 自我超越

要关注个人投入工作的意愿以及钻研工作技术技巧,促使个人与愿景之间形成一种"创造性的张力",这样就能够推动全员自我超越。

5. 系统思考

应通过资讯搜集掌握事件的全貌,以避免见树不见林,培养综观全局的思考能力,看清楚问题的本质。

在学习型组织中,管理者理应成为学习推动者,通过引入外部信息、创建内部学习小组、提出学习方法等方式加速形成团队内部的学习氛围。

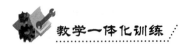

【思考题】

1. 什么是团队,团队具有哪些效能?
2. 团队形成经历的发展阶段以及如何加强团队管理?
3. 什么是目标管理?目标管理的特性是什么?
4. 目标管理主要的几种模式是什么?如何运用目标管理?
5. 作业管理的主要流程?
6. 什么是学习型组织?学习型组织有哪些特点?

【案例分析】

翔宏机床厂的目标管理

翔宏机床厂从1981年开始推行目标管理。为了充分发挥各职能部门的作用,充分调动一千多名职能部门人员的积极性,该厂首先对厂部和科室实施了目标管理。经过一段时间的试点后,逐步推广到全厂各车间、工段和班组。多年的实践表明,目标管理改善了企业经营管理,挖掘了企业内部潜力,增强了企业的应变能力,提高了企业素质,取得了较好的经济效益。

按照目标管理的原则,该厂把目标管理分为三个阶段进行。

一、第一阶段:目标制定阶段

1. 总目标的制定

该厂通过对国内外市场机床需求的调查,结合长远规划的要求,并根据企业的具体生产能力,提出了20××年"三提高""三突破"的总方针。所谓"三提高",就是提高经济效益、提高管理水平和提高竞争能力;"三突破"是指在新产品数目、创汇和增收节支方面要有较大的突破。在此基础上,该厂把总方针具体化、数量化,初步制定出总目标方案,并发动全厂员工反复讨论、不断补充,送职工代表大会研究通过,正式制定出全厂20××年的总目标。

2. 部门目标的制定

企业总目标由厂长向全厂宣布后,全厂对总目标进行层层分解、层层落实。各部门的分目标由各部门和厂企业管理委员会共同商定,先确定项目,再制定各项目的指标标准。制定依据是厂总目标和有关部门负责拟定、经厂部批准下达的各项计划任务,原则是各部门的工作目标值只能高于总目标中的定量目标值,同时,为了集中精力抓好目标的完成,目标的数量不可太多。为此,各部门的目标分为必考目标和参考目标两种。必考目标包括厂部明确下达目标和部门主要的经济技术指标;参考目标包括部门的日常工作目标或主要协作项目。其中必考目标一般控制在2~4项,参考目标项目可以多一些。目标完成标准由各部门以目标卡片的形式填报厂部,通过协调和讨论最后由厂部批准。

3. 目标的进一步分解和落实

部门的目标确定了以后,接下来的工作就是目标的进一步分解和层层落实到每个人。

(1) 部门内部小组(个人)目标管理,其形式和要求与部门目标制定相类似,拟定目标也采用目标卡片,由部门自行负责实施和考核。要求各个小组(个人)努力完成各自的目标值,保证部门目标的如期完成。

(2) 该厂部门目标的分解是采用流程图方式进行的,具体方法是:先把部门目标分解落实到职能组,任务再分解落实到工段,工段再下达给个人。通过层层分解,全厂的总目标就落实到了每一个人身上。

二、第二阶段:目标实施阶段

该厂在目标实施过程中,主要抓了以下三项工作。

1. 自我检查、自我控制和自我管理

目标卡片经副厂长批准后,一份存企业管理委员会,一份由制定单位自存。由于每一个部门、每一个人都有了具体的、定量的明确目标,所以在目标实施过程中,人们会自觉地、努力地实现这些目标,并对照目标进行自我检查、自我控制和自我管理。这种"自我管理"能充分调动各部门及每一个人的主观能动性和工作热情,充分挖掘自己的潜力。因此,完全改变了过去那种上级只管下达任务,下级只管汇报完成情况,并由上级不断检查、监督的传统管理办法。

2. 加强经济考核

虽然该厂目标管理的循环周期为一年。但为了进一步落实经济责任制,及时纠正目标实施过程中与原目标之间的偏差,该厂打破了目标管理的一个循环周期只能考核一次、评定一次的束缚,坚持每季度考核一次和年终总评定。这种加强经济考核的做法,进一步调动了广大职工的积极性,有力地促进了经济责任制的落实。

3. 重视信息反馈工作

为了随时了解目标实施过程中的动态情况,以便采取措施及时协调,使目标能够顺利实现,该厂十分重视目标实施过程中的信息反馈工作,并采用了两种信息反馈方法。

(1) 建立"工作质量联系单"来及时反映工作质量和服务协作方面的情况。尤其是当两个部门发生工作纠纷时,厂管理部门就能从"工作质量联系单"中及时了解情况,经过深入调查,尽快加以解决,这样就大大提高了工作效率,减少了部门之间的不协调现象。

(2) 通过"修正目标方案"来调整目标。内容包括目标项目、原定目标、修正目标以及修正原因等,并规定在工作条件发生重大变化需修改目标时,责任部门必须填写"修正目标方案"提交企业管理委员会,由该委员会提出意见交副厂长批准后方能修正目标。

该厂在实施过程中由于狠抓了以上三项工作,因此,不仅大大加强了对目标实施动态的了解,更重要的是加强了各部门的责任和主动性,从而使全厂各部门从过去等待问题找上门的被动局面,转变为积极寻找和解决问题的主动局面。

三、第三阶段:目标成果评定阶段

目标管理实际上就是根据成果来进行管理的,因此成果评定阶段显得十分重要。该厂采用了"自我评价"和上级主管部门评价相结合的做法,即在下一个季度第一个月的10日之前,每一部门必须把一份季度工作目标完成情况表报送企业管理委员会(在这份报表上,要求每一部门自己对上一阶段的工作做恰如其分的评价);企业管理委员会核实后,也给予恰当的评分,如必考目标为30分,一般目标为15分。每一项目标超过指标3%加1分,以后每增加3%再加1分。一般目标有一项未完成但不影响其他部门目标完成的,扣一般项目中的3分,影响其他部门目标完成的则扣分增加到5分。加1分相当于增加该部门基本奖金的1%,减1分则扣该部门奖金的1%。如果有一项必考目标未完成则扣至少10%的奖金。

该厂在目标成果评定工作中深深体会到:目标管理的基础是经济责任制,目标管理只有同明确的责任划分结合起来,才能深入持久,才能具有生命力,达到最终的成功。

【案例讨论】

1. 在目标管理过程中,应注意什么问题?
2. 目标管理有什么优缺点?
3. 增加和减少员工奖金的发放额是实行奖惩的最佳方法吗?除此之外,你认为还有什么激励和约束措施?
4. 你认为实行目标管理时培养完整严肃的管理环境和制定自我管理的组织机制哪个更重要?

学习情境 11
管 理 绩 效

1. 了解管理效率的含义及影响因素。
2. 掌握管理效率的评价原则、内容和方法。
3. 掌握提高管理效率的途径。

1. 掌握管理效率的评价原则、内容和方法。
2. 掌握提高管理效率的途径。

在日常生产生活中,效率一词被广泛应用,如生产效率、工作效率、管理效率等。其中,管理效率是一切效率的基础,没有管理效率的提高,就不可能有生产效率、工作效率的提高。

思考:什么是管理效率?一些组织的管理效率为什么不高?如何评价管理效率?如何提高管理效率?

11.1 管理效率概述

一、管理效率的含义

(一) 效率的一般知识

效率是指单位时间完成的工作量,或劳动效果与劳动量的比率。如劳动生产效率通常用单位时间内所生产的产品数量(或产值),或用单位产品生产所耗费的劳动时间来表示。单位时间内生产的产品数量越多,单位产品所包含的劳动量越少,劳动生产效率就越高;反之,劳动生产效率则越低。用公式表示为:效率=效果/投入量。效率定义涉及两个概念。

1. 投入量

效率是相对于一定的投入量而言的,投入量表现为不同的形态,如人、财、物、时间、管理等。

2. 效果

效果分为有益效果和无益效果。在实际工作中,并不是所有的结果都是有益的,例如,企业如果生产的产品质量低劣,没有销路,这样的产品越多,企业库存积压就越多,企业亏损也越多,在这种情况下生产的产品就是无益的。

根据效率的表达式,可以总结出提高效率的五条途径。

(1) 投入量不变,改善效果。增加有益效果的形式很多,如提高材料的转换率,提高劳动生产效率,增加产品的使用性能等等。

(2) 效果稳定,减少投入量。减少投入量的方法有降低物耗、能耗,减少劳动量的消耗等。

(3) 改善效果,减少投入量。如采用新技术,既减少了原材料消耗,又提高了产出。

(4) 增加投入量的同时,更大幅度地增加效果。如通过增加产品的附加功能,使产品价格大幅上涨。

(5) 效果降低的同时,更大幅度地减少投入量。如减少人员,虽造成产量下降,但收益有了提高。

以上五种途径,第三种即"效果改善,投入量减少"最好。要实现这一点,就必须加强管理。管理的本质是提高效率,提高效率的关键是提高管理效率。管理效率的提高有利于组织的整体效率的提高。

(二) 管理效率的含义

管理效率是指管理收益与管理成本之间的比率,它是衡量效益大小的重要依据。

二、影响管理效率的因素

(一) 机制因素

机制因素主要指企业经营机制,它是一种规范和推动企业行为,使其趋向企业目标的内在机理具有引导、激励和约束企业行为实现企业良性循环的功能。它主要表现在运行、动力、决策、调控四大机制上。机制运行不健康就会影响管理效率。

(二) 成本因素

管理成本是为了取得管理效果而必须付出的成本。由于管理效率是管理收益与管理成本的比率,所以管理成本一定,管理能够带来的收益越多,管理效率就越高。管理有决策、组织、领导、控制、创新等五种职能,反映在管理成本上就是决策成本、组织成本、领导成本、控制成本、创新成本。管理效率受这五种成本的影响。

(三) 组织环境因素

组织环境不同,管理效率也不同。环境稳定时,组织用于维持其正常运行的人力、物力、财力等资源少,有利于稳定效率,但环境稳定,管理者缺乏压力和动力,思想易松懈导致管理效率降低。与此相反,组织环境多变,而且不确定,组织面临生存和发展压力。面对这种情况,一方面管理者必然会加强管理,使管理效率不断提高;但另一方面,组织为了维持生存又需较大的费用支出,这又会使管理效率下降。在这种矛盾的状态里,影响管理效率的关键是提高效率的能量与降低效率的能量哪个更大些。又如,在垄断性市场环境中,企业的管理效率降低,因为他们可以通过控制价格,无须成本极小化就能实现可以接受的利润水平。在完全竞争的市场,企业不降低成本和价格就会在同行业的竞争中被淘汰出去,这种生存的压力迫使企业提高管理效率。

(四) 管理者与被管理者

管理者与被管理者对管理效率的影响主要取决于他们的综合素质、合作精神和态度、工作作风、性格特点。管理者与被管理者的综合素质高、具有较好的合作精神和态度,工作作风好,那么,他们的管理效率就高;反之就低。

(五) 技术水平

技术水平对管理效率的影响主要表现在技术先进程度、适用性、性能、维修性、技术的利用率等。如果技术先进程度高、适于企业需要、适用性强、性能良好且稳定、维修方便、技术的利用率高,则组织的管理效率高;反之,管理效率低。

(六) 熵值效应

熵定律在任何管理系统中的作用,都表现为管理效率递减。组织发展到一定阶段,由于正熵值的日趋增加,负熵值的日趋减少,其有效能量必然越来越少,管理效率则越来越低。管理效率递减是一切组织的共同规律。这就是熵值效应。

德国物理学家鲁道夫·克劳修斯于1868年首次提出熵这个概念。它认为物质和能量只能沿着一个方向转化:从能量较高的状态运转到能量较低的状态,从可利用到不可利用,从有效到无效,从有秩序到无秩序。熵是不能再被转化做功的能量总和的测定单位。熵的整个过程总是趋向熵的最大值。熵的增加意味着有效能量的耗散与减少。"熵的定律同时也说明在一个封闭系统里,所有能量从有序状态向无序状态转化。当熵处于最小值,即能量集中程度最高、有效能量处于最大值时,整个系统处于最有序状态。相反,熵为最大值、有效能量完全处于耗散的状态时,系统处于最混乱的状态。"这一定律被爱因斯坦誉为整个科学的首要定律。

在一切组织系统中,同样会发现管理熵的存在。它表现为组织系统发展到一定阶段,机构臃肿、冗员增多、官僚主义、形式主义、文牍主义严重、贪污腐败、有法不依等现象屡禁不止,如不从外部输入变革的因子,就必然会出现无秩序、无规则、低效率的情况,而且管理效率会越来越低。

11.2 管理绩效的评价

一、管理效率评价的内容和意义

管理效率评价是指对管理活动过程及其所取得的管理成绩和效果进行全面检查、分析、比较、论证和总结，从中找出规律，以不断提高管理水平，提高管理效率，实现管理良性循环的一种管理活动。

（一）管理效率评价的内容

1. 对管理成绩和效果的评价

管理成绩和效果是指管理主体在一定时间内所获得的实际工作成绩和效果。对管理实绩的评价，重点应放在两个方面。

（1）管理效益评价。获取尽可能大的效益，是管理的根本目的和最终归宿，是一切管理活动追求的核心内容。管理效益评价的重点是管理活动是否能正确处理长远效益和当前效益的关系、宏观效益和微观效益的关系、经济效益和社会效益的关系。

（2）管理目标评价。对管理目标评价的主要项目包括：管理目标设置是否可行；实现目标的措施是否有效，是否落实到位；目标的实现程度；实现目标的努力程度等多方面。

2. 对管理职责履行程度的评价

管理过程，是管理者履行管理职责的过程。管理职责履行的效果，对组织的管理水平、管理效率和管理目标的实现程度等都有直接的、重要的影响。对管理职责的评价主要是对影响管理职能的各要素进行评价。

（1）决策职能的发挥。决策是管理的核心。整个管理过程都是围绕着决策的制定和组织实施而展开的。决策正确，则事半功倍，管理效率与管理效益成正比例发展。因此，决策是决定管理效益的首要因素。所以制定科学、有效的决策是管理者的首要职责。对管理决策的评价主要是从决策机制是否民主科学、决策程序是否规范、决策方案是否最优、决策目标的落实是否到位、决策的执行计划是否周密、目标体系是否健全、计划的执行方案、执行措施是否可行等方面进行。

（2）组织职能的发挥。组织是实现管理目标的保证，同时也是实现一定管理效率的保证。合理的组织机构能为管理人员提供更多成功的机会，有利于管理效率的提高。对组织职能的评价内容主要是对下列问题的评价：组织结构设置是否符合精简、统一、效能以及责权利相结合的原则；组织人员配备的数量、结构是否合理；组织人员录用、选拔机制是否科学、透明；组织机构的运行是否正常。

（3）领导职能的发挥。高明的领导者能使任何组织发挥作用。领导者的效率观念、效率状态对组织管理效率的影响重大。领导有较强的效率观念，并能用高效率严格要求和考核下属，那么，下属的积极性就高，工作效率也高。领导者的效率水平主要受下列因素的影响：领导者的个人素质、领导班子的整体素质及团结、合作状况、领导方式、集权和分权的程度、组织内部管理队伍的素质及下属管理人员自主能力等。

（4）控制职能的发挥。控制职能对管理效率的影响主要是通过控制工作消除影响管理效率提高的因素。这些因素主要有：控制标准的科学性和合理性，反馈机制的灵敏度，控制过程是否全面，控制的方法是否适用。

（5）创新职能的发挥。创新职能的正常发挥为管理效率的提高创造了新手段、新方法、新机制、新制度等。从管理效率角度对创新职能进行评价具有重要的意义。其内容如下：

创新环境是否适宜；创新的投入量是多少，是否充分；创新型人才的结构及比例；创新成果及其的应用效果等。

3. 对管理基础工作进行评价

管理基础工作是影响管理效率的根本。一般可从以下四个方面评价基础工作对管理效率的影响：各管理部门对基础工作的重视程度；管理制度、规范是否有利于管理效率的提高；人才培养是否能满足管理效率提高的需要；组织文化的内容及培育方式。

(二) 评价管理效率的意义

评价管理效率是反馈原理和封闭原理在管理过程中的具体运用和体现，做好这一工作具有十分重要的意义。

1. 评价管理效率是提高管理水平，实现管理良性循环的必要工作

管理过程是主观作用于客观的活动过程。只有通过对管理成绩和效果的全面检查、分析、比较、论证和评价，才能发现影响管理效率和管理目标实现的因素，才能不断深化对管理活动客观规律的认识，总结经验，改进管理方法，提高管理质量。

2. 评价管理效率是鞭策组织各级管理人员、激励组织成员积极性的有效方法

评价管理效率客观上是对组织成员工作绩效、工作能力、综合素质进行考核，必然涉及对每个岗位甚至每个人的工作效率进行科学评价。是否定还是肯定，两种不同的结果必然触动被评价者的心理。被肯定者得到鼓励，享受到事业的成就感和成功的喜悦，进一步强化积极进取、开拓创新、干好工作、提高效率的信心。被否定者受到处罚，进而激发其两种不同的行为：极少数人产生消极、畏难情绪，而大部分人受到鞭策，产生动力，即"不服输"。

3. 科学的评价有利于实现公平奖励

奖励分为物质奖励和精神激励两种。公平是人的共同心理需求有利于人们保持一种良好的工作状态，激发起人们的积极性。公平的原则是实行奖励的基本原则。体现物质奖励的公平性就是要求把评价结果与工资、奖金等挂钩；体现精神激励的公平性就要求把评价结果与职务晋升、职称评定、评选先进等相联系。

4. 评价管理效率是实行管理控制的有效方法之一

通过评价及时发现影响管理效率的一系列问题，是组织进行管理控制的重要依据。

二、评价管理效率的原则

(一) 目标性原则

符合组织实际、具有可行性、先进性的组织管理目标能激发人们的工作热情和创造精神，有利于提高管理效率。管理效率的目标性评价原则，要求对各项管理活动的评价，都必须事先明确目标，并对目标的科学性、合理性进行评价，对实现目标的过程、方法、程度、结果及产生的效益进行认真分析。

(二) 客观性原则

评价管理效率，应实事求是，客观、公正，就是评价的客观性原则。遵循客观性原则，首先，要注重调查资料的收集，要走访职工群众，做到不偏听偏信，避免片面。其次，评价标准要客观、公正、全面。评价标准要一视同仁,同时要具体情况具体分析,禁止一刀切。不同岗位可以根据实际情况设置相应的标准。再次,评价标准要具有稳定性。如果评价标准变换频繁,就会导致标准混乱,使人无所适从,人心不安,以致效率下降。最后,评价者与被评价者要有诚实的态度,不弄虚作假,不夸大成果和困难。通过评价活动,客观地认识自己,找出管理中存在的弱点和不足,并加以改进,以提高管理水平,取得更好管理效益。

(三)激励性原则

管理效率的评价,要体现以人为本的思想,要有利于鼓舞人、激励人,要有利于调动人的积极性、主动性、激发人的创造精神。如果评价结果挫伤了大多数人的积极性、自觉性,那么,这种评价机制、评价方法或方式就值得商榷、改进。根据管理效率评价的激励性原则,评价过程要以事实为基础,注重与群众进行感情沟通;评价结论要公开、公正。评价结束后,要总结、交流经验,并及时推广;要及时对有关人员进行业务、技术、方法的指导和培训。

三、评价管理效率的方法

(一)明确评价管理效率的构成要素

评价管理效率的基本要素包括:评价的目的;评价的内容;评价的人员;评价的时机;评价的方法。

1. 评价目的

管理效率评价的最终目标是为了提高工作效率,实现管理效益。但由于不同管理岗位及管理人员的职责、权限和管理目标不同,对他们评价的目标也应该不同。

2. 评价内容

评价内容要根据评价目的来确定,评价目的不同,相应的评价内容也有所差异。对高层管理人员,评价内容要体现其决策效率、统筹效率;对基层管理人员,评价内容要体现其执行效率、执行结果。

3. 评价人员

评价人员的选择标准要严格。一是思想品德好,公道、正派;二是在群众中有威望;三是有主见,不能人云亦云;四是有一定的分析和鉴别能力;五是选择内行人,这是对一些特殊岗位的管理效率评价的人员要求。据此,参加评价的人既可以是领导、专家,也可以是群众;既可以是内部人员,也可以是外部人员;既可以是专门的评价机构,也可以是上级或政府部门的评价人员。评价人员也可以由上述几方面人员组合而成。

4. 评价时间

合理确定评价时间,把握评价活动的最佳时机,对体现评价的公正、客观原则,实现评价目的有重要意义。评价时间通常有下列三种。

(1)日常评价。这是在工作进行过程中的一种例行性评价,日常评价能及时发现问题,有利于效率、目标、效果的实现。

(2)定期评价。这是对正在进行中的工作的一种周期性的评价。对时间进度要求高的管理项目,实施定期评价,有利于督促管理人员、工作人员提高工作效率,加快工作进度,保证目标、工程按期完成。

(3) 总评价。这是在工作完成后所进行的评价。和其他评价相比,总评价是结论性评价,往往需要有组织地进行,有专家、领导等人员参加,最具有权威性。因此,无论是在评价的深度和广度,还是在可信度方面,总评价都超过其他评价,对推动组织今后管理工作的良性循环起着重要的作用。然而总评价毕竟是一种事后反馈,如果评价结论是不利的,其造成的时间、资源的损失,以及对整个管理活动、组织的整体管理效率的影响将是很大的。管理效率评价的三种时机与管理控制职能的要求是一致的。在管理实践活动中,应把日常评价、定期评价、总评价结合起来,以体现对管理效率评价的过程性、全面性,促进管理效率不断提高。

5. 评价方法

评价方法是评价管理效率的手段,对评价结论有十分重要的影响。为此,进行评价活动需重视评价方法的选用。评价方法很多。根据评价时间的不同,可分为日常评价、定期评价和总评价;根据评价的基准不同,可分为绝对评价和相对评价;根据评价内容的性质,可分为定性评价与定量评价。任何评价方法的选择都应符合下列要求。

(1) 综合性。如果评价方法单一、简单,评价结论就会陷入片面性,而失去公平性,势必引起各方面的不满。所以,应该运用不同的方法,多角度、多方面进行评价。

(2) 客观性和可行性。应针对不同的评价对象采取不同的评价方法。

(3) 评价方法的协调性。

(4) 重视定量评价。条件允许时,应尽可能用数据评价,数据评价的科学性、可信度优于定性评价法。

(二) 评价的主要方法

评价管理效率的方法很多,每种方法都各有特点、各有利弊,需要管理者依据实际情况加以选择。本章简要介绍一些主要的方法。

1. 排队法

将所有被评价对象按照其在一定时期的管理实绩大小,进行排列,就是排队法。排队法是一种原始的评价方法。其优点是:简便、易行;评价结论简明直观,一目了然。排出的名次容易激发群体之间或个人之间的上进心理。其缺点是:评价结论过于笼统、简单,掩盖了不同管理人员的工作能力差异及品质特点,掩盖了各部门实现管理目标的难易程度,具有一定的片面性。

2. 成果考核法

成果考核法也叫对照法。成果考核法的基本内容是:将各管理岗位规定的工作任务与其实际完成情况进行对照,并按一定的标准等级进行打分,根据分值确定其管理效率。成果考核法评价的基本依据是工作成果,其优点是通过对工作成果的测量,客观地确定其管理成绩和效果,可避免评价人员主观判断错误,有利于提高评价活动的客观性。依据工作成果所得出的评价结论,与奖励制度相结合,可成为调动群体或个人工作积极性的有效手段。成果考核法的缺点表现在以下三个方面。

（1）组织内部一些人员的工作成果不具体，难以定量化。

（2）一个人、一个部门的工作成果往往与其他人或其他部门的协作、配合有关，成果考核法不能反映组织内部协作对管理效率的影响。

（3）当部门工作量不饱满时，采用成果考核法的实际意义不大。

3. 领导行为评价法

领导行为评价法的基本内容是：制订影响管理成绩和效果的关键行为标准，将其作为测量指标；将被评价者在评价指标上的表现差异划分为若干档次；根据各测量指标所反馈的不同档次的频率判断其领导行为是否有效，并结合管理者的工作实绩，据以确定被评价者的管理效率。

这一方法的优点是：针对性强，能很快找到影响管理效果的具体行为，在此基础上作出的评价结论客观、具体而明确，对改进管理、提高管理的有效性，具有较高的参考价值。

4. 个人绩效法

个人绩效评价法有多种，以下列举六种主要方法。

（1）书面描述法。由被评价者将自己的工作表现写一份记叙性的材料，描述其优缺点、过去的绩效及潜能、经验等，然后提出予以改进和提高的建议。书面描述的实质是自我评价。下面简要介绍美国人丹尼逊提出的自我考核的八项尺度。如表11-1所示。

表11-1 自我评价法

评价项目	评价等级							
	1	2	3	4	5	6	7	8
工作质量								
工作数量								
创造性								
独立性								
工作态度								
业务知识								
交际能力								
表达技巧								

自我评价法列举了八个评价项目，每个项目按优劣程度分为八等。1表示最优，8表示最差，每个人可以据此为自己在这八个等级中选择一个相应的等级。该方法要求评价者尽量从组织的立场出发评价自己，实事求是。这种方法也可用于评价他人。

（2）关键事件法。这种方法是把被评价者在日常工作中的各种重要或特殊事件记录在资料卡上，以了解其工作效率和工作效果。运用这种方法要求所有记录都是真实的，同时记录资料要完整，这样才能体现该方法的客观和公正。如表11-2所示。

表 11-2　组织成员评价卡(关键事件评价法)

被评价者姓名		李刚		职称	
工作部门				职务	
评价时间		200　年　月　日至 200　年　月　日			
优良行为			不当行为		
月	日	项目	月	日	项目
5	15	提前完成任务			
5	30	超额完成 25 件			
评语					
评价者			评价日期		

(3) 评分表法。列出一系列绩效因素,然后由评估者逐一进行打分。这是企业常用的方法。评价人员根据表格上的考核因素,分别用不同的等级对评价对象进行评分,然后将各评分分类汇总。如表 11-3 所示。

表 11-3　组织成员评价卡(评分法)

被评价者姓名				职称		
工作部门				职务		
评价时间	200　年　月　日至 200　年　月　日					
评价内容＼评价等级	A	B	C	D	E	备注
领导能力						
规划能力						
判断能力						
理解能力						
知识技能						
改革创新						
工作数量						
工作质量						
协调性						
评语				总分		
评价者				评价日期		

（4）行为定位评分法。具体地列出某些或某项绩效因素并进行打分。

（5）多人比较法。将某个员工的绩效与一个或多个其他人的绩效作比较。这种横向比较能反映相同岗位不同管理人员管理效率的差异。

（6）目标管理法。这是对管理人员和专业人员进行绩效评估的首要方法。通常可以采用成绩记录的方法。如表11-4所示。

表 11-4　目标考核表

部门		姓名	
职务		时间	
项目			
工作目标			
完成情况			
与去年同期相比			
本年(月)主要工作			
存在的主要问题			

四、评价管理效率的指标体系

评价管理效率必须建立一套科学的指标体系，这是保证评价工作客观、公正、全面、科学的前提和基础。指标体系是由若干个相互联系的具体评价指标构成的有机整体。评价指标种类很多，包括：定性指标和定量指标、绝对数指标和相对数指标、价值性指标和实物性指标等。最基本的指标是：

$$管理效率 = 管理成果 / 管理投入量$$

（一）设置评价指标体系的原则

1. 系统性原则

设置评价指标体系首先要符合系统性原则的要求。一是围绕评价目标设置指标；二是注意各指标之间的联系；三是明确不同指标对管理效率评价的管理学意义，因为不同指标的评价角度不同，实际评价效果也不同。四是要根据外界环境的变化及时制定、增添新指标，使评价指标更加完善、科学。

2. 实用性原则

评价指标和评价指标体系的设置，应当与管理工作需要相适应，具有实用性。这就要求以下四点。

（1）评价指标要简明，含义要确切，易于理解。如果所制定的指标过于复杂，只有少数专业人员或管理人员能理解，就会导致大多数人的误解和不满，不利于评价活动的正常进行,也难以达到评价的目的。

（2）评价指标的一致性。各评价指标要与组织内部的统计、会计核算、业务核算及其岗位责任制的指标相一致。

（3）评价指标应具有可考核性。

（4）评价指标体系应保持相对的稳定性。评价指标体系一旦建立就不宜任意变更,即使要作必要的调整,也必须经过一定程序,且调整面和调整幅度都不宜过大,变动的频率不可太快,否则,会导致人们思想和管理行为的混乱。

3. 制度化原则

经实践检验具有良好效果并为大家公认的指标,应及时通过法定程序规范化、制度化。这不但有利于保持指标体系的稳定性,而且有利于增强指标体系的约束力,使评价更具有权威性。

（二）指标体系的使用

1. 合理分配权重

管理效率评价指标体系中的每个单项指标、每组指标都有权重（加权系数）。指标的权重大小反映指标的重要程度,体现组织的制度、方针、政策的倾向性。权重分配是否合理,对评价结果和评价目标的实现有重要影响。

2. 适时进行调整

在使用评价指标时,应随时对指标、指标体系的组合、指标的权重进行调整,使管理效率的评价指标体系更加科学、合理、富有弹性。

11.3 提升管理绩效的途径

一、坚持有效管理,提高管理效率

（一）坚持用科学的管理理论、原理、方法指导管理实践

管理活动要以科学的管理理论为指导,要深刻理解系统原理、人本原理、弹性原理、反馈原理、能级原理、动力原理、效益原理等的思想内涵,综合运用经济方法、行政方法、法律方法、教育方法、现代技术方法以及社会心理学方法,结合组织实际,在管理思想、管理方法上不断创新,充分发挥管理的五大职能的作用,不断提高管理水平和管理效率。

（二）坚持全面管理

管理的核心问题就是提高效率。一般认为提高管理效率就是要节约时间,其实,管理时间只是提高效率的一个方面,效率存在于组织和管理活动的各环节、各岗位和每个管理者、各个组织成员身上。有效的组织结构、明确的管理制度、科学的规划、良好的协作、先进的预测技术和敏锐的反馈系统、正确的战略决策等都是提高效率的重要因素。因此,提高管理效率,实施有效管理就要树立全面管理的思想,就要对影响管理效率的每个因素进行管理。

1. 全过程的效率管理

要从组织工作流程的全过程考虑,如对产品设计、试制、采购、储备、生产和销售等各个方面进行管理。这种管理被称为全过程的效率管理。

2. 全员的管理

组织的所有人员都参加效率管理,他们不但要在本职工作中服从管理效率提高的要求,而且要对他人的工作效率、管理效率进行监督、评价。

3. 全要素的管理

对影响管理效率的所有要素进行管理,包括人、物资、设备、仪器、材料、工资、折旧费、其他支出等。

(三)对外部环境进行管理

组织通过协调与外部的关系,创造有利于提高组织管理效率的外部环境。

(四)再造工作流程

工作流程是指在分工的基础上完成独立工作活动的先后顺序,是为完成某一目标或任务而进行的一系列相关活动的有序集合,其基本规律是清除、简化、整合和自动化。流程再造就是打破原有的工作流程,按照新的流程开展工作。流程再造使管理层次减少,管理过程优化,管理活动更有效。

二、建立有效的管理组织

(一)有效的管理组织应是精简、高效的组织

提高管理效率就必须提高组织机构的运转效率。为此,必须精简机构、精简人员,并在精简的基础上提高人员素质,简化办事程序,废除不合理的管理制度,同时明确组织成员的分工和责任。

(二)有效的管理组织必须是能充分发挥各管理系统作用的组织

组织机构的运转不只是高层组织系统的事,而是整个组织系统的事。所以,高层系统的任务是采取有效措施,调动下层管理系统的积极性,提高下层组织系统的效率。基本的方法是在保证对组织有效控制的前提下,下放权力,充分授权。

(三)建立新型的组织结构

自20世纪80年代以来,组织结构出现非层级制的趋势,具体表现为扁平化、柔性化分立化和网络化四个趋势。这一变化对推动管理效率的提高起着十分重要的作用。

1. 扁平化发展趋势

传统的组织形式具有等级森严、层次过多、信息传递环节多的特点,这就使整个组织对外部环境的变化反应迟钝,内部管理难度大,工作效率低。自20世纪80年代起,美国不少企业对这种传统模式进行了大胆的改革,减少管理层次,扩大管理幅度,组织结构向扁平化发展。到90年代初期,西方兴起"企业再造"运动,其核心即是把原来的金字塔型的组织结构扁平化。

组织结构的扁平化需要具备两个重要条件。

(1) 现代信息技术发达。现代信息处理和传输技术的巨大进步,使人们能够对大量复杂信息进行快捷而及时的处理和传输,致使多数中间组织失去存在的必要,如生产者与消费者之间可以直接联系和接触,相互掌握对方信息,导致经纪人、批发商以及某些零售商的作用逐步弱化。

(2) 组织成员素质较高。组织成员的独立工作能力大大提高,上层管理者向下层管理者或其他人员大量授权,组建各种工作团队,下属人员承担较大的责任,普通员工与管理者、下层管理者和上层管理者之间的关系由传统的被动执行者和发号施令者的关系转变为一种新型的团队成员之间的关系。

2. 柔性化趋势

组织结构柔性化的目的在于充分利用组织资源,增强组织对环境动态变化的适应能力。它表现为两种趋势。

(1) 集权化和分权化的统一。为了避免过度分权给组织带来消极影响,柔性化组织结构在强调分权的同时,强调权力集中。集权是指最高管理层确定整个组织的战略发展方向,规定上级和下级之间的权限关系,分权是指中下级管理部门和一线生产经营人员具有处理一些突发性事件的权力。集权和分权统一的关键是上级和下级之间通过一些直接和间接的交流渠道,及时进行信息的沟通,适当地调整权限结构,保证组织的战略发展目标和组织的各项具体活动之间形成有机的联系。

(2) 稳定性和变革性的统一。为适应组织结构不断变革的需要,把组织结构分为两个组成部分:一是基本部分,它是为完成组织的一些经常性任务而建立的组织结构,这部分组织结构比较稳定;二是补充部分,它是为了完成一些临时性任务而建立的组织结构,这部分组织结构具有变动性。

柔性化组织结构的典型形式是临时团队、工作团队、项目小组等。"团队"就是在组织内部打破原有的部门界限、层次结构,下属人员不经过原有的中间层次,直接面对顾客和向公司总体目标负责,减少了领导环节,赢得了时间,提高了工作效率。临时团队是为了解决某一特殊问题而将有关部门的人员组织起来的"突击队",一旦问题解决,团队即告解散。

3. 分立化趋势

分立化,是指从一个大公司里分离出几个小公司,把公司总部与下属单位之间的内部性的上下级关系变为外部性的公司与公司之间的关系。分立化分为两种方式。

(1) 横向分立。按照产品的不同种类进行分立。它是企业将某些有发展前途的产品分离出来,成立独立公司,选派有技术、懂管理的人去经营。通过横向分立,可以最大限度地提高单个产品经营单位的自主权,在产品市场上形成自己的优势地位。

(2) 纵向分立。按照同一产品的不同生产阶段进行分立。它是对同一类别产品进行上下游的分离,通过纵向分立,可以进一步集中企业的力量,提高企业的专业化生产经营水平。

4. 网络化趋势

随着市场竞争日趋激烈,庞大的规模和臃肿的机构设置不利于企业竞争力的提高。因此,许多大公司在大量裁员、精简机构和缩小经营范围的基础上,对企业的组织结构进行重新构造,突破层级制组织类型的纵向一体化的特点,组建了由小型、自主和创新的经营单元构成的以横向一体化为特征的网络制组织形式。

三、提高管理的现代化水平

提高管理的现代化水平是提高管理效率的有效途径。社会组织要与时俱进,要实现管理思想、管理方法、管理手段、管理组织、管理人才的现代化。观念现代化是先导,组织现代化是保证,手段现代化是条件,人才现代化是关键。

四、配备高素质的管理人才

高素质的管理人才是符合管理现代化要求的管理人才,是提高管理效率的主体。高素质的管理人才包括高素质的各级各类管理人员。

教学一体化训练

【思考题】

1. 什么是管理效率?影响管理效率的因素有哪些?
2. 在实际工作中,应怎样通过降低管理成本提高管理效率?
3. 试述管理效率评价的原则、内容和方法。
4. 试述有效管理的一般原则和提高管理效率的方法。

【案例分析】

江淮汽车有限公司——创建学习型组织

如何才能使企业长盛不衰?江淮汽车有限公司(以下简称"江汽")员工的共识是:缔造学习型企业。为此,江汽确立了学习的核心理念——团队学习,系统思考,并为此营造了"40+4"模式。"40"是指每个员工每周要工作40小时;"4"则是每周还要利用业余时间集中学习4个小时。或许"40+4"并非江汽人首创,但可贵的是他们做到了坚持。每个周六的上午,全公司3 000多名员工,分班集中学习4个小时。江汽的学习是全方位的:向一切可以学习的人学习,向一切可以学习的事学习,学习不仅是学知识,更是学习"学习的能力";江汽的学习观念是崭新的:学习的过程就是心灵互动的过程;学习的最根本目的就是掌握学习的能力;学习应变的单位不再是个人,而是团队。崭新的学习观念,必然带来崭新的人才培训模式,江汽提出开放式的培训。在4小时的"课程"中,"排排坐"变成了讲座小组的"圆桌会议",演讲式教学变成了案例研讨、角色演练、各种游戏和野外训练,讲台上的教师变成了"节目主持人"和"导演"。学习过程的开放、互动,使员工在轻松交流的气氛中不断地体会到学习的快感并产生创意。

学以致用。怎么用？江汽人提出：用"心"做事而不是用手做事。既然要用"心"，那么，江汽人的学习便从心性的培养入手。首先，他们确立了共同的价值观：作为社会的一员，品德永远是第一位的。员工不但要学会做事，更重要的是先学会做人，通过塑造人品，不断推出精品；作为企业的一员，企业的利益高于一切。全公司通过组织讨论，更通过员工的亲身体验，形成共识：企业致富是国家致富之源、员工致富之本。个人利益越是与企业命运、国家发展紧密联系，三者的利益才越是能够实现最大化。心智的修炼，还着眼于培育一种共同愿景。江汽公司大门上醒目的两行大字"制造更好的产品，创造更美好的社会"。把这一共同愿景表述得简洁明了。从过去到现在，他们都始终牢记：江汽不是一个以盈利为唯一目的的企业，改善生存环境才是公司的根本目的。创造价值、创造利润，最终目的是为了使人的生活品质不断得到提升。江汽公司着力缔造的学习型企业，是以人为基础的。

到1999年，江淮汽车有限公司已连续9年年产值增幅58%，增幅位于全国汽车行业首位，被誉为"江淮现象"。行家在分析产生这一现象的最主要因素时，或说产品，或说管理，或说机制，而江汽人则说，是人。人是江汽最宝贵的财富，因为江汽人是团队的人，江汽这个团队是学习型的团队。在江汽，思想政治工作早已不仅是一种教育和管理手段，而是每个人通过学习实现人格的修炼和完善的手段。

【案例讨论】
1. 江淮汽车有限公司是怎样创建学习型组织的？
2. 建立学习型组织对提高管理效率有什么重要意义？

参考文献

1. 周三多等.管理学——原理与方法[M].上海:复旦大学出版社,2010.
2. 李建锋.管理学基础[M].北京:中国财政经济出版社,2009.
3. 单大明,郑义龙.管理学[M].北京:中国传媒大学出版社,2015.
4. 蒋永忠,张颖.管理学[M].合肥:中国科学技术大学出版社,2012.
5. 赵倩,夏松.管理学新编[M].南京:东南大学出版社,2010.
6. 胡君,李刚.新编管理学原理[M].北京:北京理工大学出版社,2009.
7. 蒋金生.管理学原理[M].南京:东南大学出版社.
8. 汪峰彬等.管理学教学案例精选(修订版)[M].上海:复旦大学出版社,2009.
9. 何常明.用好时间做对事(第二版)[M].北京:人民邮电出版社,2006.
10. 苏勇.管理沟通[M].上海:复旦大学出版社,2007.
11. 周鸿.激励能力培训全案[M].北京:人民邮电出版社,2008.
12. 张文光.人际关系与沟通[M].北京:机械工业出版社,2009.
13. 张国才.团队建设与团队领导[M].厦门:厦门大学出版社,2008.
14. 姚裕群.团队建设与管理[M].北京:首都经贸大学出版社,2009.
15. 苗青.团队管理[M].杭州:浙江大学出版社,2007.
16. 王丽平等.通用管理知识概论[M].北京:中国林业大学出版社,2007.

图书在版编目(CIP)数据

管理学/田丙强,胡守忠主编. —上海:复旦大学出版社,2018.9
(复旦卓越.中高职贯通职业教育系列)
ISBN 978-7-309-13933-4

Ⅰ.①管... Ⅱ.①田...②胡... Ⅲ.①管理学-高等职业教育-教材 Ⅳ.①C93

中国版本图书馆 CIP 数据核字(2018)第 209980 号

管理学
田丙强　胡守忠　主编
责任编辑/王雅楠

复旦大学出版社有限公司出版发行
上海市国权路 579 号　邮编:200433
网址:fupnet@fudanpress.com　http://www.fudanpress.com
门市零售:86-21-65642857　团体订购:86-21-65118853
外埠邮购:86-21-65109143　出版部电话:86-21-65642845
上海浦东北联印刷厂

开本 787×1092　1/16　印张 14.5　字数 318 千
2018 年 9 月第 1 版第 1 次印刷

ISBN 978-7-309-13933-4/C・371
定价:30.00 元

如有印装质量问题,请向复旦大学出版社有限公司出版部调换。
版权所有　侵权必究